発明に見る日本の生活文化史　日常シリーズ　第3巻　洗う

はじめに

今日のわたしたちは、産業構造の変化やエネルギー、環境問題、少子高齢化、そして急激な科学技術の進歩などによって、様々な価値観の変化に直面しています。東日本大震災以降のエネルギー問題をきっかけに、国や専門家任せではなく生活者ひとりひとりが自ら考えを持ち行動する意識の高まりが見られます。急激な変化に対して方向性を見失わずに思想を持ち、あらたな時代を形作っていくことは重要な課題です。

高度な文化を持つという言葉がありますが、日本人はどのような文化を持って生きているのでしょうか。文化は、人々の営みのなかで、人の頭の中にある思想、形となってあらわれたもの、社会背景が複雑に関わり合った複合体であり、時の流れと共に変化する流動体であるために、とても掴みづらいものです。生きている渦中にあってはなおさらのことです。しかし天災や大きな社会の変化に見舞われそれを克服しようとする時に、文化は見えやすい形で立ち現れ、新しい文化も生まれるのではないかと思います。

そこで文化の実体に近づくための試みとして近代の発明に着目します。明治維新に伴い近代には西洋の思想と物品が生活の場に押し寄せてきました。西洋を日本の暮らしに取り入れるための試行錯誤がはじまります。西洋化という急激な価値観の変化に対して、人々の生活にはさまざまな課題が生れたはずです。そうした課題に対して技術的に解決しようとする取り組みのひとつが発明です。

本シリーズでは近代の発明をたどることで、日本の文化をみていきます。今日のわたしたちも急激な社会と技術の変化に直面しています。次世代に向けて課題に挑戦することが何より必要です。変化に立ち向かった先人たちの痕跡はわたしたちに大きな勇気を与えてくれます。

発明という理系のフィールドに文系の視点からアプローチしていることが特徴です。ネオテクノロジーは異なるフィールドに学ぶことで自らを磨き、今までにない新たな創造を生み出し、力強い総体と成っていくことを目指しています。技術は人々の生活とそれをとりまく社会との関わりの中で生まれるものであり生活文化の反映です。分野の垣根を越えて、皆様の研究の一助になることを願い発刊いたします。

社会と技術のかかわり

社会の変化とともに課題が生まれ、人はその課題を乗り越えるために技術を生み出します。そして、技術革新は産業の発達を通じて国の経済や文化、人々の生活に密接に関わっています。

技術は発明という形で公にあらわれます。社会を良くしたいという願いや、成功をつかみたいという欲望や夢など、課題に挑戦する人々の情熱や努力が発明を生み出す原動力となります。数えきれない失敗と僅かな成功を繰り返しながら、社会は少しずつ変化してきました。私たちは発明にあらわれる先人達の挑戦の歴史を振り返ることによって、わたしたち自身も社会の変化に立ち向かう勇気をもらうことができるでしょう。

本書で取り上げる時代は、日本で特許制度が始まった明治初期から昭和の第二次大戦前までとしました。明治維新後の混沌の中で日本は近代化を急いできました。西欧諸国が植民地政策によって莫大な富をアジア諸国から吸い上げていることへの危機感や、幕末に締結した西欧諸国との不平等条約解消の悲願がさらに近代化を加速化させました。

近代化は、文明開化すなわち西洋化の始まりです。西洋建築や洋装、洋食など、今では私たちの日常で当たり前になっているものの多くが、この百年余りの短い期間に日本に流れ込んできました。井の中の蛙だった日本人にとって、西洋化は大きなカルチャーショックだったはずです。しかも、日本が西欧列強に飲み込まれてしまうかもしれないという大ピンチだったはずです。それでも、日本人は独自の好奇心と勤勉さとで、西洋文化を模倣するだけでなく、西洋文化を受け入れながらも日本の既存文化と融合させ、日本独特の文化を発展させてきました。明治～昭和第二次大戦前までの近代化への道のりを振り返り、先人達の情熱と努力が生み出した近代化のダイナミズムに触れることによって、現在の私たちが直面している社会変化に取り組む知恵と勇気を得ることができるでしょう。

なぜ、発明から文化を見るのか？

本書は、具体的な発明にあらわれる様々な工夫を通じて、生活文化を読み取ろうとする試みです。言い換えれば、庶民の生活の創意工夫（発明）の中に、時代の潮流を見出す新たなアプローチです。ネオテクノロジーは特許情報を社会の世相や課題が反映されるアーカイブ情報として活用することによって、現実の発明が積み上げてきた先人の知恵を学ぶことができると考えています。また、歴史上の偉人の活躍よりも、身近な生活道具にこそ生活文化の変化が表れると考えています。生活文化の片鱗は発明として表れます。発明の一つひとつは小さな工夫に過ぎません。しかし、発明を束にして時代を追っていくことによって、庶民の内に秘めた時代のダイナミズムに触れることができます。

特許情報から技術の広がりを見ることもできます。当然ですが、明治、大正、昭和の特許分類と現在の特許分類は一致していません。それは、時代とともに技術が進化し、特許分類が細分化されているからです。特許分類は、審査官が審査を行う際の便宜と外部利用者の検索上の便宜を主眼として付与されています。時代とともに技術が進化し、技術が細分化されていくに従って、特許分類も細分化されていきます。言い換えると、特許分類の変化から技術の広がりを見ることもできます。現在確認できるもので見てみると、特許制度制定後の明治18年から20年代後半までは３５類、明治30年代から40年代は１３６類でした。大正10年に大幅に改正し、総計２０７類、種別２２０６種目となりました。第１類から第１４３類までは機械工業、第１４４類から１８６類までは化学工業、第１８７類から第２０７類までは電気工業となりました。

さあ、近代の発明から百年前の日本人の暮らしにタイムスリップしましょう。

洗うことに関する近代の発明を見る

私たちは日常的に様々なものを洗っています。からだや衣服、食器など日々の活動による垢や汚れを洗い落とし、再び清潔に気持ちよく使い続けるためです。現代の日本人はほぼ毎日洗うことをしているのではないでしょうか。日本は豊富な水資源の恩恵を受けています。また、正月に神社や寺へ初詣の際には水で手を洗い清める作法があります。そうした習慣があるために洗うことは心の清浄にもつながるという感覚も持っています。

洗うためには水と洗剤を使います。蛇口をひねればお湯も出る時代ですから不自由がありません。用途に応じて様々な種類の洗剤も用意されています。個々の好みで選び使っています。また、衣服には洗濯機、食器には食器洗浄機と家電製品も揃っています。自分のからだを洗う以外、物を洗うことについては機械が全自動で行ってくれる時代です。

明治時代に生まれた洗うことに関する発明を見ると、今とは時代背景や生活文化がだいぶ異なることがわかります。たとえば石けんは蚕の蛹の脂肪油を原料にする発明があります。養蚕業が隆盛した時代であることに大きく関わります。大量に発生する蛹の再利用が考えられました。石けんは幕末の開港後に輸入され、明治時代に国営と民営の石けん工場が設立されて国内で石けんが製造されるようになります。そしてようやく日本の生活に取り入れられていくようになります。

石けん製造のためには原料や製造方法、用途など様々な観点から石けんを考える必要があります。入手しやすい材料、製造可能な方法や機械、使う用途や目的など人々の生活に密着した時代背景と大きく関わります。発明には先人の考えた具体的な課題と解決策があらわれています。

本書では明治から大正、第二次世界大戦前の昭和に生まれた洗うことに関する発明を見ていきます。先人が考えたことを通して当時の時代背景をとらえ、生活文化を垣間見てみようと思います。洗うことの営みを振り返ることで、洗うことがもたらす価値とこれからの課題を考えてみましょう。

第１章では石けんの発明を見ていきます。石けん製造の黎明期にどのような材料でどのような石けんを製造しようとしていたのでしょうか。石けんの発明を通して当時の時代背景を垣間見てみましょう。第２章では洗濯板の考案を見ていきます。洗濯板は明治時代に西洋から流入した洗濯道具です。近代には洗濯機の発明もあらわれています。しかし当時はたらいと洗濯板を利用した人力による洗濯が主流です。洗濯機以前の洗濯を垣間見てみましょう。第３章では近代に生まれた手洗器の発明を見ていきます。現代人の目には一瞬価値のないように映る古い時代の発明に、はたと気づかされることがあります。第４章では垢すり機の発明を通して当時の銭湯通いの生活を垣間見て見ます。第５章では食器洗浄器の発明を見ていきます。各国からあらわれている発明について技術的な面白さに着目します。

第1章　石けんの発明から見えてくる時代背景

明治時代には官営と民営の石けん工場が設立され、国内で石けん製造が始まりました。石けんを製造するには材料や製造方法、用途など考えるべき観点があります。石けんに適した材料は何か？入手しやすいか？安価か？など発明者は考えます。製造方法や用途についても同様です。今までなかった物を作るわけですから、輸入品を参考に、持っている知識と身近な材料を利用して試行錯誤が行われました。馴染みのない石けんを当時の日本の生活に取り入れやすくするための配慮も必要です。石けん製造の黎明期に生まれた発明から当時の時代背景を垣間見てみましょう。

1．絹織物の精錬

石けんは動植物の油脂から製造されます。当時の石けんには蛹（さなぎ）の脂肪油を原料にする発明があらわれています。当時は養蚕業が全盛期だった時代であり大量の蛹が発生しました。蛹を利用した石けんは絹の精錬に使われることが考えられています。さらに絹精錬の廃液を利用して作る洗濯石けんの発明もあらわれています。

・汚物や臭気を除去する

特許第２０７６０号の明細書を見ると、従来から蛹油を使った石けんは絹の精錬用として利用されていたことがわかります。絹織物の精錬とはアルカリ剤やタンパク質分解酵素を用いて、セリシンという膠（にかわ）質成分やその他の不純物を除去することです。従来品は石けん液中に汚物や臭気が残っていたようです。本発明ではそれらを除去するための方法の発明です。

特許第４１７９１号は魚油や蛹油による石けんの脱臭方法の発明です。過剰に苛性あるカリを添加して、耐圧加熱罐内で煮沸して脱臭します。簡単な手段で魚油や蛹油、鯨油など不飽和脂肪酸化合物の特性である臭気を除去します。本発明者の永松道夫氏は同一出願日に他にも２つの発明を出願しています。いずれも魚油や蛹油の石けんの脱臭法についてです。

・変色しないように

特許第３５９２０号では蛹油の石けんの製造工程に還元剤を加えて処理することで透明な黄色にする発明です。従来は時間が経つと黒く変色していたようです。蛹油を漂白すると費用がかかったようで、本発明では製造工程中に処理することが考えらえています。

絹精錬の廃液を利用して洗濯石けんを作る

特許第３８３６０号は絹布の精錬に利用した石けんを含んだ精錬の廃液を利用して洗濯用石けんにする方法の発明です。廃液に酸液を加えて脂肪酸と硅酸の沈殿と廃液に含まれたセリシン脂肪質、樹脂質などによる沈殿を分離して、苛性曹達液を加えて加熱沸騰させます。

２．海水で利用できる石けん

海水で利用できる石けんの発明が多くあらわれています。

英国から洗濯用石けんの発明

特許第１４８６７号は英国からの海水で溶解する洗濯用石けんの発明です。海水や硬水で織布や繊維塗料を施した木具などを洗浄する用途です。洗濯物に臭気や残留物を残さないようにする工夫です。

樟（クスノキ）の実を利用する

特許第２１２１７号は樟の実の油蝋物を石けんの原料とする発明です。本発明の詳細を見ると当時の石けんの課題は時間が経っても縮小しないこと、形状が歪まずに亀裂を生じないこと、海水に溶解することなどであったことがわかります。本発明では山野で廃物となる樟実を利用します。

航海用、工業用

特許第２５０４５号は航海者や工業上の使用に便利な石けんの発明です。海水と硬水に洗浄力を発揮します。ヤシ油のような油を加水分解して得た混合脂肪酸を割温蒸留法または割温圧搾法などで処理してつくります。ヤシ油石けんなどは多量の高級脂肪酸を含有するため塩分によって洗浄力が減滅し、硬度により不溶解物を形成してしまう欠点があったようです。

３．粉石けんと紙石けん

粉石けん

・最初から粉末状に製造

特許第１１２９８号は粉石けんの発明です。苛性ソーダを冷水に溶解した液中に脂油を点滴して作ります。従来は普通の石けんを砕いて粉末状にしていましたが、時間と労力が必要で、作業中に石けんが飛散して無駄にしてしまうことがありました。本発明では石けんの生成と同時に粉末にするので工費を節約して、石けんを無駄にすることがなくなります。

・神戸の鈴木商店による発明

特許第４４４２４号は短時間に簡単に臭気のない粉末石けんを製造する発明です。脂肪酸あるいは油脂類を圧熱罐に入れて曹達灰あるいは苛性アルカリを注入加圧の素で鹼化し、その際に発生した炭酸ガスあるいは水蒸気の圧力を利用して罐より噴射させて粉末石けんを製造します。作業中に泡が起きる不便を取り除きます。本発明は鈴木商店からの発明です。神戸が開港後に砂糖や樟脳などを貿易商社として創業し、現在の株式会社双日の前身に当たります。

紙石けん

・紙を使用する

特許第１３４３０号は携帯の際に石けんが紙面から剥がれる心配のない紙石けんの発明です。日本紙や西洋紙をアルカリ液に浸して乾燥させ、石けんとリスリンの混淆液中に浸し、乾燥させて製造します。紙石けんは洗濯や化粧用として使用します。

・紙を使用せず全部溶ける

特許第３９２７３号は携帯に便利で簡易に洗浄できる紙石けんの発明です。中性石けんの素を水溶して、抱水作用のある寒天や蒟蒻（こんにゃく）の粉を加えて加熱し、これに油や脂肪を塗布して平面板に流し込み冷却乾燥して、透明になるのを待ち、剥離して紙のように薄い石けんを製造します。石けんに光沢弾力を付してセルロイドあるいはパラフィン紙のように製造して一定の寸法に裁断して綴ります。明細書によると、前述した特許第１３４３０号の発明は紙に石けんを塗布して作る方法であるため、使用に際して手や顔に紙が付着することや、洗い場の排水口を紙でふさいでしまう問題があったようです。本発明は全部が水に溶ける紙石けんです。

4．嗜好品

匂い袋にもなる

特許第１９１号は体を洗う用の袋石けんの発明です。石けん水を綿に浸み込ませ太陽で乾かした後に布袋に詰めます。携帯に便利で、時には麝香などの香料を香らせることもできます。使用には揉んで内部まで湯水を浸み込ませて皮膚を摩擦します。

絵入り

特許第３１２５号は図画や書入りの石けんの発明です。外箱の中に透明石けん汁を入れて、底のない箱の両はしと上下に針金数個を植え付け、針に図画や書を印刷した天狗状紙を糸で貼り付け、外箱の中に挿入します。石けん汁が冷却したら共に取り出します。従来のような数回の使用で表面の模様が摩滅してしまうのではなく、本発明では絵が鮮明にわかる石けんを製造します。

斑紋模様

特許第１０９９１号は斑紋模様の石けんです。顔料を溶融混合した後に凝固、乾燥させて粉末にしておきます。石けんを溶融して冷却凝固する際に、用意しておいた粉末を投入して混ぜ合わせて斑紋を作ります。

機械的に製造する

特許第３１８２８号は２種類以上の色や品質の異なる石けんを集合して一個の石けんにする製造機械の発明です。二個以上の圧縮螺軸（12）を並列し、螺軸の一端を網版（21）一個の集合筒内に向かわせます。第一螺軸は白色、第二螺軸は赤色、第三螺軸は緑色にして三段の色彩のある石けんを製造できるようになります。

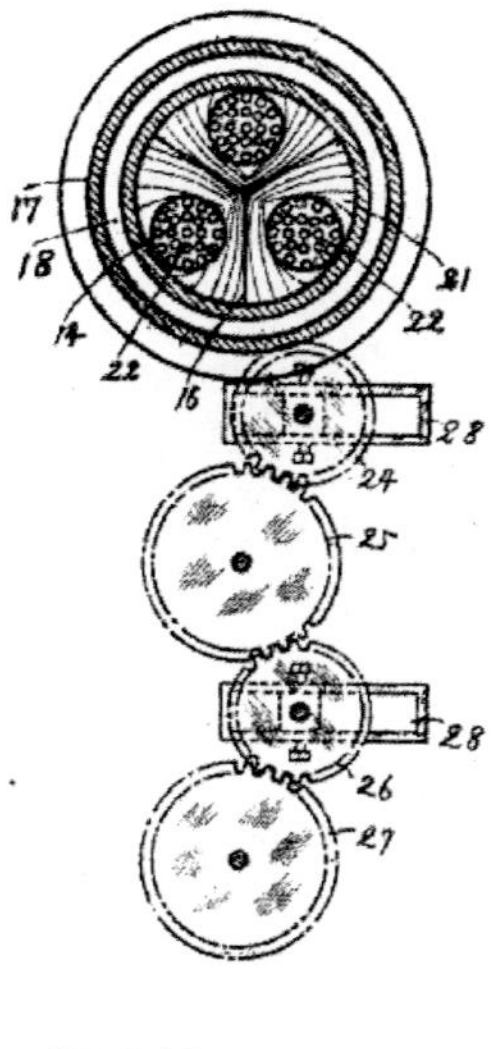

特許第31828号

５．特殊な用途向け

洗濯や化粧用ではない用途の発明も見られます。墨汁抜き（特許第１６０００号）や石材洗浄（特許第２２５３０号）、畳洗浄（特許第２２７８７号）、印刷面掃除（特許第２４７２４号、特許第４３２５８号）、ガラス拭き（特許第７２１８１号）、食器洗浄（特許第７２７５４号）などです。

特許第一九一號

（明治二十九年五月十一日年限滿了ニ依リ特許權消滅）

第六十三類

出願 明治十九年三月十六日
特許 明治十九年五月十二日
特許年限 十年

神奈川縣淘綾郡大磯驛千二十七番地
特許權者 瀬尾正次郎

明細書

袋石鹼

身體ヲ洗淨スルノ用ニ供スヘキ新奇輕便ナル袋石鹼ヲ發明セリ之ヲ左ニ明解ス

之ヲ製造スルニハ先ツ普通浴湯用ノ石鹼ヲ沸湯ニ投入シ能ク溶解スルヲ待テ熱力ヲ減シ徐々ニ綿絮ヲ入レテ液ノ綿中ニ浸潤スル迄匕子ヲ以テ絕エス攪和シ之ヲ洋紙ニ載セテ太陽ニ曝シテ水分ヲ發散シ少シク濕氣ノ殘レルヲ度トシテ陰乾スヘシ然ル後之ヲ緻密ナル布帛製橢圓形ノ小囊ニ詰メ込ミ普通ノ綿ニテ之ヲ包被シ絲ヲ以テ固ク縱橫ニ纏絡シテ幾度使用スルモ內外ノ綿絮ヲシテ一方ニ偏在スルヲ得サラシメ更ニ布帛製ノ囊ニ包ミ絲ヲ附ケテ提携ニ便ニス石鹼類ハ粧飾品ニ屬スルヲ以テ時トシテハ麝香又ハ其他ノ香料ヲ薰セシメテ上下大小之ヲ製ス

是レヲ使用スルニハ最初少シク揉ミテ其內部マテ湯或ハ水ヲ浸潤セシメ之ヲ把持シテ皮膚ヲ摩擦スレハ其垢及ヒ脂肪質ヲ洗除スルコト普通ノ石鹼ニ異ナラス使用ノ後ハ絲ヲ吊シ乾カシ置クヘシ

此發明ノ專賣特許ヲ請求スル區域ハ左ノ一條ニアリ

一　前ニ詳述セシカ如ク石鹼ヲ綿絮ニ含有セシメ之ヲ綿絮及ヒ布帛ニ包ミテ製シタル袋石鹼是ナリ

発明の目的

体を洗浄するための便利な袋石けんを作る。

発明のポイント

石けんを綿に含有させて布帛に包む。

使用例

是レヲ使用スルニハ最初少シク揉ミテ其内部マテ湯或ハ水ヲ浸潤セシメ之ヲ把持シテ皮膚ヲ摩擦スレハ其垢及ヒ脂肪質ヲ洗除スルコト普通ノ石鹼ニ異ナラス使用ノ後ハ絲ヲ吊シ乾カシ置クヘシ

特許第二三〇七號

（明治四十二年五月四日年限滿了ニ依リ特許權消滅）

第六十三類

一三

出願 明治二十七年二月二十七日
特許 明治二十七年五月 五日
特許年限 十五年

東京市神田區豐島町十七番地
特許權者 寺澤孝吉

明細書

石鹼

此發明ハ普通ノ石鹼ニ牛乳及硫黃花ヲ加ヘタル化粧用ノ石鹼ニ係リ其目的トスル所ハ牛乳ヲ洗料トナスニ當リ腐敗ヲ防キ粘着スルカ如キ性質ナカラシメ且ツ其製品ヲ緻密ニシテ一樣ナラシムルニアリ

此發明ヲ實施スルニハ先ツ牛脂又ハ豚脂ノ如ク苛性曹達ト稍〻化合シ難キ脂ヲ水上ニ浮ヘ加熱シテ「ボーメー」三十度許リノ苛性曹達水溶液ヲ徐々ニ加ヘ「アルカリー」ノ少シク過分ナルニ至テ止ム而シテ更ニ椰樹油ノ如ク苛性曹達ト稍〻化合シ易キ油ヲ加ヘ其悉ク石鹼トナリタルヲ窺ヒ（此時用フル油ハ通常脂ノ二割乃至三割ニ至テ止ム）食鹽ヲ加ヘテ石鹼ヲ分離セシメ之ヲ取テ乾カシ稍〻硬マリタル後湯槽ニ上ホシ初メ用ヒタル脂及油ノ半量ニ對スル牛乳ヲ時々小許ノ水ヲ加ヘツヽ煉合シ斯クシテ出來タル汁粉樣又ハ白酒樣ノモノヲ湯槽ヨリ下シ尙ホ温マリノアル中ニ初メ用ヒタル脂及油ノ一割量ニ對スル「グリスリン」ヲ加ヘ尙又「グリスリン」ト等量ノ「アルコホル」ヲ加ヘ最後ニ脂油ノ二割量ニ對スル硫黃花ヲ能ク水中ニ攪拌シテ加ヘ十分ニ煉交セタル後一週間陰乾トナシ後一週間日乾シ後又一週間陰乾シ然ル後外被ヲ剝キ一時間許リ煖室ニ置キテ之ヲ取出シ直チニ型ニ入レ壓搾シテ仕上ルモノトス

上文ニ記載シタル各資料ノ分量及ヒ乾燥ノ長短ノ如キハ其概要ヲ示シタルニ過キスシテ多少ノ變更ハ本發明ノ目的ニ妨ケヲ來サヽルモノトス又石鹼ニ「グリセリン」及ヒ「アルコホル」ヲ加ヘテ各特有ノ效アラシムルコトハ已ニ公知ニ屬スル所ナレハ茲ニ其效用目的ヲ說明セス

発明の目的

牛乳を洗料とするに当たり腐敗を防ぎ、粘着する性質であり緻密で一様である。

発明のポイント

普通の石けんに牛乳と硫黄花を加えて化粧用石けんにする。

実施例

此發明ヲ實施スルニハ先ツ牛脂又ハ豚脂ノ如ク苛性曹達ト稍〻化合シ難キ脂ヲ水上ニ浮ヘ加熱シテ「ポーメー」三十度許リノ苛性曹達水溶液ヲ徐々ニ加ヘ「アルカリー」ノ少シク過分ナルニ至テ止ム而シテ更ニ椰樹油ノ如ク苛性曹達ト稍〻化合シ易キ油ヲ加ヘ其悉ク石鹼トナリタルヲ窺ヒ（此時用フル油ハ通常脂ノ二割乃至三割ニ至テ止ム）食鹽ヲ加ヘテ石鹼ヲ分離セシメ之ヲ取テ乾カシ稍〻硬マリタル後湯槽ニ上ホシ初メ用ヒタル脂及油ノ半量ニ對スル牛乳ヲ時々小許ノ水ヲ加ヘツヽ煉合シ斯クシテ出來タル汁粉樣又ハ白酒樣ノモノヲ湯槽ヨリ下シ尚ホ溫マリノアル中ニ初メ用ヒタル脂及油ノ一割量ニ對スル「グリスリン」ヲ加ヘ尚又「グリスリン」ト等量ノ「アルコホル」ヲ加ヘ最後ニ脂油ノ二割量ニ對スル硫黄花ヲ能ク水中ニ攪拌シテ加ヘ十分ニ煉交セタル後一週間陰乾トナシ後一週間日乾シ後又一週間陰乾シ然ル後外被ヲ剝キ一時間許リ暖室ニ置キテ之ヲ取出シ直チニ型ニ入レ壓搾シテ仕上ルモノトス

大阪府本林平三郎ヨリ明治卅年八月廿八日ニ出願シ同卅一年五月廿日付ヲ以テ十五ケ年ヲ期限トシ特許シタル第三一二五號特許證ニ屬スル明細書左ノ如シ

第三一二五號

繪入石鹼製造法

此發明ハ外箱ノ中ニ透明石鹼汁ヲ入置キ叉無底箱ノ兩邊上下ニ針金數個ヲ植附此針ニ圖書若シクハ書ヲ印刷シタル天狗狀紙ヲ絲ニテ張附シタル後之レヲ前記ノ外箱中ニ挿入シ後石鹼汁ノ冷却スルヲ待チ石鹼ト共ニ取出シ後石鹼ヲ拔出シ挿入シタル紙ヲ中間トシテ切斷シ之レヲ乾燥セシメタル後普通方法ニヨリ精製シテ成ル繪入石鹼製造法ニ係リ其目的トスル所ハ透明石鹼中ニ挿入シタル天狗狀紙片ヲ認メスシテ其印刷シタル圖書及書ノミヲ鮮明ニ顯ハシ得ルニアリ

此發明ヲ施行スルニハ先外箱ノ中ニ調製シタル透明(俗ニ鼈甲)石鹼汁ヲ入置キ叉無底ノ內箱ノ左右上下ニハ各二本宛ノ針金數個ヲ箱ノ外側ニ植付ケ此針金ノ左右上下四個ニ石鹼汁ノ爲メ不溶解ノ染料(朱墨類)ニテ圖書及書ヲ印刷シタル石鹼ノ形狀ヨリ小ナル天狗狀紙ノ四隅ニアル絲(各隅ニ絲ヲ通シタル各端)ヲ纒附シタル(但シ內箱ノ左右上下ヨリ箱幅及高サノ各凡ソ五分ノ一程宛ヲ隔テヽ絲ニテ張ルモノトス)後之レヲ前記ノ外箱中ニ挿入シ後石鹼汁ノ冷却スルヲ待チテ石鹼ヲ內箱ト共ニ取出シ四方ノ絲ヲ拔取リ石鹼ヲ取リ出シ始メ挿入シタル天狗狀紙ヲ中間トシテ切斷シ之ヲ乾燥セシメ後普通方法ニヨリ仕上ケテ成ルモノトス

從來ノ石鹼ハ單ニ模型ニヨリ其表面ニノミ模樣ヲ現ハスモノニシテ需用者其模樣ノ如何ニヨリテ之レヲ撰拔取捨スルモノナレ𪜈一二度使用セハ忽チ其模樣ヲ磨滅シテ一ノ石鹼片トナリ先ニ撰拔セシ效ヲ失ヒ且ツ甲者乙者ノ所有ヲ識別シ難キニ至ル然レ𪜈本製造法ニ依テ製シタル石鹼ハ前記ノ憂一モ無ク始メ挿入シタル天狗狀紙ヲ認ムルコナクシテ圖書若クハ書ノミヲ能ク鮮明ニ顯ハシ得ル極メテ有益ナル發明ナリトス

本願ハ前陳ノ如ク製造方法ニ於テ新規ナルノミナラス本品ノ如キ原料ニ依テ製シタルモノ未タ曾テアラサル所

発明の目的

透明石けん中に挿入した和紙を認めずに印刷した図画と書のみを鮮明にあらわした石けんをつくる。

発明のポイント

外箱の中に透明石けん汁を入れ置き、無底箱の両辺上下に針金数個を植え付け、針に図画や書を印刷した天狗状（典具帖）紙を糸ではりつける。

実施例

此發明ヲ施行スルニハ先外箱ノ中ニ調製シタル透明(俗ニ鼈甲)石鹼汁ヲ入置キ又無底ノ内箱ノ左右上下ニハ各二本宛ノ針金數個ヲ箱ノ外側ニ植付ケ此針金ノ左右上下四個ニ石鹼汁ノ爲メ不溶解ノ染料(朱墨類)ニテ圖畫及書ヲ印刷シタル石鹼ノ形狀ヨリ小ナル天狗狀紙ノ四隅ニアル絲(各隅ニ絲ヲ通シタル各端)ヲ纒附シタル(但シ内箱ノ左右上下ヨリ箱幅及高サノ各凡ソ五分ノ一程宛ヲ隔テヽ絲ニテ張ルモノトス)後之レヲ前記ノ外箱中ニ挿入シ後石鹼汁ノ冷却スルヲ待チテ石鹼ヲ内箱ト共ニ取出シ四方ノ絲ヲ拔取リ石鹼ヲ取リ出シ始メ挿入シタル天狗狀紙ヲ中間トシテ切斷シ之ヲ乾燥セシメ後普通方法ニヨリ仕上ケテ成ルモノトス

第九〇九二號　第六十三類　明細書

出願　明治三十八年五月三十日
特許　明治三十八年七月廿五日

ウロトロピン石鹸

此發明ハ石鹸膠「ウロトロピン」及ヒ酒石酸ヲ混合セシメテ成ル石鹸ニ係リ其目的トスル處ハ皮膚ヲ刺戟スルコトナク且ツ臭氣ナク消毒防腐ノ効力アルノミナラス其溶液ハ「フォルマリン」ノ効用ヲ逞フセシメ以テ完全ナル消毒ノ効果ヲ奏成セシムルニアリ

本發明ヲ施行スルニハ鹽析シタル石鹸膠若クハ普通ノ石鹸膠百匁ニ「ウロトロピン」壹匁ヲ加ヘ冷却固結ノ後チ鉋削シテ薄片トナシ乾燥セシメ而シテ之レニ酒石酸ノ粉末トシタルモノ貳匁ヲ加ヘテ充分ニ攪混シ壓搾装置ヲ應用シテ石鹸ヲ形成スルモノトス

本發明ヲ使用スルニハ普通石鹸ト同様ニ直チニ使用スルトキハ「ウロトロピン」トシテ消毒防腐ノ効用アルモノトス而シテ又タ本石鹸ヲ溶解スルトキハ時間ノ經過スルニ從テ此内ニ含有スル處ノ固形酸ハ水ノ存在ニヨリテ始メテ酸ノ効力ヲ顯ハシ「ウロトロピン」ヲ徐々ニ分解シテ「フォルマリン」ヲ遊離セシムルニアリ故ニ本石鹸ノ水溶液ヲ以テ各種ノ細菌又ハ病毒ノ存在スルカ如キモノニ混スルトキハ化學的作用ニヨリ暫時ノ後完全ニ消毒ノ効ヲ奏ス要スルニ本石鹸ヲ以テ皮膚ノ洗滌ニ供スルトキハ「ウロトロピン」トシテ作用シテ溶液トシテ其内ニ消毒スヘキ物體ヲ浸シ置クトキハ分解ニヨリテ「フォルマリン」トシテ作用セシムルニアルモノナリ

元來普通ノ「フォルマリン」石鹸ハ消毒防腐ノ力強大ナリト雖トモ刺戟性ノ劇臭ヲ有シ眼又ハ鼻ヲ刺戟シ皮膚ヲ粗悪ナラシメ且ツ揮發性ナルカ故ニ久時貯藏スルトキハ漸次効力ヲ減却スル缺點アリ特ニ劇藥ニ屬スルカ故ニ危險ノ虞ナシトセス之レニ反シテ本石鹸中ニ含有スル「ウロトロピン」ハ「フォルマリン」ニ安母尼亞瓦斯ヲ通シテ中性トナシ結晶セシメタルモノニシテ殆ント臭氣ナク味ヒハ微ニ甘ク皮膚ヲ刺戟スルコトナク消毒防腐ノ力アリ而シテ通常藥ナルカ故ニ危險ナシ然リ而シテ皮膚ヲ刺戟スルコトナク且ツ臭氣ナク消毒防腐ノ効力アルノミナラス其溶液ハ「フォルマリン」ノ効用ヲ逞フセシメ以テ完全ナル消毒ノ効果ヲ奏成セシムヘキ極メテ有益ナル最先ノ發明ナリトス」

発明の目的

皮膚に刺激なく、臭気なく消毒防腐の効力があるだけでなく、溶液はフォルマリンの効用で完全に消毒効果がある。

発明のポイント

石けん膠ウロトロピンと酒石酸を混合する。

使用例

本發明ヲ使用スルニハ普通石鹼ト同樣ニ直チニ使用スルトキハ「ウロトロピン」トシテ消毒防腐ノ効用アルモノトス而シテ又タ本石鹼ヲ溶解スルトキハ時間ノ經過スルニ從テ此內ニ含有スル處ノ固形酸ハ水ノ存在ニヨリテ始メテ酸ノ効力ヲ顯ハシ「ウロトロピン」ヲ徐々ニ分解シテ「フオルマリン」ヲ遊離セシムルニアリ故ニ本石鹼ノ水溶液ヲ以テ各種ノ細菌又ハ病毒ノ存在スルカ如キモノニ混スルトキハ化學的作用ニヨリ暫時ノ後完全ニ消毒ノ効ヲ奏ス要スルニ本石鹼ヲ以テ皮膚ノ洗滌ニ供スルトキハ「ウロトロピン」トシテ作用シテ溶液トシテ其內ニ消毒スヘキ物體ヲ浸シ置クトキハ分解ニヨリテ「フオルマリン」トシテ作用セシムルニアルモノナリ

第一〇九九一號　第六十三類　明細書

出願　明治三十九年四月十七日
特許　明治三十九年九月二十一日

大阪市東區道修町二丁目一番地　春元重助

斑紋石鹼製造法

此發明ハ斑紋ヲ有スル石鹼ヲ製造スル一種ノ新規ナル方法ニ係リ其目的トスル處ハ顏料ノ浸染溶解スルコトナク鮮明ナル斑紋ヲ現出スルト是モ簡易ニ製造シ得ルトニアリ

本發明ハ普通石鹼約拾貫目ニ對シ硅酸曹達約二貫目ト適量ノ顏料(主トシテ群青ヲ使用ス)ト硫酸礬土約五拾目ト硫酸鐵約百二十目トヲ注入シテ溶融混和セシメタル後之ヲ放冷凝固更ニ乾燥セシメ且ツ之ヲ齏粉トナシ置キ茲ニ於テ別ニ製造シタル他ノ石鹼溶融セシメ之ヲ放冷シテ將ニ其凝固セントスルニ際シ前記ノ着色粉末ヲ少量ツヽ投入シテ適宜ニ攪拌スルトキハ顏料ノ溶出浸染スルコトナク鮮明ナル斑紋ヲ生シ得ルモノトス

右ノ如クシテ斑紋石鹼ヲ製スルトキハ在來種々ノ手段ニ依リテ製造サレタル斑綾石鹼ノ如ク溶融浸出シテ地質ト斑紋トノ分界ヲ不明ナラシムル等ノ患ナク且ツ製造スルニ當リ毫モ特殊ノ困難ナル手數ヲ要セス容易ニ斑紋ヲ生シ得ルカ故ニ有益ナリトス

特許法ニ依リ予カ發明トシテ特許ヲ請求スル範圍ハ左ノ如シ

一、本書ニ詳記スル如ク石鹼ト硅酸曹達ト顏料ト硫酸礬土ト硫酸鐵トヲ共ニ溶融混合シタル後之ヲ凝固シ且ツ乾燥セシメテ粉末トナシ置キ別ニ製造シタル石鹼ヲ溶融セシメ將ニ冷却凝固セントスルニ際シ前記ノ粉末ヲ適度ニ投入混淆セシメテ斑紋石鹼ヲ製造スル方法

発明の目的

顔料の浸染溶解することなく鮮明な斑紋を有する石けんを製造する。

発明のポイント

石けんと硅酸曹達と顔料などを共に融解混合したのち、凝固、乾燥させ粉末にする。石けんを溶融して冷却凝固する際に粉末を適度に投入して混ぜる。

実施例

本發明ハ普通石鹼約拾貫目ニ對シ硅酸曹達約二貫目ト適量ノ顔料(主トシテ群青ヲ使用ス)ト硫酸礬土約五拾目ト硫酸鐵約百二十目トヲ注入シテ溶融混和セシメタル後之ヲ放冷凝固更ニ乾燥セシメ且ツ之ヲ齏粉トナシ置キ玆ニ於テ別ニ製造シタル他ノ石鹼溶融セシメ之ヲ放冷シテ將ニ其凝固セントスルニ際シ前記ノ着色粉末ヲ少量ツヽ投入シテ適宜ニ攪拌スルトキハ顔料ノ溶出浸染スルコトナク鮮明ナル斑紋ヲ生シ得ルモノトス

第一一二九八號　第六十三類　明細書

出願　明治三十九年十月十日
特許　明治三十九年十一月三十日

大阪市北區小松原町三百九十一番屋敷　龜田正五郎

粉末石鹼製造法

本發明ハ苛性曹達ヲ冷水ニ溶解シタル液中ニ脂油ヲ點滴シテ粉末石鹼ヲ製スル方法ニ係リ其目的トスル所ハ容易ニ粉末狀ノ石鹼ヲ製造セシムルニ在リ

本發明ヲ施行スルニハ苛性曹達ノ水溶液（ボーメ廿度位以上ノ濃度ニテ任意ノ度ニ製シ得ルモ約卅度位ヲ適度トス）ヲ製シ之ヲ器中ニ入レ次ニ白絞油ノ「ガス」油又ハ其他ノ脂油ヲ採リ適宜ノ手段ニ依リテ之ヲ前記ノ苛性曹達液中ニ可成微細ノ狀態ヲ以テ點滴シナカラ攪拌スルトキハ忽チ粉末狀ノ細片ヲ結成ス依テ網杓子ノ如キ器具ヲ以テ細片ヲ拯ヒ取リ任意ニ乾燥セシム

從來粉末狀ノ石鹼トシテ一二種ノ製品坊間ニ存スルモノアリト雖モ是レ普通ノ石鹼ヲ殊更ニ細碎セシメテ粉末狀トナシタルモノニシテ其ノ細碎スルカタメニハ時間ト勞力ヲ要スルノミナラス多少石鹼ノ飛散消失ナキヲ免レス之ニ反シ本發明ハ石鹼ノ生成ト同時ニ粉末トナシ得ルカタメ工費ヲ節約シ並ニ石鹼ノ消失スル如キ患ヲ見スシテ簡易ニ製出シ得ルカ故ニ有益ナリトス

特許法ニ依リ予カ發明トシテ特許ヲ請求スル範圍ハ左ノ如シ

一、本書ニ詳記シタル如ク苛性曹達ノ水溶液（其他ノ「アルカリ」液ニテモ）ヲ作リ之ニ脂油ヲ點滴セシメテ粉末狀ノ石鹼ヲ製スル方法

発明の目的

容易に粉末状の石けんを製造する。

発明のポイント

苛性曹達を冷水に溶解した液中に脂油を点滴する。

実施例

本發明ヲ施行スルニハ苛性曹達ノ水溶液(ボーメ廿度位以上ノ濃度ニテ任意ノ度ニ製シ得ルモ約卅度位ヲ適度トス)ヲ製シ之ヲ器中ニ入レ次ニ白絞油ノ「ガス」油又ハ其他ノ脂油ヲ採リ適宜ノ手段ニ依リテ之ヲ前記ノ苛性曹達液中ニ可成徴細ノ狀態ヲ以テ點滴シナカラ攪拌スルトキハ忽チ粉末狀ノ細片ヲ結成ス依テ網杓子ノ如キ器具ヲ以テ細片ヲ拯ヒ取リ任意ニ乾燥セシム

第一三四三〇號　第六十三類　明細書

出願　明治四十年四月二十一日
特許　明治四十年十二月十八日

兵庫縣養父郡八鹿村百四十八番屋敷本籍
大阪市東區玉造東阪町五百三十九番屋敷寄留　水田吉之助

紙石鹼製造法

本發明ハ「アルカリ」液ニ浸漬シタル紙ニ「リスリン」ヲ混淆シタル石鹼溶液ヲ浸潤セシメテ紙石鹼ヲ製スル方法ニ係リ其目的トスル處ハ使用ノ際紙ヲシテ共ニ溶解セシムルト携帶スルニ當リテ石鹼カ紙面ヨリ分離剝脫スル患ナカラシムルトニ在リ

本發明ヲ製スルニハ日本紙又ハ西洋紙何レニテモ適宜ノ紙ヲ取リ之ヲ適度ニ溶解シタル「アルカリ」液中ニ浸漬シテ一旦乾燥セシメ次ニ任意ノ容器ヲ準備シテ之ニ石鹼ノ溶液ト稍〻多量ノ「リスリン」トヲ混淆セシメ此中ニ前記ノ紙ヲ投入シテ充分石鹼液ヲ包含セシメタル後紙ヲ取リ出シテ乾燥セシムルモノナリ

右ノ如クシテ製シタル紙石鹼ハ之ヲ洗濯又ハ化粧用トシテ使用スル際ニハ紙ハ石鹼ト共ニ容易ニ溶解セラル、ヲ以テ使用後紙ノミカ殘留スルコトナク且ツ最初紙ニ「アルカリ」ヲ施シアルト「リスリン」ヲ混和シタルトニ依テ紙面ヨリ石鹼カ剝脫スルノ患ナク携帶使用共ニ便益ナル製品ヲ得ルモノトス

特許法ニ依リ予カ發明トシテ特許ヲ請求スル範圍ハ左ノ如シ

一、本文ニ詳記スル如ク日本紙又ハ西洋紙ヲ「アルカリ」液ニ浸漬シテ乾燥シ之ヲ石鹼ト「リスリン」ノ混淆液中ニ浸潤セシメ更ニ之ヲ乾燥シテ紙石鹼ヲ製スル方法

発明の目的

紙面より石けんが剥脱する心配がなく携帯に便利である。

発明のポイント

アルカリ液に浸漬した紙にリスリンを混ぜ、石けん溶液を浸潤する。

実施例

本發明ヲ製スルニハ日本紙又ハ西洋紙何レニテモ適宜ノ紙ヲ取リ之ヲ適度ニ溶解シタル「アルカリ」液中ニ浸漬シテ一旦乾燥セシメ次ニ任意ノ容器ヲ準備シテ之ニ石鹼ノ溶液ト稍〻多量ノ「リスリン」トヲ混淆セシメ此中ニ前記ノ紙ヲ投入シテ充分石鹼液ヲ包含セシメタル後紙ヲ取リ出シテ乾燥セシムルモノナリ

（特許局印行）

特許第二〇七六〇號　第六十三類

出願　明治四十四年二月三日
特許　明治四十四年十月五日

長崎縣東彼杵郡大村百四十七番地本籍
東京市深川區古石場町十七番地寄留
特許權者（發明者）　村田春齢

明細書

絹練煉石鹼製造法

發明ノ性質及ヒ目的ノ要領

蛹油ニ椰子油ヲ混シ之ニ苛性加里溶液ヲ加ヘテ石鹼液ヲ作リ之ニ硫酸「アンモニア」ト硫酸「マグネシア」トノ複鹽ヲ加ヘテ一晝夜間放置シ其沈澱作用ニ因リ汚物竝ニ臭氣ヲ脫却セシメテ其透明濾過液ヲ蒸發シ以テ煉石鹼ヲ製造スル方法ニ係リ其目的トスル所ハ前述加里石鹼液ニ硫酸「アンモニア」ト硫酸「マグネシア」トノ複鹽ヲ加ヘ以テ遊離ノ「アルカリ」ヲ中和シ同時ニ水酸化「マグネシア」ヲ發生シ其沈澱作用ニ依リテ全ク石鹼液中ノ汚物及臭氣ヲ脫却セシメテ完全ニ絹練ヲ爲シ得ル煉石鹼ヲ得ルニ在リ

發明ノ詳細ナル說明

蛹油十分ニ椰子油十分ヲ混シタルモノヲ釜ニ入レテ蒸汽浴上ニ溫メ之ヲ攪拌シツヽ苛性加里溶液（比重一、一四二）二十分ヲ混和シ續イテ溫ヲ與ヘテ透明ノ石鹼液トナルニ至リ水ヲ加ヘテ稀薄トナシ之ニ硫酸「アンモニア」ト硫酸「アグネシア」トノ複鹽ノ稀薄液ヲ少シツヽ加ヘ攪拌シテ之ヲ舌頭ニテ味ヒ舌ヲ刺スカ如キ感ヲ爲サヽ

発明の目的

汚物と臭気がなく完全に絹練石けんをつくる。

発明のポイント

蛹油にヤシ油を混ぜ苛性カリ溶液を加えてせっけん液を作り、硫酸アンモニアと硫酸マグネシアとの複塩を加えて一夜放置する。

実施例

蛹油十分ニ椰子油十分ヲ混シタルモノヲ釜ニ入レテ蒸汽浴上ニ温メ之ヲ攪拌シツ、苛性加里溶液(比重一、一四二)二十分ヲ混和シ續イテ温ヲ與ヘテ透明ノ石鹸液トナルニ至リ水ヲ加ヘテ稀薄トナシ之ニ硫酸「アンモニア」ト硫酸「アグネシア」トノ複鹽ノ稀薄液ヲ少シツ、加ヘ攪拌シテ之ヲ舌頭ニテ味ヒ舌ヲ刺スカ如キ感ヲ爲サ、ルニ至レハ其一少部分ヲ取リテ之ヲ濾過シ其濾過液ニ「フェノールフタレイン」溶液一滴ヲ加ヘ紅色ヲ呈セサルニ至リタルトキハ一晝夜間放置シテ後全部ノ液ヲ濾過シテ其透明濾過液ヲ蒸發シテ煉石鹸ト爲スモノナリ」

(特許局刊行)

特許第二〇九九五號

第六十三類

出願　明治四十四年六月二十四日
特許　明治四十四年十一月十四日

東京府北豐島郡巣鴨村大字巣鴨二千七十四番地
特許權者(發明者)　小川良知

明細書

鹹水用石鹼ノ製造法

發明ノ性質及ヒ目的ノ要領

本發明ハ可及的多量ノ樹脂ヲ含有セル木屑(鋸屑)ヲ苛性曹達液ニ浸漬シ球入回轉粉碎機内ニテ數時間回轉混攪シ尙之ニ樹脂及椰子油ヲ漸次加ヘテ回轉ヲ繼續シテ内容物ノ粘着狀態ニ變スレハ更ニ之ヲ鍋ニ移シ攪拌シツヽ過熱水蒸氣ヲ通シ樹脂固有ノ色素脱色スルニ至レハ熱ヲ加ヘテ尙攪拌シツヽ鹼化ヲ全クセシムル石鹼製造法ニシテ其目的ハ淡水ハ勿論鹹水又ハ硬水ニモ能ク溶解スル洗濯用石鹼ヲ製出スルニ在リ

發明ノ詳細ナル説明

本石鹼ヲ調製スルニ要スル原料及分量ハ左ノ如シ

可及的樹脂ヲ多量ニ含有セル細末木屑	一二、〇	苛性曹達	二三、〇
水	四六〇	椰子油	七、〇
樹脂	一二、〇		

発明の目的

淡水はもちろん鹹水（かんすい）または硬水にもよく溶解する洗濯用石けんを製出する。
※鹹水とは海水などのこと。

発明のポイント

多量な樹脂を含有する木屑を苛性曹達液に浸漬し、球入回転粉砕機内に数時間回転混撹し、これに樹脂とヤシ油を加えて回転を継続して内容物が粘着状態に変わったら、鍋に移して撹拌する。

実施例

本石鹼ヲ調製スルニ要スル原料及分量ハ左ノ如シ

可及的樹脂ヲ多量ニ含有セル細末木屑	一二〇	苛性曹達	二三〇
水	四六〇	椰子油	七〇
樹脂	一二〇		

以上諸原料ヲ調合スルニハ先ツ樹脂含有ノ細末木屑ヲ「ボーメ」四十七度ノ苛性曹達液ニ二百四十時間（十日間）浸漬シ置キタル後之ヲ球入回轉粉碎機内ニ容レ七乃至八時間回轉粉碎シツ、粘稠狀態トナラシメ之ニ樹脂ト椰子油及水ヲ加ヘテ回轉ヲ繼續スレハ回轉ノ爲メニ自ラ熱度加ハリ稍鹼化シテ石鹼膠トナレルヲ待チ之ヲ更ニ鍋ニ移シ攪拌シツ、過熱水蒸氣ヲ一二時間通シ樹脂固有ノ色素ヲ脱色セシムルニ至リ水蒸氣ヲ去リ直火或ハ蒸氣熱ヲ外部ヨリ加ヘツ、一二時間不斷攪拌スレハ鹼化作用ノ爲メニ混和物ハ漸次濃厚トナリ始ムルヲ以テ此ノ時少量ノ水ヲ加ヘテ充分攪拌シテ鹼化作用ヲ全フセシメテ成ル鹹水洗濯用石鹼即是レナリ」

特許第二一九一號

第六十二類

出願　明治四十四年四月五日
特許　明治四十四年十二月八日

岐阜縣本巣郡船木村大字十七條二番戸本籍
四日市市袋町百二十七番屋敷ノ八寄留
特許權者（發明者）　武藤朝之助

明細書

菜種油鹸化法

發明ノ性質及ヒ目的ノ要領

本發明ハ主トシテ普通菜種油ノ鹸化ヲ容易ナラシムル爲メ同油中ニ空氣ヲ通スルニ際シ迅速ニ酸素ヲ吸收セシメ後チ鹸化スル方法ニ係リ其目的トスル所ハ普通菜種油ハ容易ニ鹸化セサルノミナラス只タ空氣ヲ通スルノミニ在テハ酸素ヲ吸收セシムルニモ長時間ヲ要スルヲ以テ短時間内ニ酸素ヲ吸收セシメテ其鹸化ヲ容易ナラシメ菜種油ヲシテ好良ナル石鹸ノ原料油タラシムルニ在リ

發明ノ詳細ナル説明

本發明ヲ施行スルニハ先ツ比重〇、一三ヲ有スル普通ノ菜種油ヲ劇シク攪拌シツヽ空氣ヲ通シ攝氏百度ニ熱スル此處ニ至テ約重量三「パーセント」ノ硼酸「マンガン」又ハ金屬酸化物ヲ加ヘ漸次温度ヲ高メ攝氏百六十度内外ニ至ラシム此際絶ヘス攪拌シツヽ空氣ヲ通ス最初ヨリ約二時間間斷ナク此操作ヲ持續スレハ原油ハ幾分褪色シテ濃厚トナリ比重〇、九四五以上ヲ示スニ至ル此處ニ至テ操作ヲ中止シ靜置冷却セシメテ上澄油ヲ普通

（特許局印行）

発明の目的

菜種油を石けんの原料油にする。

発明のポイント

菜種油の鹸化を容易にして油の中に空気を通す際に迅速に酸素を吸収させた後、鹸化する。

実施例

本發明ヲ施行スルニハ先ツ比重〇、一三ヲ有スル普通ノ菜種油ヲ劇シク攪拌シツヽ空氣ヲ通シ攝氏百度ニ熱ス此處ニ至テ約重量三「パーセント」ノ硼酸「マンガン」又ハ金屬酸化物ヲ加ヘ漸次温度ヲ高メ攝氏百六十度内外ニ至ラシム此際絶ヘス攪拌シツヽ空氣ヲ通ス最初ヨリ約二時間間斷ナク此操作ヲ持續スレハ原油ハ幾分褪色シテ濃厚トナリ比重〇、九四五以上ヲ示スニ至ル此處ニ至テ操作ヲ中止シ靜置冷却セシメテ上澄油ヲ普通ノ方法ニヨリ鹼化シテ石鹼ヲ製造ス

九七

（特許局印行）

特許第二二二一七號

第六十三類

出願 明治四十四年四月四日
特許 明治四十四年十二月十一日

長崎市東濱町三十五番地
發明者 早川克次郎
長崎市櫻町四十八番地
特許權者(發明者) 福地道三郎

明細書

石鹼製造法

發明ノ性質及ヒ目的ノ要領

本發明ハ樟實ノ油蠟物ヲ搾取シ之ト石鹼原料トヲ加熱溶解シツヽ混合シテ石鹼ヲ製造スル方法ニ係リ其目的トスル所ハ廢物タル樟實ノ油蠟物ヲ利用シ極メテ堅牢ニシテ光澤ヲ有シ時日ヲ經過シテ枯燥ストモ甚シク收縮歪曲又ハ龜裂ヲ生シ若クハ海水ニ溶解セサル等ノ弊ナキ完全ノ石鹼ヲ製出スルニ在リ

發明ノ詳細ナル說明

本發明ヲ施行スルニハ樟樹ノ果實ヲ採取シ水洗シテ夾雜物ヲ除去シ乾燥ノ後烹器ニ投入シテ煎蒸スルカ又ハ其他ノ手段ニヨリテ加熱シ適宜ノ壓搾器ヲ使用シ壓搾シテ其中ニ含有スル油蠟物(油分ト蠟分ト混合セルモノ)ヲ搾取シテ貯藏シ置キ用ニ臨ミ加熱シテ溶解シ別ニ他ノ普通石鹼原料(苛性曹達又ハ之ニ樹脂或ハ粘土等ヲ加合セルモノ)ヲ溶解シ而シテ一方ノ溶解物ヲ少量ツヽ徐々ニ適度ニ他方ノ溶解物中ニ投入シテ彼此攪

発明の目的

廃物であったくすのきの実の油を利用して堅牢で光沢があり亀裂が生じず、海水に溶解する石けんを製造する。

発明のポイント

くすのきの実の油を搾取し、石けんの原料として加熱溶解しつつ混合する。

実施例

本發明ヲ施行スルニハ樟樹ノ果實ヲ採取シ水洗シテ夾雜物ヲ除去シ乾燥ノ後烹器ニ投入シテ煎蒸スルカ又ハ其他ノ手段ニヨリテ加熱シ適宜ノ壓搾器ヲ使用シ壓搾シテ其中ニ含有スル油蠟物(油分ト蠟分ト混合セルモノ)ヲ搾取シテ貯藏シ置キ用ニ臨ミ加熱シテ溶解シ別ニ他ノ普通石鹼原料(苛性曹達又ハ之ニ樹脂或ハ粘土等ヲ加合セルモノ)ヲ溶解シ而シテ一方ノ溶解物ヲ少量ツヽ徐々ニ適度ニ他方ノ溶解物中ニ投入シテ彼此攪拌混合シ然後普通法ニヨリテ石鹼ヲ製造スルモノトス

（大正三年一月九日發行特許公報掲載）　第五

特許第二五〇四五號

第六十三類

出願　大正元年十二月十八日
特許　大正二年十二月三日

東京市日本橋區小網町三丁目二十八番地渡邊フク方
特許權者（發明者）　時友仙治郎

明細書

海水及硬水用石鹸

發明ノ性質及ヒ目的ノ要領

本發明ハ椰子油若クハ之ト同性質ノ油ヲ加水分解シテ得タル混合脂肪酸ヲ割温蒸餾法又ハ割温壓搾法等便宜ノ方法ヲ以テ處理シ「ラウリン」酸以下分子量小ナル成分脂肪酸ヲ分取シ之ヲ鹸化シテ「アルカリ」鹽トナシ之ニ少量ノ燐酸「アルカリ」ヲ配合シテ成ル鹽水及硬水用石鹸ニ係リソノ目的トスル所ハ從來ノ石鹸ニ於テ免ルヘカラサル缺點即チ鹽水及硬水ニ於テ著シクソノ洗淨力ヲ失ヒ且不溶性石鹸ヲ形成シ易キ等ノ缺點ヲ排除セル完全ナル海水及硬水用石鹸ヲ以テ世上特ニ航海者及工業上ノ便益ニ資セントスルニアリ

發明ノ詳細ナル說明

本發明ハ椰子油又ハ是ト同性質ノ油ヲ加水分解シテソノ混合脂肪酸ヲ製取シ之レヲ割温蒸餾法又ハ割温壓搾法等便宜ノ方法ヲ以テ處理シソノ成分脂肪酸類ヲ「ラウリン」酸以下低級脂肪酸ト「ミリスチン」酸以上高級脂肪酸トノ二部ニ分別ス次ニ前者即「ラウリン」酸以下低級脂肪酸類ノミヲ鹸化シテ「アルカリ」鹽トナシ之ニ一乃

発明の目的

海水と硬水に適し航海者と工業上に便利な石けんをつくる。

発明のポイント

ヤシ油のような油を加水分解して得て混合脂肪酸を劃温蒸留法または劃温圧搾法などで処理し、ラウリン酸以下分子量が小さい成分脂肪酸を分取し、これを鹼化してアルカリ塩とし、これに少量の燐酸アルカリを配合する。

実施例

本發明ハ椰子油又ハ是ト同性質ノ油ヲ加水分解シテソノ混合脂肪酸ヲ製取シ之レヲ劃温蒸餾法又ハ劃温壓搾法等便宜ノ方法ヲ以テ處理シソノ成分脂肪酸類ヲ「ラウリン」酸以下低級脂肪酸ト「ミリスチン」酸以上高級脂肪酸トノ二部ニ分別ス次ニ前者即「ラウリン」酸以下低級脂肪酸類ノミヲ鹼化シテ「アルカリ」鹽トナシ之ニ一乃至五%ノ燐酸「アルカリ」ヲ添加シテ混成シタル石鹼ナリ

特許第三一八二八號　第三十九類

出願　大正六年九月二十六日
特許　大正六年十二月三日

大阪市東區粉川町二十五番地
特許權者（發明者）　五百籏頭常次郎
大阪市東區粉川町二十五番地
特許權者　北森治良

明細書

石鹼製造機械

發明ノ性質及ヒ目的ノ要領

本發明ハ二箇以上ノ壓縮螺軸ヲ並列架設シ該螺軸ノ一端ヲ網版一箇ノ集合箱内ニ向ハシムヘクナシ且ツ該集合箱ノ一端ニハ更ニ排出筒ヲ設ケ此ノ排出筒及ヒ網版ハ或ハ廻轉シ或ハ靜止スヘクナシタル抱彩石鹼製造機械ニ關シ其目的トスル所ハ二種以上ノ色或ハ品質ノ異ナル石鹼ヲ集合シテ一團ノ石鹼トナサシメントスルニ在リ

圖面ノ略解

別紙圖面ニ於テ本發明ノ構造ヲ現ハス其第一圖ハ全體ノ側面圖第二圖ハ集合箱及排出筒ノ斷面圖第三圖ハ網版部分ノ正面圖第四圖ハ網版ノ平面圖第五圖第六圖ハ傳動裝置ノ斜面及斷面圖第七圖ハ漏斗ノ平面圖トス

發明ノ詳細ナル說明

発明の目的

2種以上の色または品質の異なる石けんを集合してひとつの石けんにする。

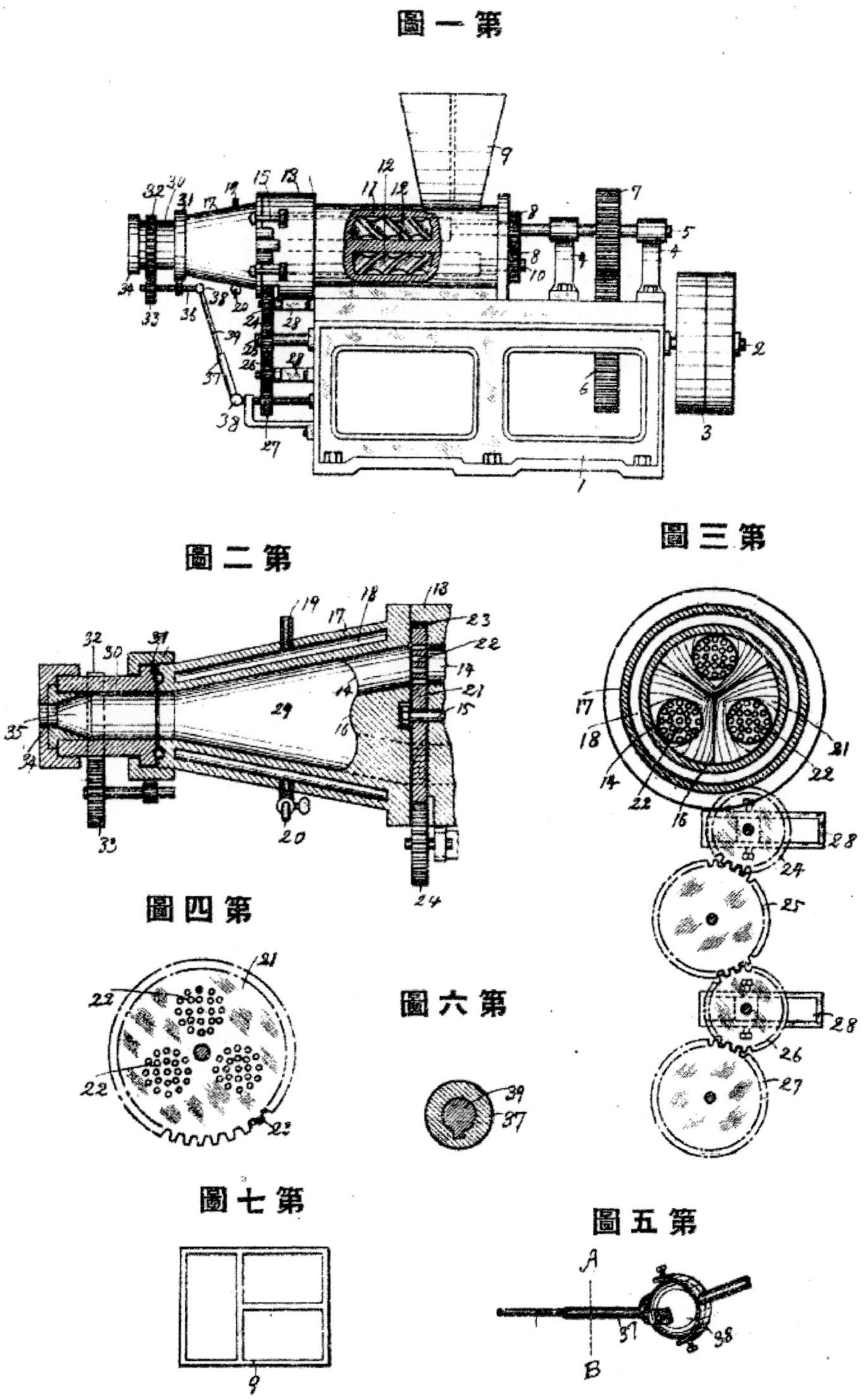

発明のポイント

2個以上の圧縮螺軸を並列架設し、螺軸の一端を網版一個の集合筒内に向かわせる。

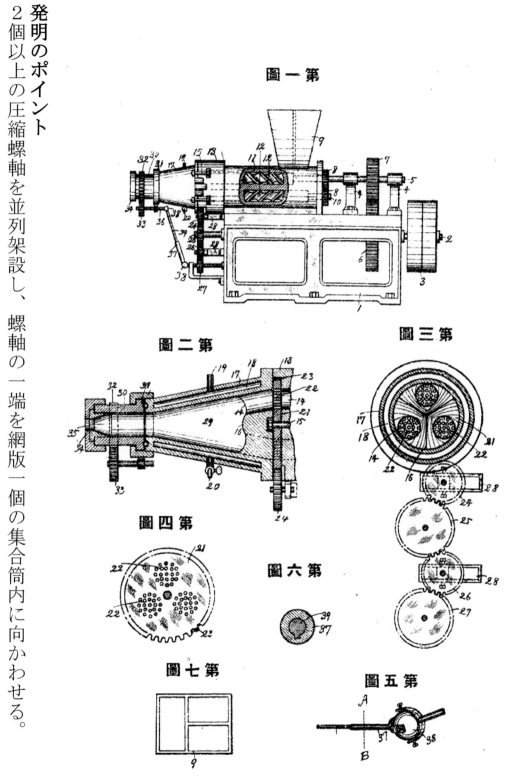

特許第三二九〇八號

第六十三類

出願　大正六年八月一日
特許　大正六年十二月十九日

東京市本郷區彌生町三番地
特許權者(發明者)　田中友一郎

明細書

硫黃石鹼

發明ノ性質及ヒ目的ノ要領

本發明ハ硫黃石鹼ヲ改良セルモノニシテ中性石鹼素地ト樹脂石鹼ニ硫黃ヲ混合熔融セルモノト過硼酸曹達ニ小量ノ「ワセリン」ヲ練合セルモノトヲ捏練混和シ適當ノ固形ニ作成シタルモノニカヽリ其目的トスルトコロハ使用ニ際シテ硫化水素臭ヲ發散スル事ナク良ク硫黃泉ニ浴スルト同樣ノ效果ヲ發揮セシメントスルニアリ

發明ノ詳細ナル說明

本發明ノ硫黃石鹼ヲ製スルニハ左記三種ノモノヲ準備ス

(甲)椰子油三、牛脂七ノ割合ニナル油脂ヲ原料トシテ造レル中性曹達石鹼素地ヲ細片トシテ充分乾燥セルモノ

(乙)成可ク精良ノ樹脂ヲ原料トシテ製セル中性曹達石鹼ヲ煮詰メテ大部分ノ水分ヲ蒸發セルモノニ均等量ノ精製硫黃末ヲ加ヘ攝氏百二十度以上ニ熱シツヽ充分熔融混和セシメタル後放冷シテ生セル飴狀物

(丙)過硼酸曹達一〇「ワセリン」二ノ割合ニ混和シ少シク溫メテ「ワセリン」ノ熔融セル程度ニ於テ充分混捏セルモノ

発明の目的

硫化水素臭を発散することなく良く硫黄泉に浴すると同時に効果を発揮する。

発明のポイント

硫黄石けんを改良して中性石けん素地と樹脂石けんに硫黄を混合溶融したものと過硼酸曹達に少量のワセリンを練合したものとを練り混和し、固形にする。

実施例

本發明ノ硫黄石鹼ヲ製スルニハ左記三種ノモノヲ準備ス

(甲)椰子油三、牛脂七ノ割合ニナル油脂ヲ原料トシテ造レル中性曹達石鹼素地ヲ細片トシテ充分乾燥セルモノ

(乙)成可ク精良ノ樹脂ヲ原料トシテ製セル中性曹達石鹼ヲ煮詰メテ大部分ノ水分ヲ蒸發セルモノニ均等量ノ精製硫黄末ヲ加ヘ攝氏百二十度以上ニ熱シツヽ充分熔融混和セシメタル後放冷シテ生セル飴狀物

(丙)過硼酸曹達一〇「ワセリン」二ノ割合ニ混和シ少シク温メテ「ワセリン」ノ熔融セル程度ニ於テ充分混捏セルモノ」

上記準備セルモノヲ甲一〇、乙二、丙一ノ割合ニ混シ適當量ノ任意香料及色素ヲ加ヘタル後普通器械練リ石鹼製造工程ノ如ク「ロール」其他ノ順序ヲ經テ型打チ適當ノ形狀トナス

特許第三五九二〇號

第六十三類

出願 大正八年七月二十日
特許 大正九年三月四日

福島縣伊達郡飯野村字前原田一番地
特許權者（發明者） 高野喜作

明細書

蛹油石鹼ノ漂白法

發明ノ性質及ヒ目的ノ要領

本發明ハ蛹油石鹼製造工程中ニ於テ適量ノ「ハイドロサルハイト」或ハ「デクロリン」若ハ「ブランキット」ノ如キ還元劑ヲ加ヘテ處理シ該還元劑ヨリ發生スル亞硫酸瓦斯ノ還元作用ニ依リ鮮美ニシテ透明ナル黄色ノ蛹油石鹼ヲ得ヘクナシタル蛹油石鹼ノ漂白法ニ係リ其ノ目的トスル所ハ從來此ノ種ノ石鹼ハ孰レモ帶暗褐橙黄色而カモ時日ヲ經ルニ從ヒ變色シテ帶暗黑褐色トナル缺點ヲ有スルモ本發明ノ漂白法ヲ施ス時ハ蛹油ヲ漂白スル手數ト費用トヲ要スルコトナク一般ノ蛹油石鹼製造工程中ニ於テ簡單ニ鮮美ナル黄色石鹼ヲ得ルノミナラス容易ニ變色スルコトナカラシムルニ在リ

發明ノ詳細ナル説明

本發明ノ蛹油石鹼ノ漂白法ハ一般ノ蛹油石鹼製造工程中ニ行フモノニシテ三工程ニ分チテ之ヲ説明スヘシ

第一工程　蛹油二石ヲ鹼化釜ニ入レ次ニ其ノ蛹油ニ對シ一割四分乃至一割八分ノ苛性曹達ヲ別釜ニ入レ「ボー

発明の目的

変色することなく鮮美で透明な黄色石けんを蛹油を原料に得ることができる。

発明のポイント

ハイドロサルハイトなどの還元剤を加えて処理し還元剤より発生する亜硫酸ガスの還元作用を利用する。

実施例

本發明ノ蛹油石鹼ノ漂白法ハ一般ノ蛹油石鹼製造工程中ニ行フモノニシテ三工程ニ分チテ之ヲ説明スヘシ

第一工程　蛹油二石ヲ鹼化釜ニ入レ次ニ其ノ蛹油ニ對シ一割四分乃至一割八分ノ苛性曹達ヲ別釜ニ入レ「ボーメ」二十度ノ稀薄液トナシ其ノ十分ノ八丈ケヲ徐々ニ鹼化釜ノ中ニ加ヘ蛹油ト共ニ加熱シ沸騰ヲ持續スルコト六時間乃至十時間其ノ間ニ殘リノ十分ノ二ノ苛性曹達液ヲ加ヘテ充分ニ鹼化セシム次ニ之ヲ一時間放置シタル後鹽析法ヲ行フ爲メ之ニ八百分ノ三［蛹油二石ニ對スル割合以下ニ之ヲ倣フ］ヲ含有スル食鹽水ヲ加ヘ四時間乃至六時間煮沸シタル後之ヲ一夜間放置ス翌朝ニ至レハ石鹼分ハ鹼化釜ノ上層ニ浮ヒ滷汁ハ下層ニ分離ス而シテ其ノ石鹼ヲ汲ミ取ル此タシテ得タル石鹼ハ帶暗褐橙黄色ノ鮮美ナラサル蛹油石鹼ナリ

特許第三八三六〇號

第六十三類

出願 大正九年三月二十三日
特許 大正十年四月 五日

福井市江戸下町三十七番地
特許權者(發明者) 岡本金一郎
福井市春山中町二十二番地
特許權者(發明者) 下坂禾苗

明細書

絹精練ノ廢液ヨリ石鹼ヲ製造スル方法

發明ノ性質及ヒ目的ノ要領

本發明ハ石鹼及硅酸曹達ヲ含メル精練液中ニテ絹絲若クハ絹布ノ精練ヲ行ヒ其ノ精練力ノ殆ント滅失シタル廢液中ニ酸液ヲ加ヘテ脂肪酸及硅酸ノ沈澱及廢液ニ含マレタル物質中ヨリノ其他ノ沈澱ヲ生セシメ量ヲ液分ヨリ分離シ是ニ苛性曹達液ヲ作用シテ一種有效ナル特別ノ石鹼ヲ製造スルニアリテ其目的トスル所ハ生成スル所ノ石鹼分及其以外ノ生成物ヲ同時ニ利用シテ普通石鹼ノ如ク油脂汚垢等ノ洗淨用ニ供スルニアリ

發明ノ詳細ナル說明

石鹼及硅酸曹達ヲ含メル若クハ此ノ兩物質ト共ニ更ニ他ノ物質ヲモ含メル精練液中ニテ絹絲若クハ絹布ノ精練ヲ行ヒ其精練力ノ殆ント滅失シタル廢液ヲ取リ是ニ適量ノ硫酸又ハ他ノ酸液ヲ加ヘテ脂肪酸及硅酸ノ沈澱ヲ生セシメ同時ニ廢液ニ含マレシ「セリシン」脂肪質、樹脂質及蠟質中酸分ニヨリテ沈澱スヘキ物ヲモ悉ク沈澱セ

発明の目的

絹製錬の廃液を利用して普通の石けんをつくる。

発明のポイント

石けんと硅酸曹達を含んだ絹精錬廃液を硫酸もしくは他の酸液で沈殿させ、沈殿物と液分とを分離してこれに苛性曹達液を作用する。

実施例

本發明實施工程ノ一例ヲ示サンニ先ツ絹練用石鹼及硅酸曹達ヲ含メル精練液中ニテ生絹絲或ハ生絹布ノ精練ヲ行ヒ其精練力ノ殆ント減失シタル廢液ヲ取リ其冷却ヲ待テ之レニ强硫酸ヲ約五倍容量ノ水ニテ豫メ稀釋シタルモノヲ少量宛加ヘツヽ攪拌スルトキハ白色ノ沈澱ヲ生ス勿論「リトマス」試驗紙ニテ其液ヲ試驗スルニ最初ハ「アルカリ」性ナレトモ漸次硫酸液ヲ加フルニ從ヒテ酸性反應ヲ呈スルニ至リ且ツ沈澱カ液分ト分離シ易クナル點アルヲ以テ此點ヲ見計ラヒテ硫酸液ヲ加フルコトヲ止メテ放置スルコト凡ソ一晝夜ナルトキハ沈澱ハ殆ント悉ク沈底スルヲ以テ上澄液ヲ可成除去シ沈澱ノ部分ハ之ヲ布嚢ニ入レテ口ヲ括リ强壓シテ液分ヲ搾リ去リ嚢中ノ沈澱物ニハ水ヲ加ヘテ能ク攪拌シ再ヒ嚢口ヲ括リ强壓シテ液分ヲ搾リ去ル水ヲ加ヘテ搾ルハ沈澱物中ノ過剩ノ硫酸分ヲ可成除去スルニアリ

特許第三九二七三號

第百五十九類

出願 大正十年五月十六日
特許 大正十年七月十四日

東京市深川區西森下町二十六番地
特許權者(發明者) 田中一郎
東京市小石川區白山御殿町百十七番地
特許權者 高橋龍司

-1-

明細書

懷中石鹼製造法

發明ノ性質及ヒ目的ノ要領

本發明ハ中性石鹼素ヲ水溶シ之ニ抱水作用アル寒天蒟蒻粉等ヲ加ヘテ加熱シ之ヲ油又ハ脂肪等ヲ塗布シアル平面板ニ流シ込ミ其冷却乾燥シテ透明ニナルヲ待ツテ之ヲ剝離シ紙ノ如キ薄キ石鹼ヲ製造スルニ在リテ其目的トスル所ハ石鹼ニ光澤彈力ヲ附シテ「セルロイド」或ハ「パラフィン」紙ノ如クニ製造シ之ヲ一定ノ寸法ニ裁斷シテ綴リ携帶ニ便利ニ又簡易洗淨ニ適セシメ以テ石鹼使用ノ範圍ヲ擴大セシムルニ在リ

發明ノ詳細ナル說明

先ツ基石鹼二百匁及軟性「カリ」石鹼若干ヲ水三升ニ溶融セシメ之ニ寒天或ハ蒟蒻粉等ヲ石鹼全量ノ約五十分ノ一ノ割ニ投シテ加熱溶解シ全部均質溶液ニ成ルヲ待テ約攝氏七十五度位迄冷却セシムヘシ

流動性ナラスシテ半固體性ノ油又ハ脂肪ヲ塗布シタル平面板例ヘハ「ガラス」板上ニ之ヲ流シ込ミテ一晝夜自然乾燥ヲ行フヘシ

然ルトキハ初メ着色不透明ノ溶液ナルモ冷却乾燥ニ連レテ漸次透明トナリ任意ノ厚サニ凝固スヘシ透明ヲ待テ之ヲ剝離スルトキハ表面「セルロイド」ノ如ク光澤アリテ彈力アル紙石鹼ヲ製造スルコトヲ得

発明の目的

石けんに光沢弾力を付け、セルロイドあるいはパラフィン紙のように製造し、一定の寸法に裁断して綴り、携帯に便利で簡易に洗浄できる石けんにする。

発明のポイント

中性石けん素を水溶し、これに抱水作用のある寒天蒟蒻粉などを加えて加熱し、これに油あるいは脂肪を塗布した平面板に流し込み、冷却、乾燥して透明になるのを待つ。

実施例

先ツ基石鹼二百匁及軟性「カリ」石鹼若干ヲ水三升ニ溶融セシメ之ニ寒天或ハ蒟蒻粉等ヲ石鹼全量ノ約五十分ノ一ノ割ニ投シテ加熱溶解シ全部均質溶液ニ成ルヲ待テ約攝氏七十五度位迄冷却セシムヘシ

特許第四一七九一號

第百五十九類

出願　大正十年十一月三日
特許　大正十一年二月十八日

東京府豐多摩郡澁谷町字中澁谷五百二十八番地
特許權者（發明者）　永松道夫

明細書

魚油又ハ蛹油石鹼脫臭法

發明ノ性質及ヒ目的ノ要領

本發明ハ魚油又ハ蛹油石鹼ニ過剩ニ苛性「アルカリー」ヲ添加シ耐壓加熱罐內ニ於テ之ヲ加壓ノ下ニ煮沸シテ脫臭スル方法ニ係リ其目的トスル所ハ簡單ナル手段ニ依リ不飽和脂肪酸鹽ヲ「オキシ」脂肪酸鹽ニ變シ同時ニ夾雜セル臭源體ヲ變質シ或ハ揮散セシメ之ヲ脫臭スルニアリ

發明ノ詳細ナル說明

魚油又ハ蛹油ハ之ヲ鹼化スルモ原料中ニ夾雜スル不純物及不飽和脂肪酸化合物ノ特性ノ爲メニ嫌惡スヘキ臭氣ヲ帶フルヲ免レス本發明ハ簡單ニ之ヲ脫臭スルモノニシテ其實施ノ一例ヲ示セハ左ノ如シ

鰊油、鰯油、鯨油又ハ蛹油ノ如キ惡臭油ニ過剩ノ苛性曹達ヲ加ヘ適宜ノ手段ニヨリ鹼化シ苛性曹達ヲ殘留セシムルカ或ハ常法ニ基キ鹼化セル後更ニ苛性曹達液ヲ加ヘ石鹼ニ對シ約[illegible]%ノ過剩ノ苛性曹達ヲ現存セシメ耐壓加熱罐內ニ收容シ一旦壓力ヲ約一〇〇磅ニ上昇セシメ次ニ約二五磅迄ニ壓力ヲ低下シ該壓力ニ維持シツツ五時間乃至八時間煮沸シ其間絕ヘス少量ノ蒸汽ヲ空氣弁ヨリ排出シテ蒸汽ト共ニ罐內ノ揮發性物質ヲ吹飛ハシ逸竄セシムルトキハ殆ント完全ニ脫臭セラルルカ故ニ罐外ニ排出シ鹽析ヲ施シ殘餘ノ苛性曹達ヲ分別ス

発明の目的

簡単な手段で不飽和脂肪酸塩をオキシ脂肪酸塩に変え、同時に脱臭する。

発明のポイント

魚油または蛹油に過剰に苛性アルカリを添加して耐圧加熱罐内で加圧して煮沸し、脱臭する。

実施例

鰊油、鰯油、鯨油又ハ蛹油ノ如キ惡臭油ニ過剩ノ苛性曹達ヲ加ヘ適宜ノ手段ニヨリ鹸化シ苛性曹達ヲ殘留セシムルカ或ハ常法ニ基キ鹸化セル後更ニ苛性曹達液ヲ加ヘ石鹸ニ對シ約一〇%ノ過剩ノ苛性曹達ヲ現存セシメ耐壓加熱罐内ニ收容シ一旦壓力ヲ約一〇〇磅ニ上昇セシメ次ニ約二五磅迄ニ壓力ヲ低下シ該壓力ニ維持シツツ五時間乃至八時間煮沸シ其間絶ヘス少量ノ蒸汽ヲ空氣弁ヨリ排出シテ蒸汽ト共ニ罐内ノ揮發性物質ヲ吹飛ハシ逃散セシムルトキハ殆ント完全ニ脱臭セラルルカ故ニ罐外ニ排出シ鹽析ヲ施シ殘餘ノ苛性曹達ヲ分別ス

特許第四四二四四號

〔公告番號　第一三七號〕

第百五十九類

出願　大正十一年五月十日
公告　大正十一年八月九日
特許　大正十二年一月十三日

神戸市兵庫西尻池東濱山二十四ノ一
發明者　二階堂行德
神戸市海岸通十番地
特許權者　合名會社鈴木商店
右代理人　辨理士　中松盛雄　外二名

明細書

粉末石鹼製造法

發明ノ性質及ヒ目的ノ要領

本發明ハ脂肪酸又ハ油脂類ヲ壓熱罐ニ容レ之ニ曹達灰又ハ苛性「アルカリー」ヲ注入加熱シ加壓ノ下ニ鹼化セシメ後其際發生セル炭酸瓦斯又ハ水蒸氣ノ壓力ヲ利用シ罐ヨリ噴射セシメテ粉末石鹼ヲ製造スル方法ニ係リ其目的トスル所ハ作業中泡起ニヨル不便ヲ除キ發生炭酸瓦斯又ハ水蒸氣ヲ有效ニ利用シ短時間ニ簡易ニ臭氣ナキ粉末石鹼ヲ經濟的ニ得ントスルニアリ

發明ノ詳細ナル説明

從來脂肪酸ニ炭酸曹達ヲ作用セシメ又ハ油脂ニ炭酸曹達及苛性「アルカリー」ヲ作用セシメ石鹼ヲ製造セントスルモ作業中炭酸瓦斯ヲ發生シ普通ニ使用セラル、鹼化釜ヲ以テシテハ生成セル泡ノ爲メ作業不能ニ陷ルコト屢々アリ又從來粉末石鹼ヲ製造スルニハ粉碎機等ノ如キヲ使用セルヲ以テ相當手數ヲ要スルノ不便アリキ然ルニ本發明ハ從來使用ニ不便ナリシ曹達灰ヲ使用シ其際生スル炭酸瓦斯ヲ有效ナラシメ或ハ苛性「アルカリー」ヲ以テ鹼化セシムル場合ハ其際發生セル水蒸氣ヲ利用シ從來必要トシタリシ粉碎機等ヲ省略シ

発明の目的

作業中泡起による不便をのぞき、発生炭酸ガスまたは水蒸気を有効に利用し、短時間に簡易に臭気ない粉末石けんをつくる。

発明のポイント

脂肪酸または油脂類を圧熱罐に容れ曹達灰または苛性アルカリを注入加熱し加圧する。

実施例

本法ヲ施行スルニハ放射孔ヲ設ケタル壓熱罐ヲ使用シ之ニ鹼化セントスル油脂類例ヘハ椰子油約五〇、牛脂約六〇、蓖麻子油約七五、ヲ送入シ之ニ苛性曹達液［ボーメー三五度］約五六及曹達灰溶液［ボーメー三六度］約七〇ヲ添加シ徐々ニ加熱セシメ攪拌シ各資料ノ作用ヲ充分ナラシム作用終リタルトキハ發生炭酸瓦斯ト水蒸氣トニヨリテ罐内ハ高壓ニ保持セラル、ヲ以テ其壓力ヲ利用シ壓熱罐ニ設ケラレタル放射孔ヲ開キ生成セル石鹼ヲ霧狀ニ噴射セシメ冷却スルト同時ニ粉末狀態タラシム

特許第六一四六七號

（大正十三年公告第二五六號）

第百五十九類　一、石鹼

出願　大正十二年四月二十七日
公告　大正十三年六月十一日
特許　大正十三年十月二十二日

大阪市北區堂島裏一丁目二十四番地
特許權者（發明者）　小西泰之助
大阪府東成郡鶴橋町東小橋
特許權者　日東石鹼株式會社
代理人　辨理士　淺村三郎　外一名

明細書

「クリーム」狀石鹼ノ製造法

發明ノ性質及目的ノ要領

本發明ハ硬石鹼ノ濃厚ナル溶液ニ「グリセリン」及ヒ硼酸又ハ結晶シヤスキ有機弱酸ノ酒精溶液ヲ同時ニ又ハ別々ニ加フルコトヲ特徵トスル「クリーム」狀石鹼ノ製造法ニ係リ其ノ目的トスル所ハ石鹼ヲシテ軟狀ヲ維持セシムヘキ特殊ノ藥劑ヲ使用セスシテ冬期ニ於テモヨク軟狀ヲ失ハス又水ニ溶解スル際ニ生スル解離ヲ小ナラシメ以テ皮膚ヲ荒サヽル製品ヲ得ントスルニアリ

發明ノ詳細ナル說明

本發明ハ濠洲牛脂、椰子油、硬化油其他ノ油脂ヲ鹽析法又ハ煮込法（鹽析ヲ行ハス卽チ約一割ノ「グリスリン」ヲ含ム）ニヨリテ得タル硬石鹼（曹達石鹼ニシテ未タ乾燥セス水分約二十五％ヲ含ム）ノ溶液ニ「グリセリン」ト硼酸又ハ結晶シヤスキ有機弱酸ノ酒精溶液トヲ同時又ハ別々ニ混合スルコトヨリ成ル右ノ方法ニヨリテ石鹼カ「クリーム」狀ヲ呈スルニ至ル理由ヲ考フルニ酒精又ハ「グリセリン」ノ作用ニヨルニ非スシテ全ク硼酸又ハ結晶シヤスキ有機弱酸ノ作用ニ基ク卽チ石鹼溶液カ極メテ滲透性大ナルコト、石鹼ノ酒精ニ對スル溶解度トノ關係ニヨリ例ヘハ硼酸ノ酒精溶液ヲ石鹼溶液中ニ加フルトキ溶液ノ冷却スルニ從ヒ酒精中ニ溶解セル硼酸ハ極メテ細微ナル粉末狀態

三

発明の目的

石けんを軟状に維持して特殊な薬剤を使用しやすくし、冬期にも軟状であり、水に溶解する際に生じる解離を小さくして皮膚を荒らさない製品にする。

発明のポイント

硬石けんの濃厚な溶液にグリセリンと硼酸または結晶しやすい有機弱酸の酒精溶液を同時に、または別々に加えてクリーム状の石けんにする。

実施例

本發明方法ヲ實施スル一例ヲ擧クレハ次ノ如シ

濠洲牛脂七十三%椰子油二十三%硬化油四%ヲ以テ鹽析法ニヨリテ硬石鹼ヲ作ル此ノ石鹼ヲ細片トナシ其ノ細末百八十匁ニ水四百三十匁ヲ加ヘ攪拌シツヽ極メテ徐々ニ加熱シテ石鹼細片ヲ溶解セシムレハ熱時淡黃色ノ透明ナル溶液トナル更ニ之ヲ三四時間徐々ニ加熱シテ水分ヲ蒸發セシムレハ石鹼溶液カ濃度ノ增加ニヨリテ全部溶解シ盡ス能ハス一部分氣泡ト共ニ小塊トナリテ表面ニ浮フニ至ル此狀態ニ達シタルトキハ石鹼溶液ハ非常ニ濃厚トナリ重量約四百匁トナルヘシ次ニ表面ノ氣泡及石鹼ノ小塊ヲ除去シ猶溫クシテ透明狀態ニアルモノヽ中ニ其ノ五十匁ニ對シ「グリセリン」十五匁及硼酸ノ酒精飽和液五匁ノ割合ヲ加ヘテヨク攪拌シ少シク加溫シ全ク透明ノ液體トナシ放置冷却セシム然ルトキハ冷却シテ常溫ニ達スレハ「クリーム」狀ヲ呈スルニ至ルヘク其硬軟ノ度ハ硼酸ノ酒精溶液ノ量ヲ增減シテ任意ニ調節シ得ヘシ

第2章　洗濯機以前の洗濯　～洗濯板の発明～

現代では洗濯には全自動洗濯機を利用するのが一般的ですが、電気洗濯機が一般家庭に普及したのは戦後の高度経済成長期の昭和３０年代以降のことになります。それ以前にはたらいと洗濯板を使って洗濯していました。洗濯板は明治時代に日本に入ってきた洗濯道具です。明治時代には近代化であらゆるものが機械化する流れがありました。洗濯に関しても当時の特許情報を見ると洗濯機の発明があらわれています。一方で、人力で洗濯する道具である洗濯板についても実用新案情報に多くの考案が生まれています。

本章では明治から昭和初期に生まれた洗濯板の考案を見ていきます。洗濯板の考案には当時の人々の洗濯の課題があらわれています。考案者は洗濯の課題に対して様々な着眼点から工夫をしています。摩擦面の材質に着目している工夫もあれば、摩擦面の形状に着目している工夫もあります。摩擦面を回転させることで洗濯を効率的に行うことも考えられています。また、洗濯板や洗濯物を固定することで洗濯を行いやすくする工夫もあります。日々の営みの不便を少しでも楽にするための工夫です。ここでは洗濯板の考案の図面を通して、今では見られなくなった人力による洗濯の様子を垣間見てみましょう。

1．摩擦面の材質

摩擦面の材質に工夫があらわれています。金属や竹、ゴム、ブラシなどです。

（1）金属

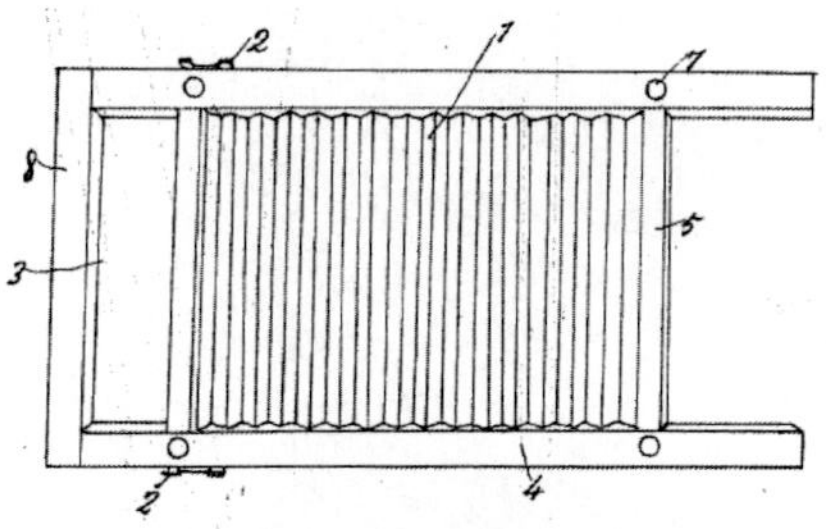

実用新案第9735号
横折形

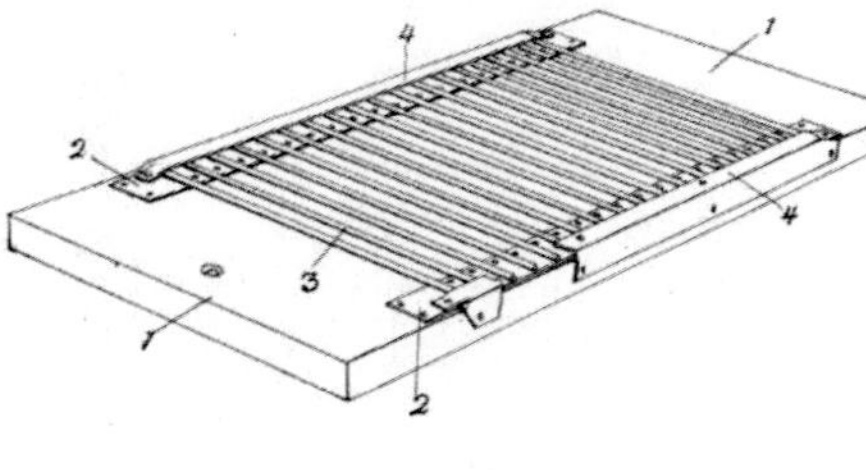

実用新案13311号
針金

(2) 竹

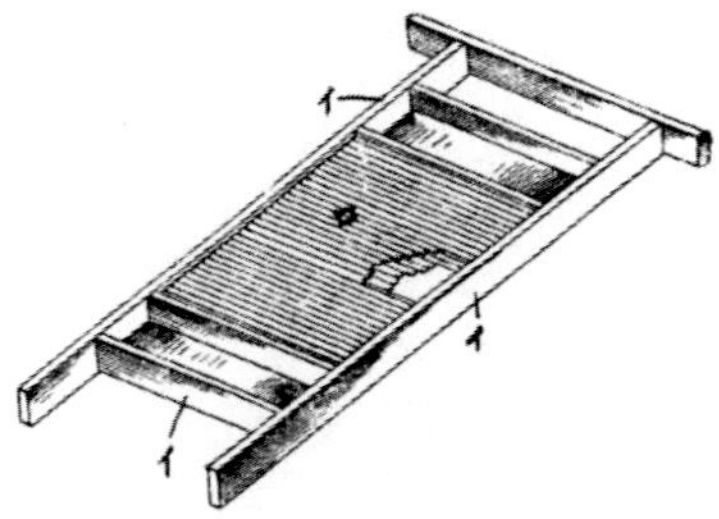

実用新案33661号
断面半円状

(3) ゴム

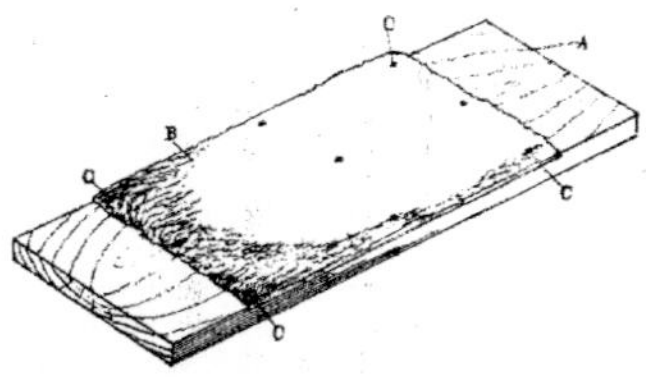

登録実用新案第57314号
スポンジ状

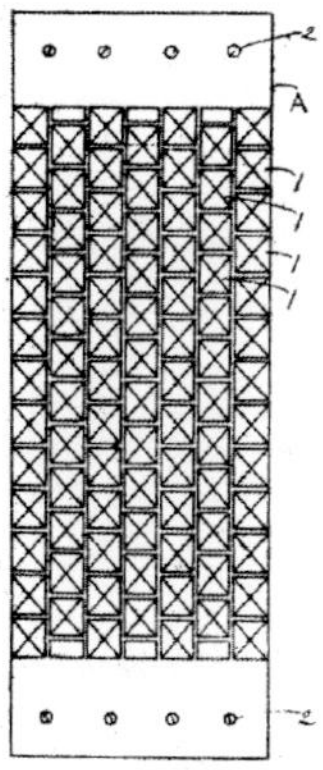

登録実用新案第61620号
角錐状

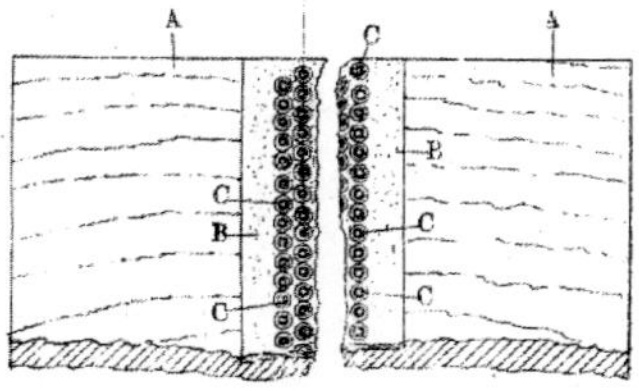

登録実用新案第61339号
円錐状

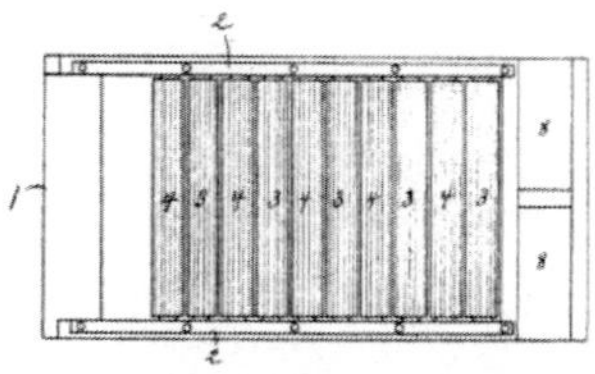

登録実用新案第61419号
回転するゴム管

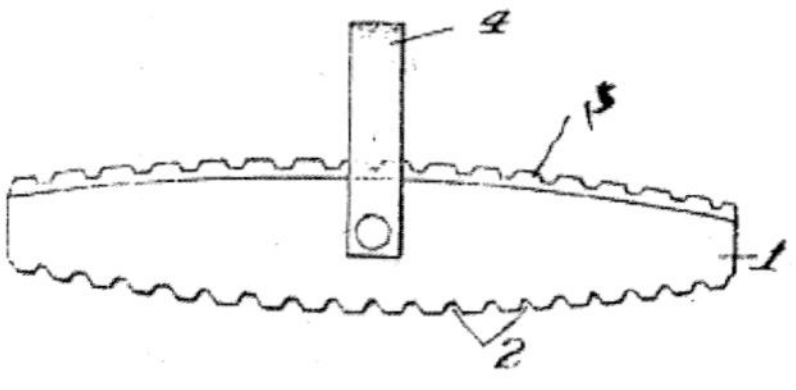

登録実用新案第62615号
凸凹面

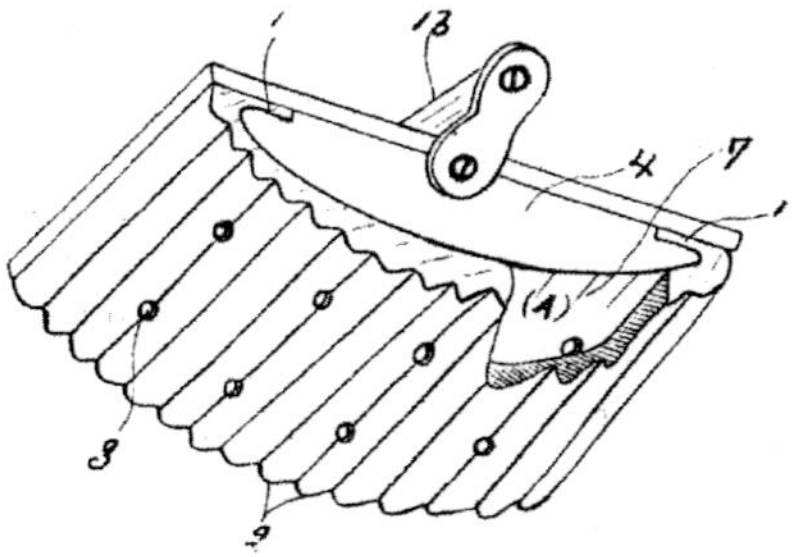

登録実用新案第65497号
横隆起線

（3）ブラシ

パームや棕櫚（シュロ）などのヤシの繊維を材料にすることが考えられています。

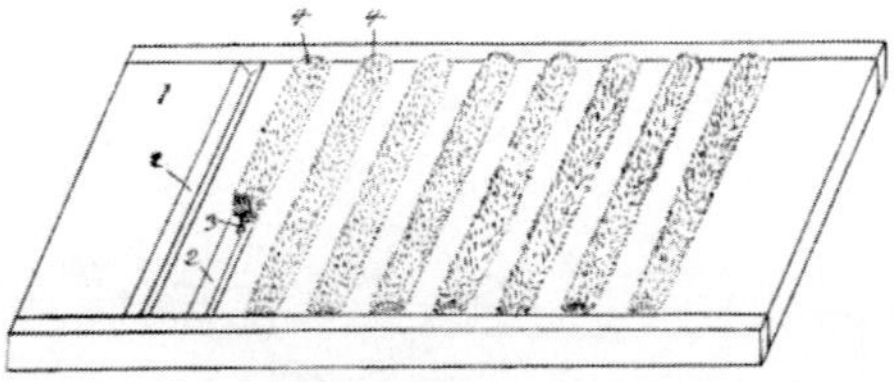

登録実用新案第35324号

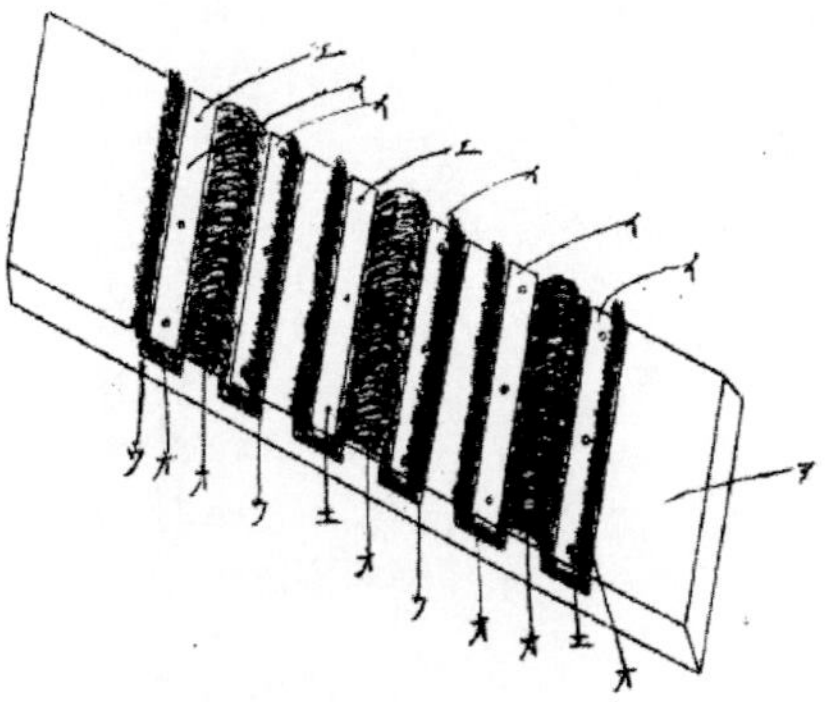

登録実用新案第38940号

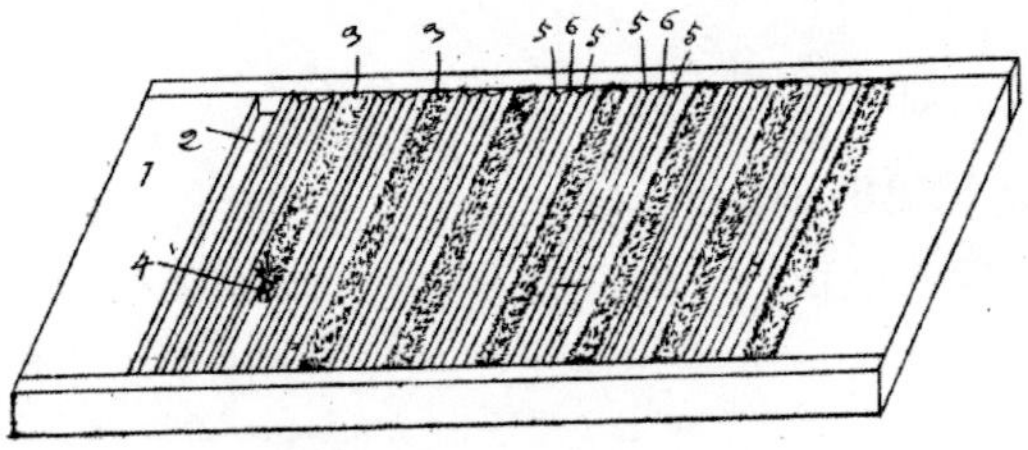

登録実用新案第38543号

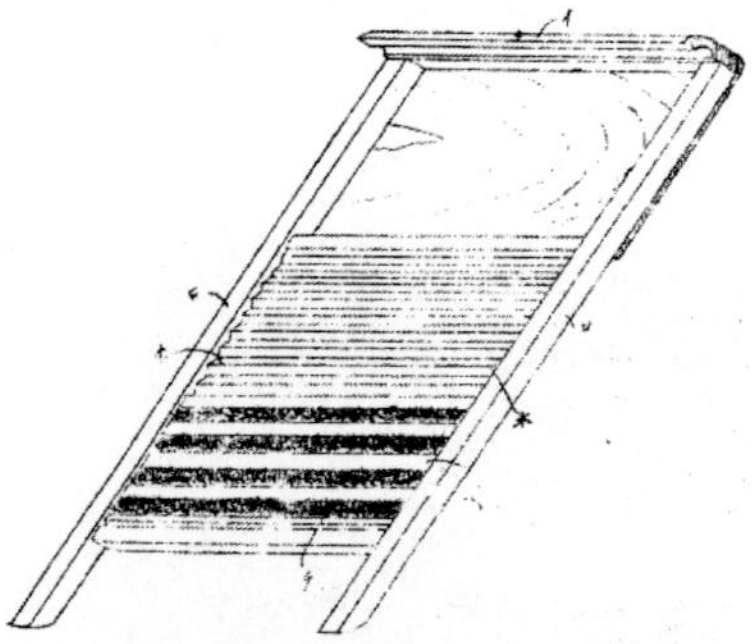

登録実用新案第43171号

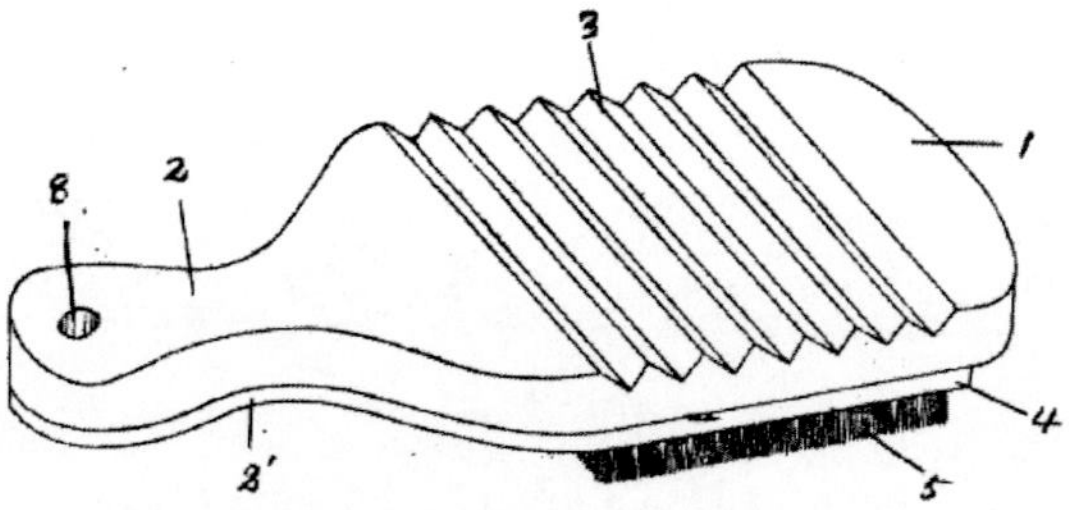

登録実用新案第43056号

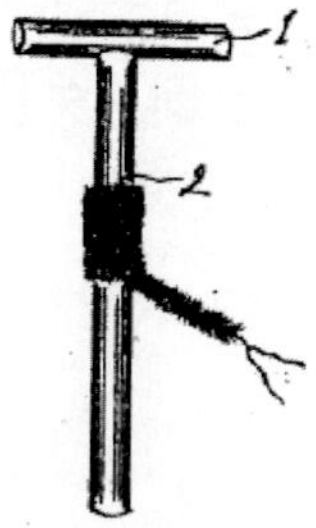

登録実用新案第57197号

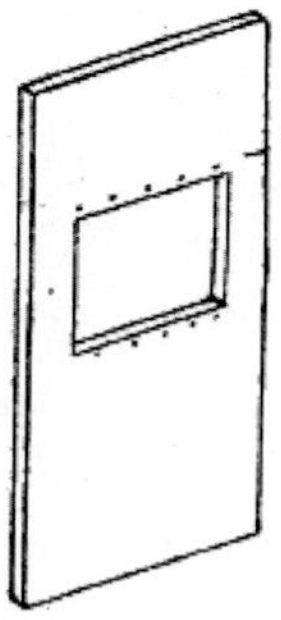

登録実用新案第57198号

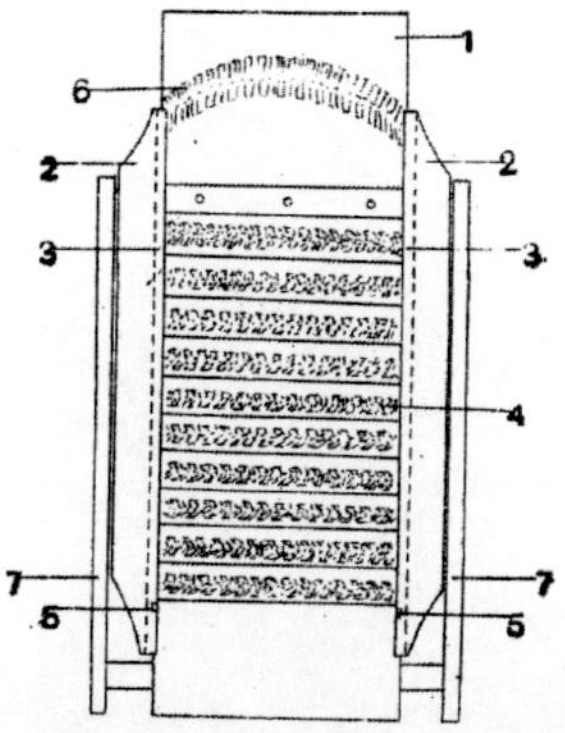

登録実用新案第65435号

2. 摩擦面の形状

布地を摩擦する労力をできるだけ省き、布地を摩耗させない摩擦面の形状が様々あらわれています。

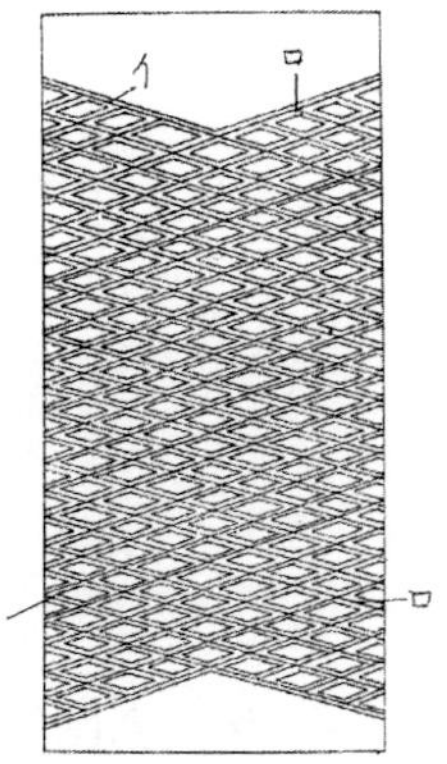

登録実用新案第26928号
網目状

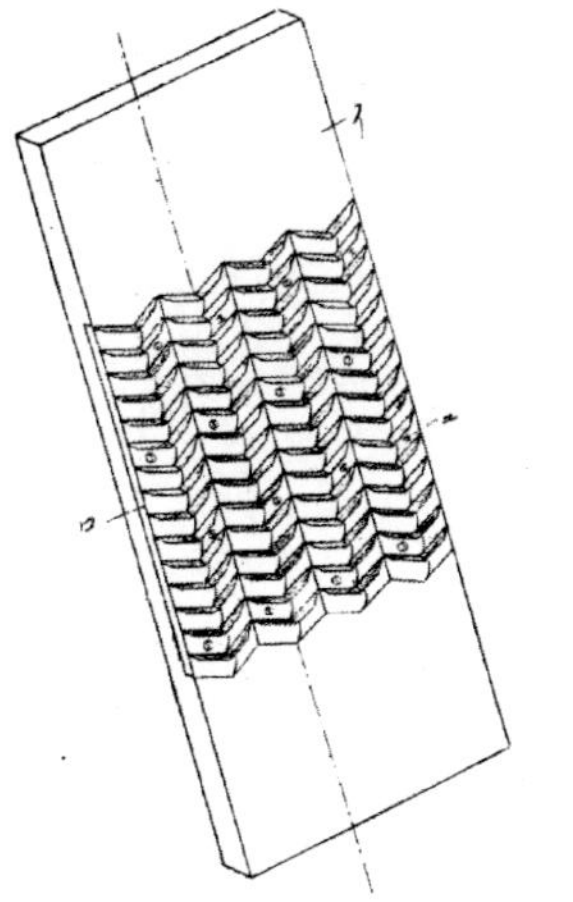

登録実用新案第36386号
鋸歯状

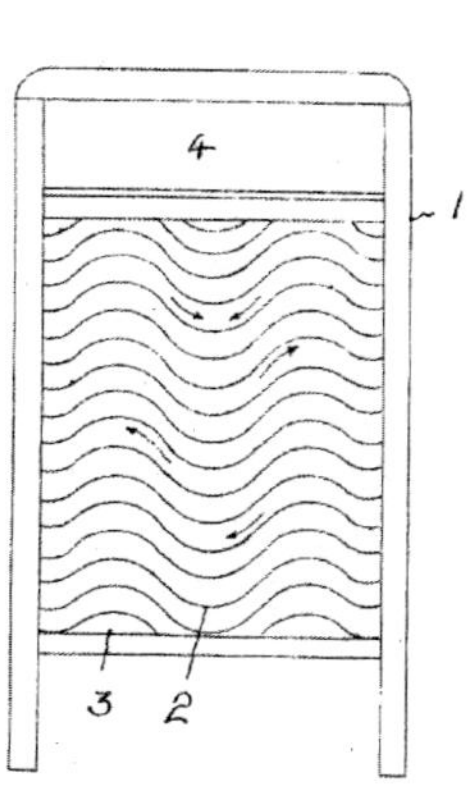

登録実用新案第61064号
波状凸凹

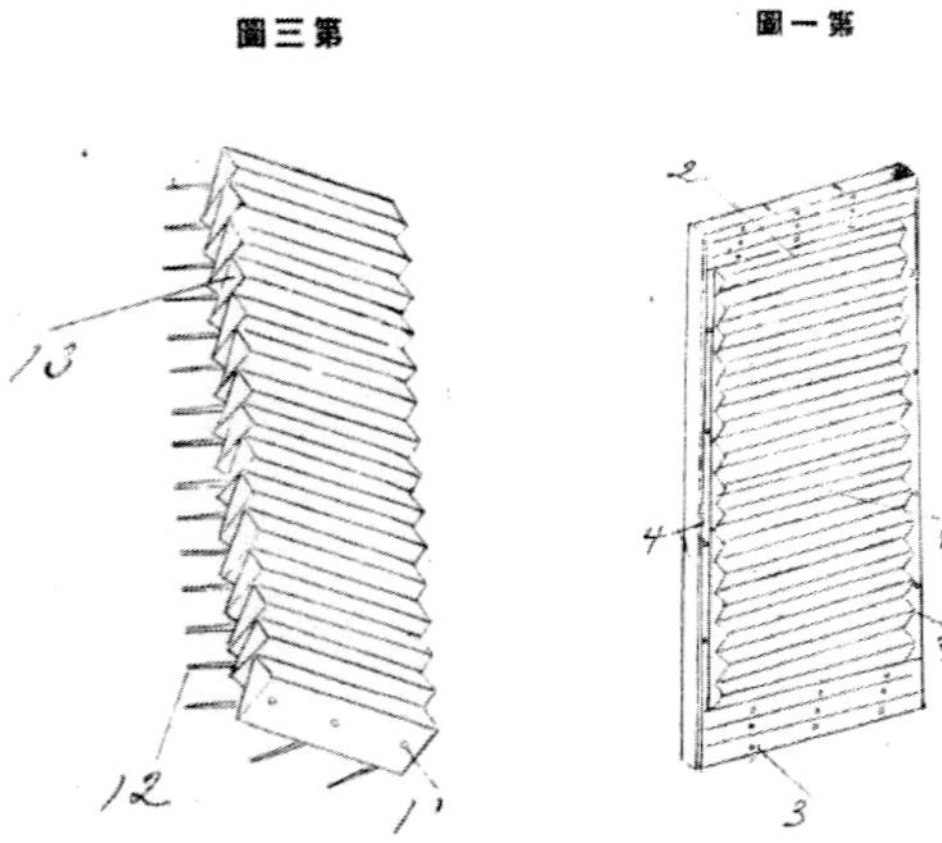

登録実用新案第28352号
三角柱

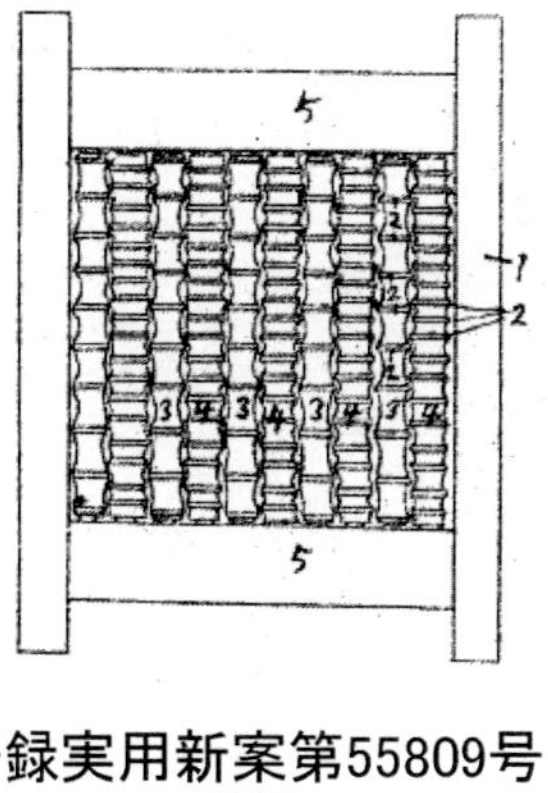

登録実用新案第55809号
溝状

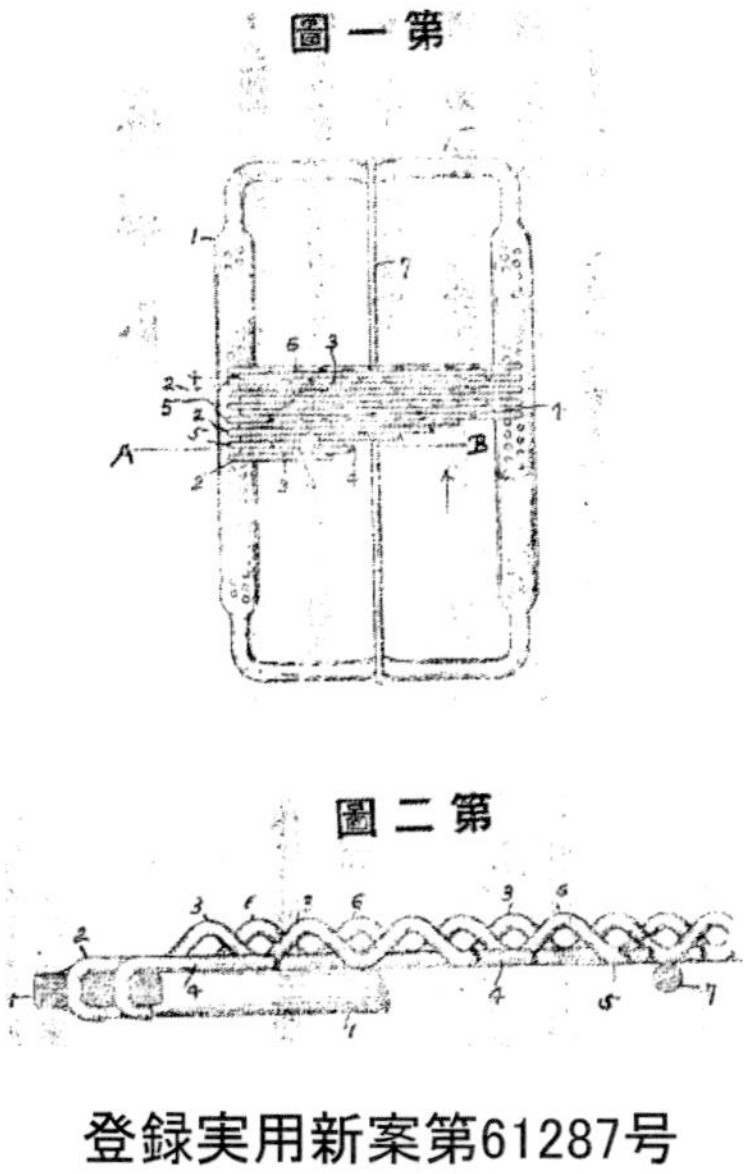

登録実用新案第61287号
丸棒を波状

3. 回転を利用して効率的に洗濯する

衣服などの摩擦作業をより簡単にするために回転を利用する工夫があらわれています。洗濯する時間と労力の節約です。

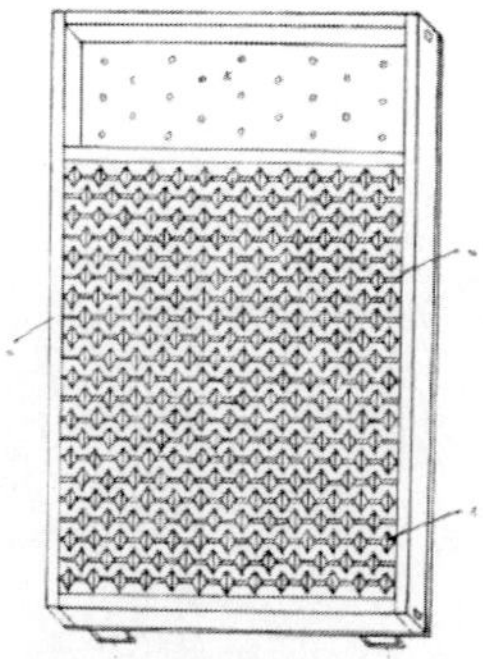

登録実用新案第19909号
球が回転

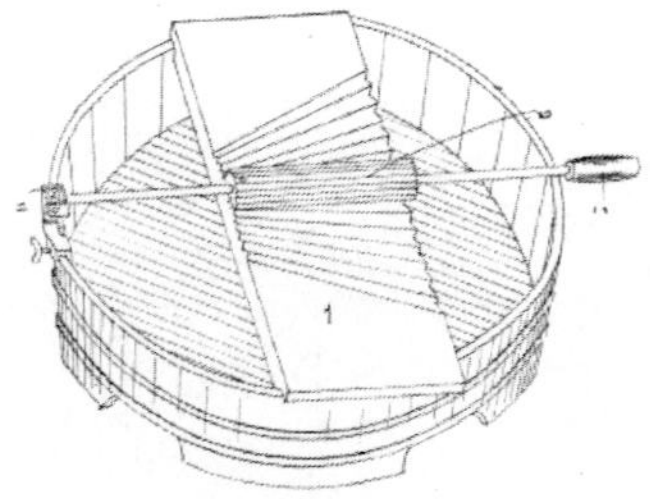

登録実用新案第15189号
凸凹の摩擦面と
凸凹の洗濯ロール

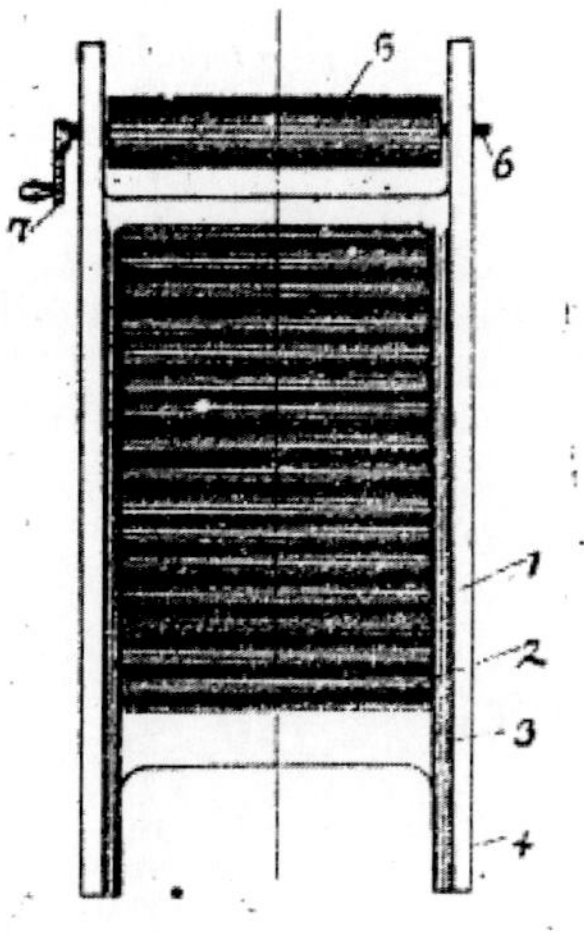

登録実用新案第46670号
（5）に布を巻き
取りつつ両面洗う

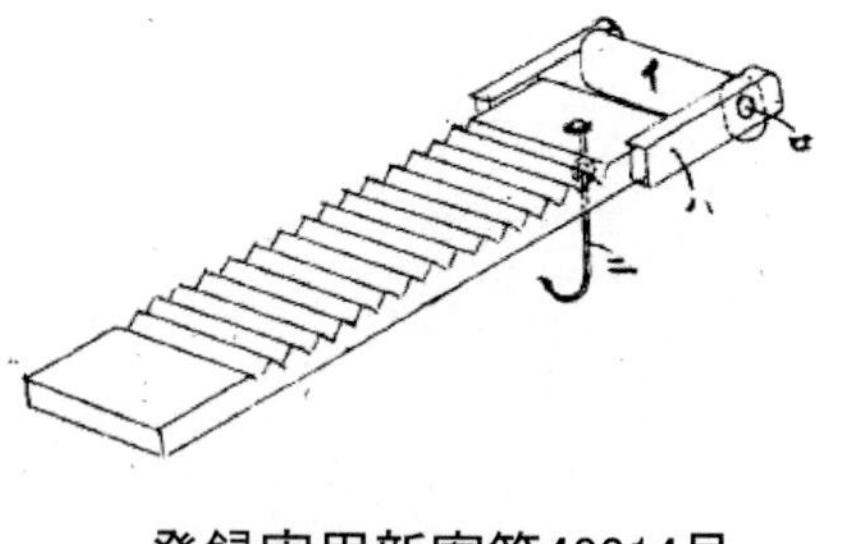

登録実用新案第48014号
ローラーで脱水

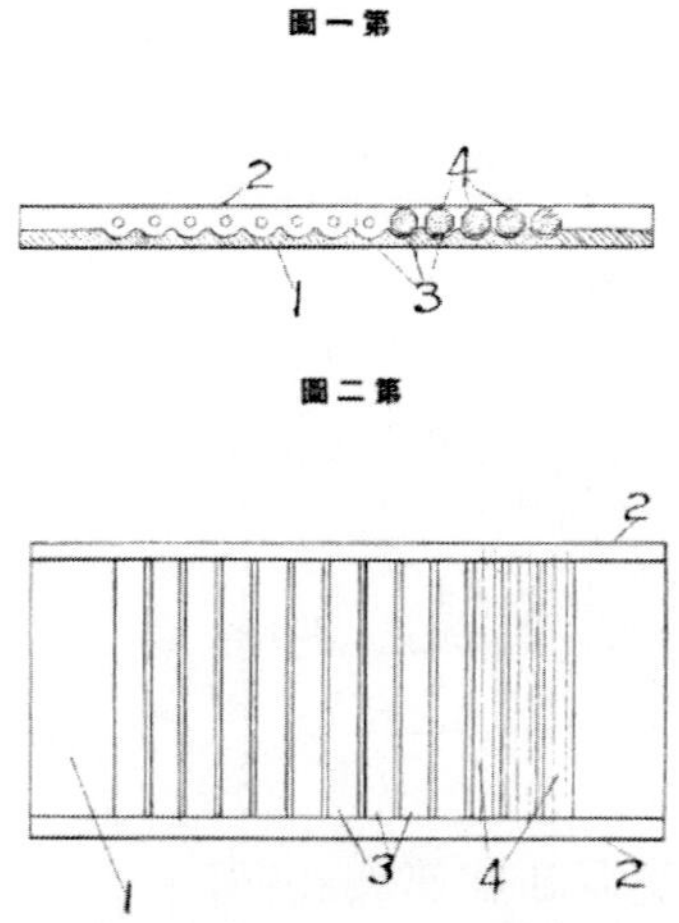

登録実用新案第24904号
多角面形の軸が回転

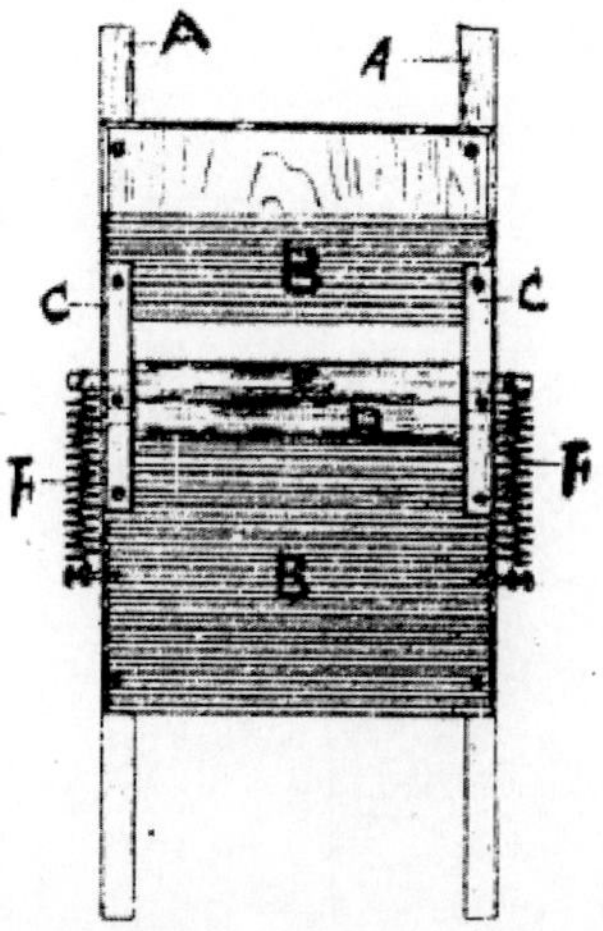

登録実用新案第62195号
洗濯物の一端をロールに
挟んで固定して洗う

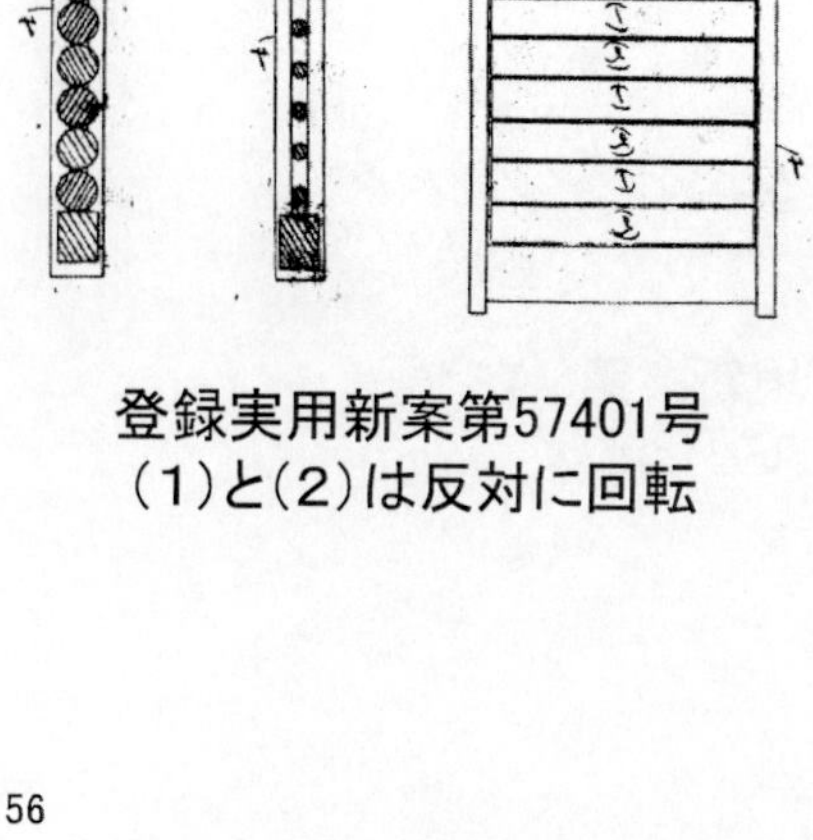

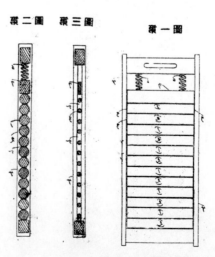

登録実用新案第57401号
（1）と（2）は反対に回転

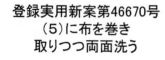

4．その他の観点

道具を固定する

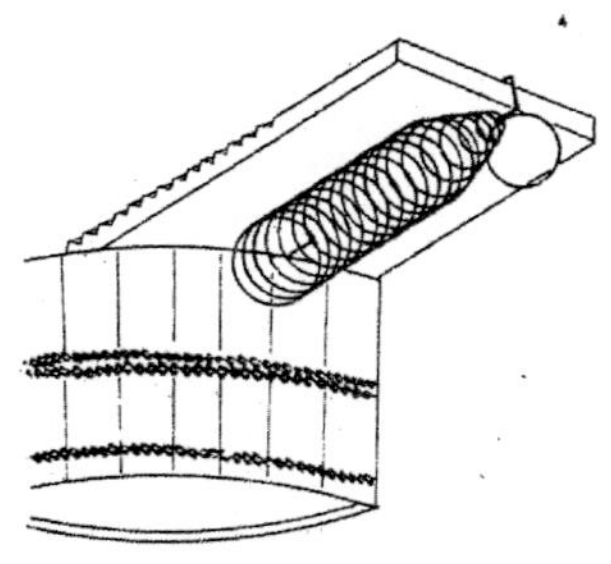

登録実用新案第38791号
洗濯板をたらいに固定

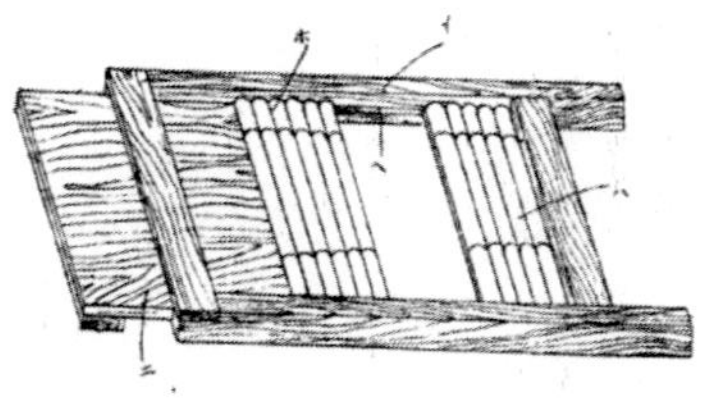

登録実用新案第44730号
厚い布や大量の洗濯物が
扱いやすい

洗濯板の形状

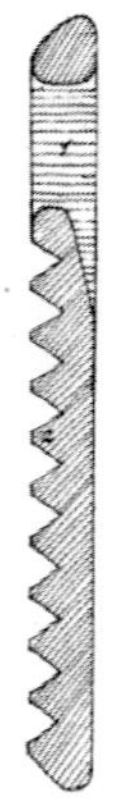

登録実用新案第37658号
亀の甲状

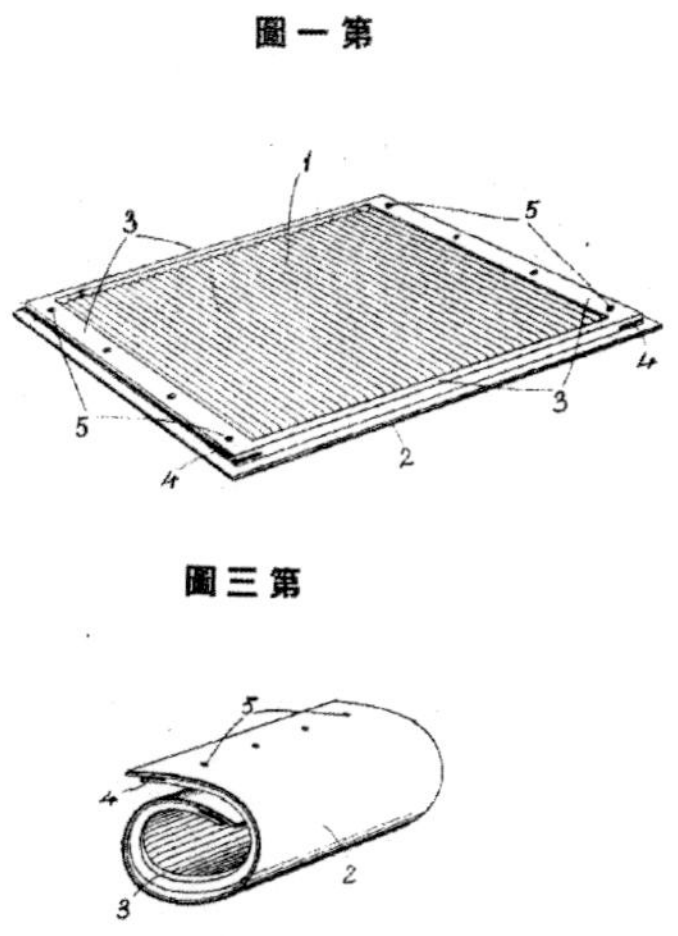

登録実用新案第21354号
収蔵携帯の際に
巻くことができる

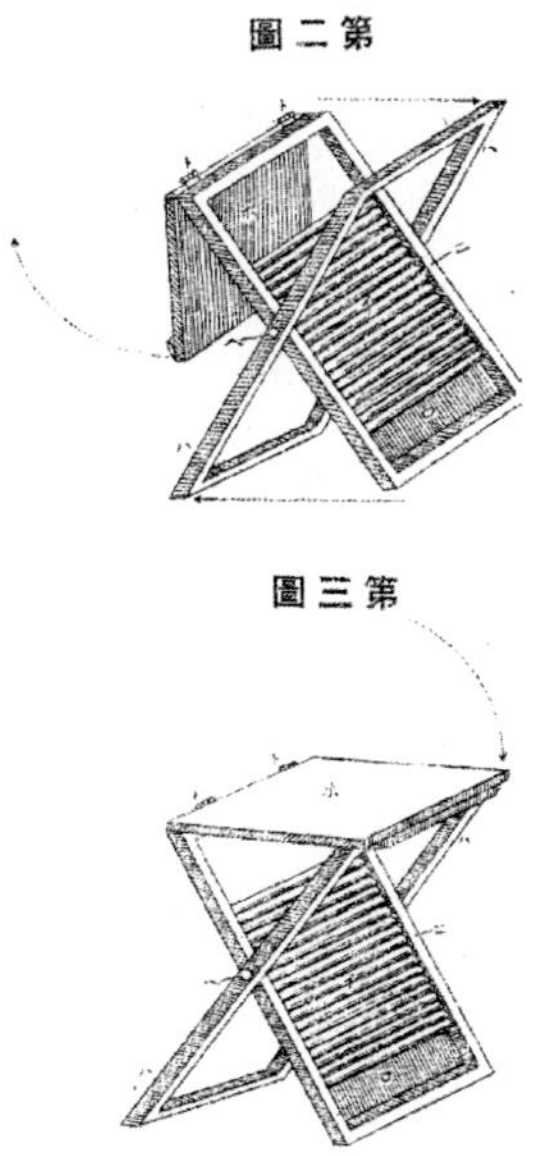

登録実用新案第62154号
踏み台になる

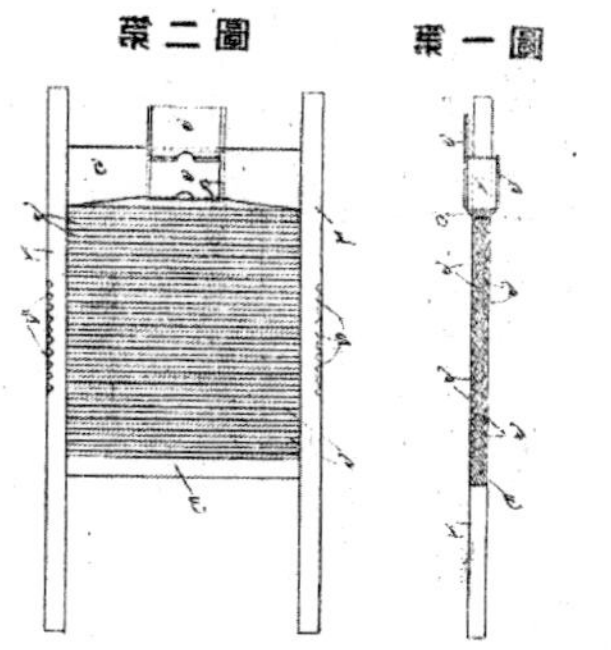

登録実用新案第55209号
石けん入れ（7）

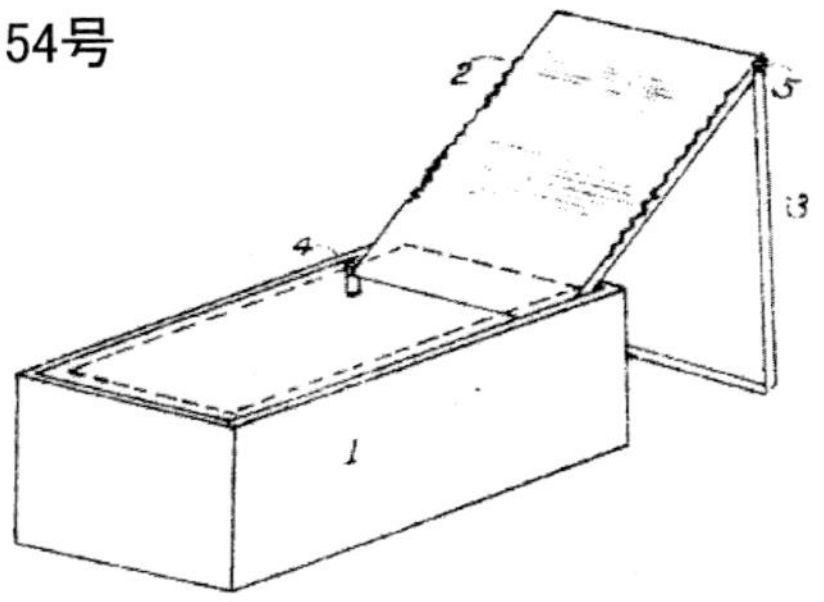

登録実用新案第63535号
水箱

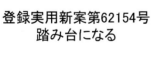

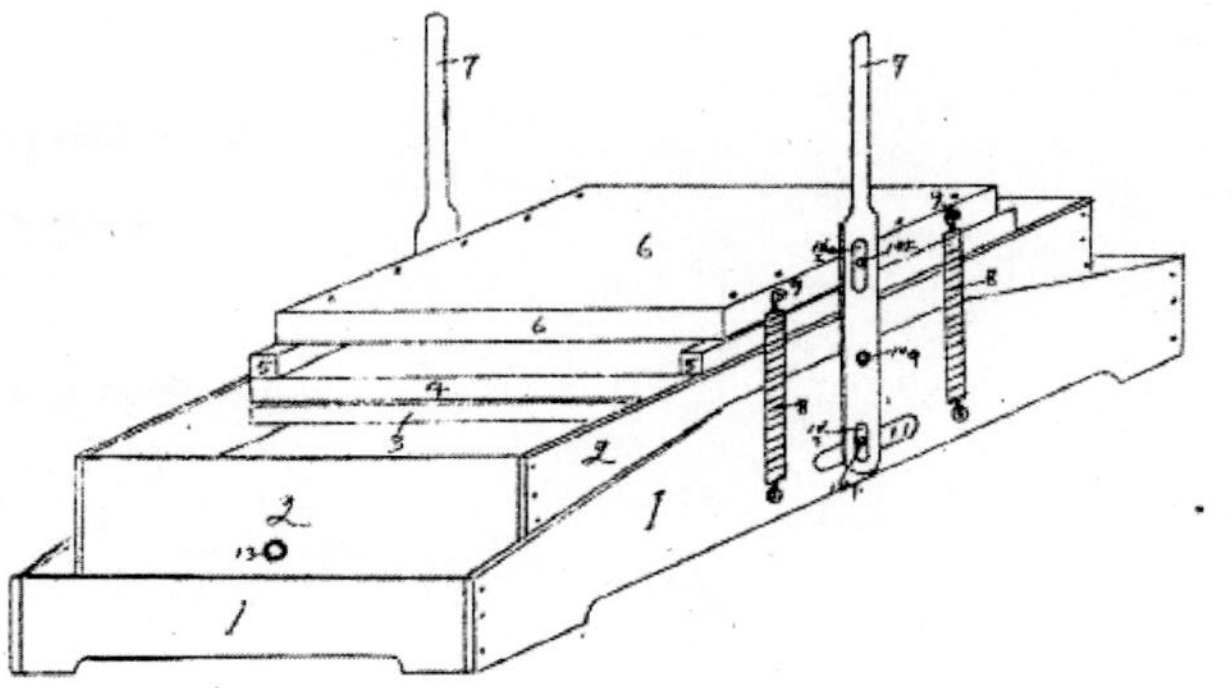

登録実用新案第49660号
把手（7）の前後運動

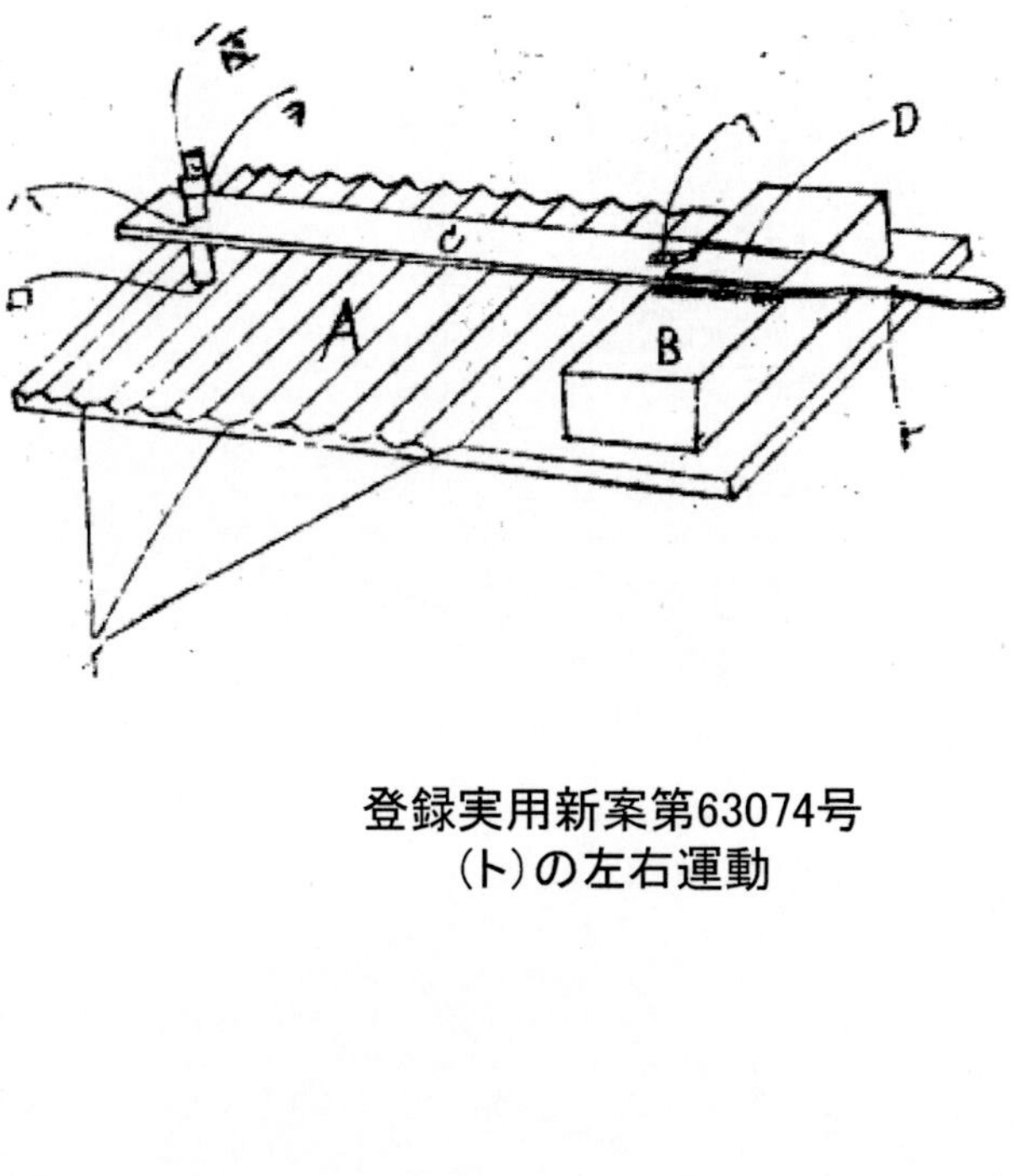

登録実用新案第63074号
（ト）の左右運動

竹材を利用する洗濯板　～戦争による材料不足～

昭和18年になると竹製を特徴にした洗濯板の考案が多数あらわれています。それ以前には竹を特徴にした洗濯板の考案はほとんど見られませんでした。第２次世界大戦中となり武器や兵器のための材料が優先されます。

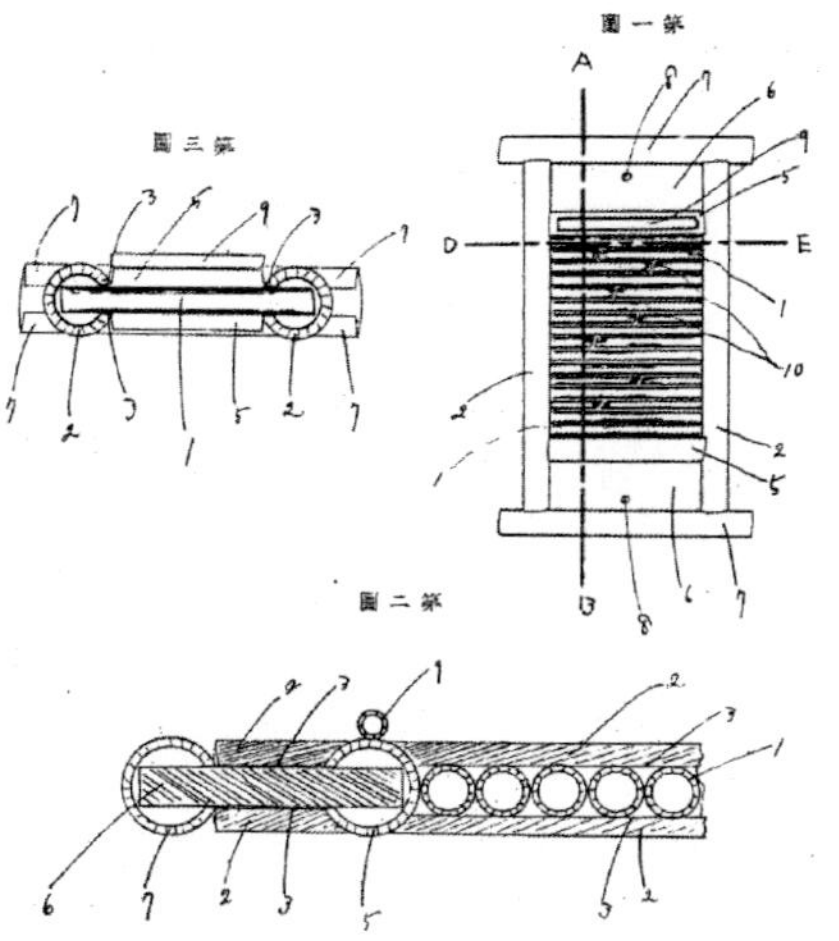

登録実用新案第338811号

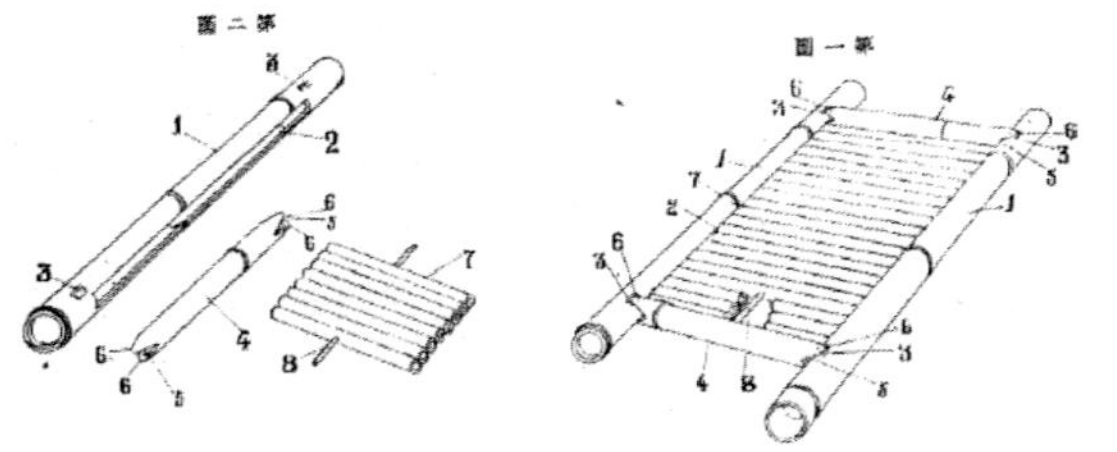

登録実用新案第340312号

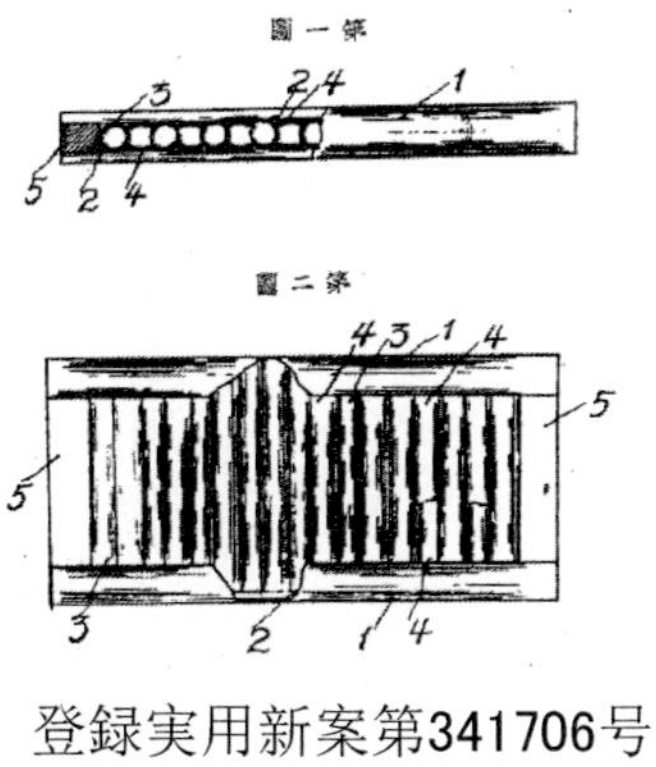

登録実用新案第341706号

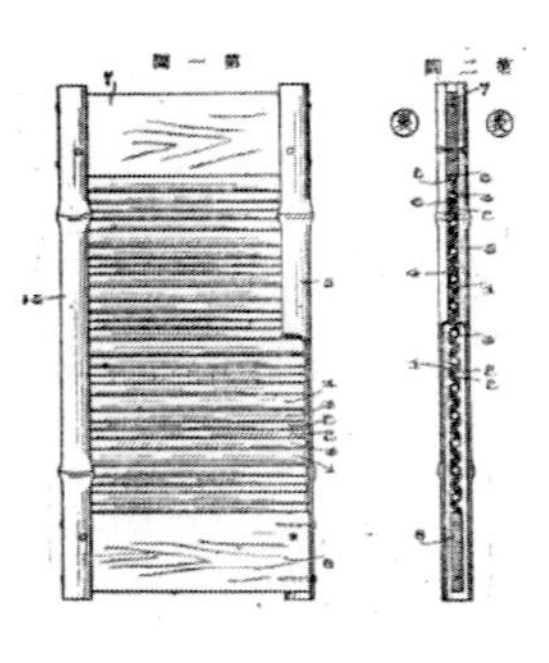

登録実用新案第347948号

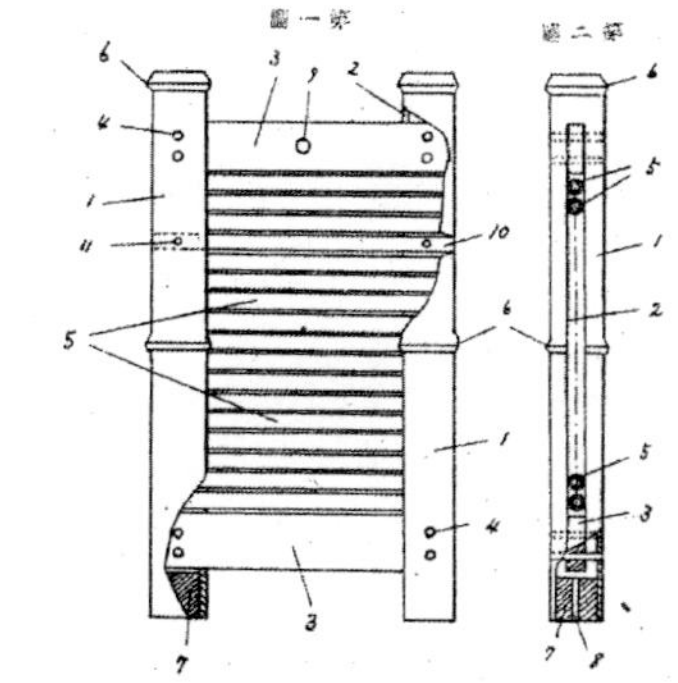

登録実用新案第338589号

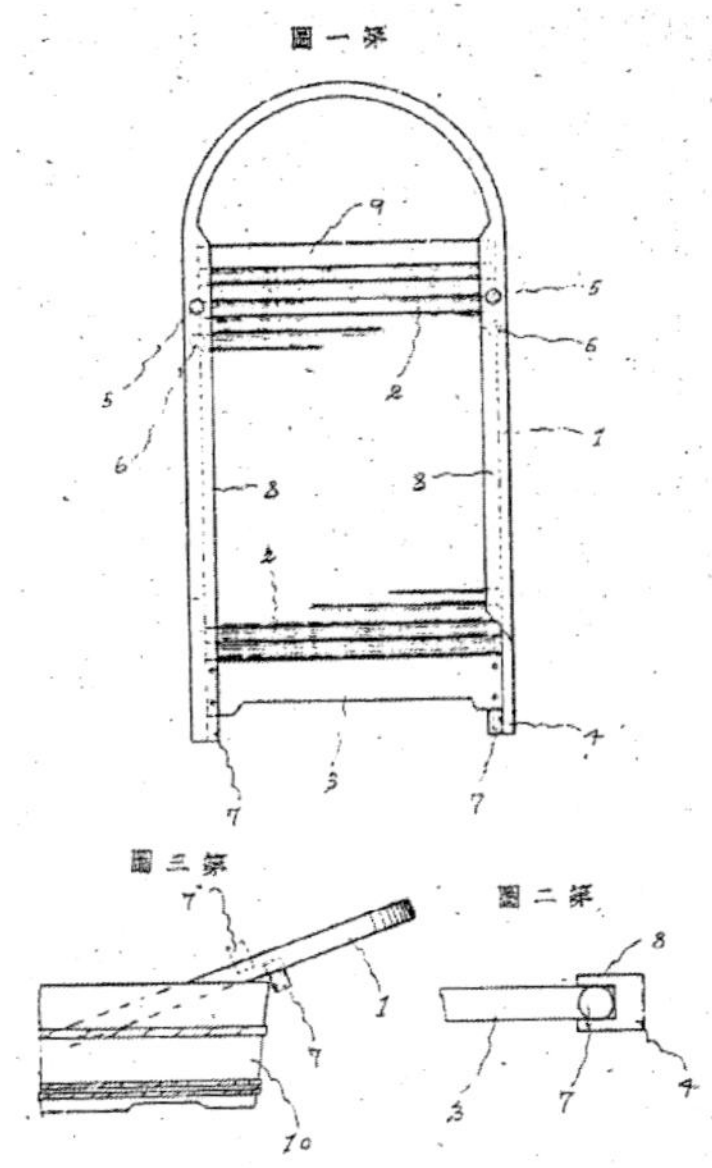

登録実用新案第340077号

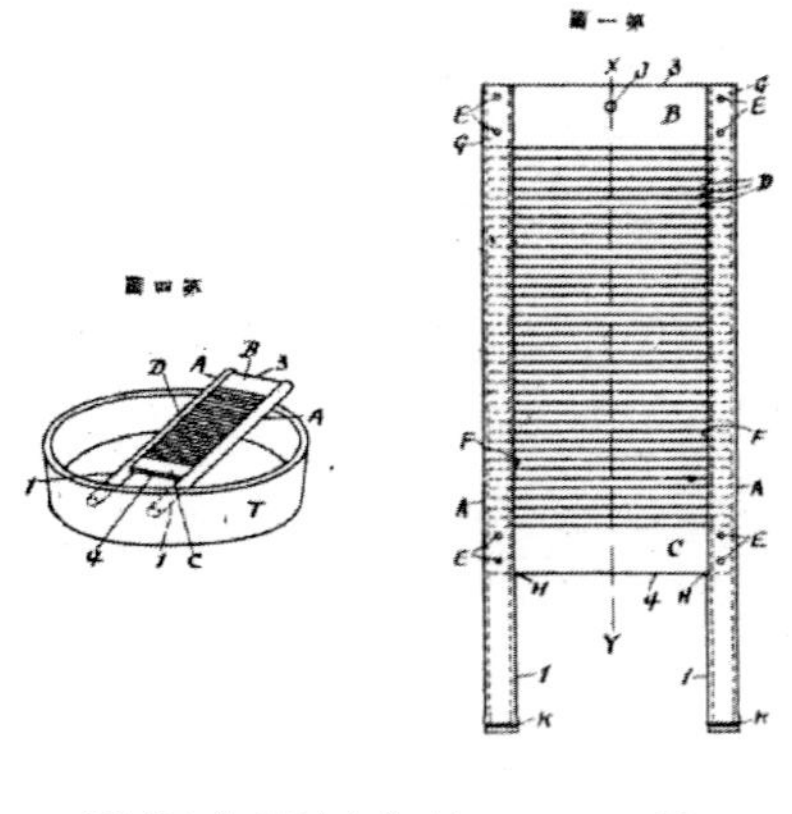

登録実用新案第341850号

第3章　手洗器の発明から気づかされる価値

明治時代には、学校や工場、軍隊などの集団生活が始まり、都市に人口が集中し、人々の往来が活発になりました。外国船の出入りも盛んになり、様々な西洋の物品が流入します。それと共に運び込まれたのが伝染病です。人々が密集して感染しやすい社会環境であったため、あっという間に病原菌は蔓延し、近代の日本では伝染病が大流行しました。伝染病は病原菌が原因で起こることも明らかになった時代でもありました。政府は伝染病に関する法律を整備し、科学的な予防対策がとられるようになります。発明にも伝染病予防のために消毒液が出る手洗器や手洗器に手を触れないようにするために足踏み式の手洗器などがあらわれています。

本章では、明治から大正、昭和初期に生まれた手洗器の発明を見ていきます。近代の発明は時代背景や技術が異なり現代人の目には一瞬価値のないものに映るかもしれません。しかしここでは近代の発明をきっかけに改めて気づかされることに着目していきたいと思います。

気候変動に適応する究極の節水型

足踏み操作により所要量の水が出る発明があります。水の浪費を防ぐと共に、手洗器に汚れた手を触れないようにすることで感染を防ぎます。現代では、水はただ同然の様に受けとめられている為、こうした発明は価値が小さいように映るかもしれません。しかし、ひとたび気候変動による水不足に遭遇する場合を想定すると、究極の節水型発明に見えてきます。

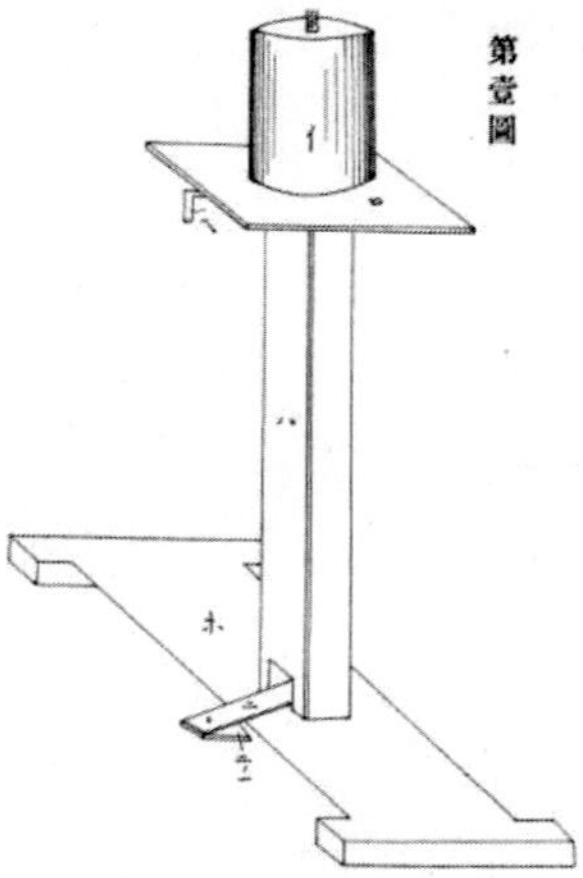

特許第13448号

特許第９１９５号は消毒薬を畜蔵している手洗器の発明です。足踏み操作により数種類の消毒液で手洗い洗浄ができます。

特許第１２０２０号は水の流出を調節する発明です。貯水器中の水の圧力と円筒内の金属盆中の空気の浮力とを利用し、踏み板を踏むと水が出ます。水量の浪費を防ぐと共に、洗浄の前後に手洗器に手を触れることがないため、病毒の伝染を避けることができます。

特許第１３４４８号も踏み板により水が流出する洗水器の発明です。貯水桶の底部にゴム管を備えます。踏み板を踏むとゴム管の圧迫が緩んで桶中の水が出るしくみです。所要外の水を浪費することがありません。

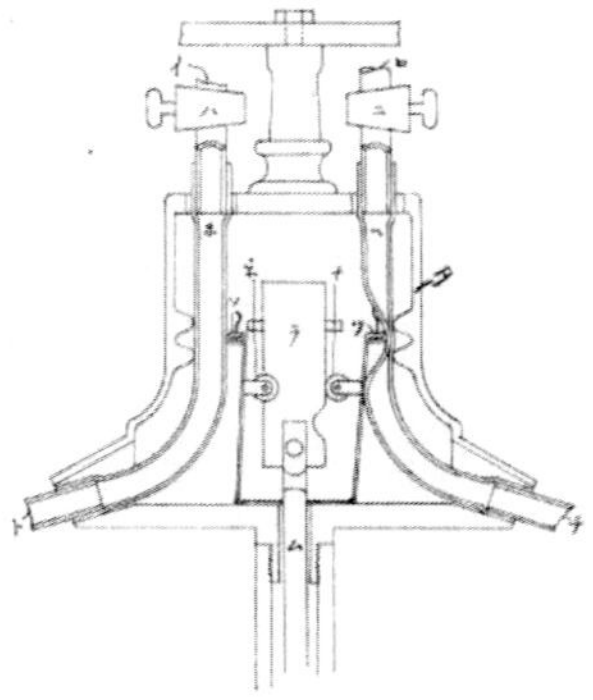

特許第9195号

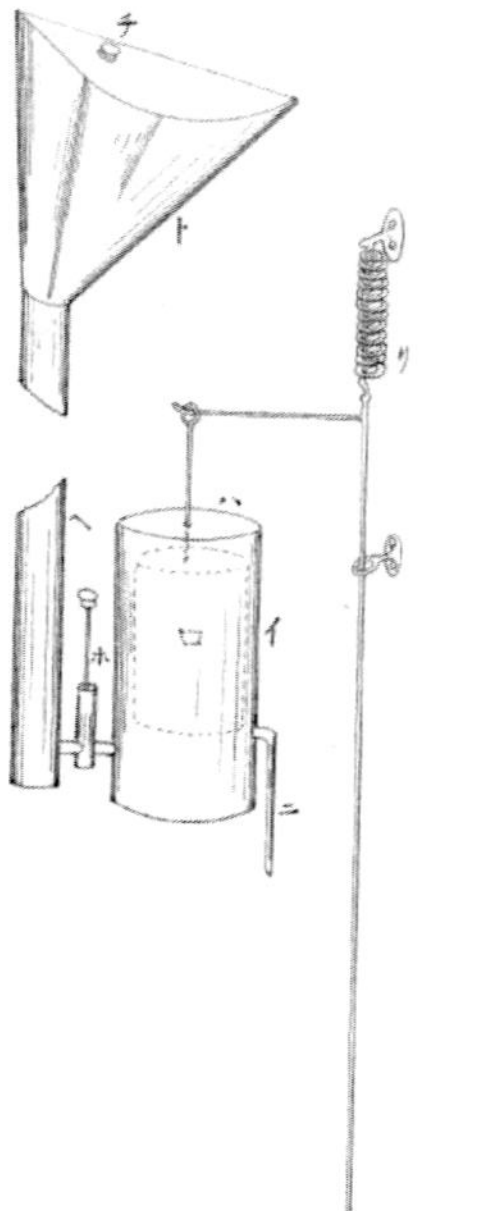

特許第12020号

高齢者の自宅介護に

特許第１２０５３号は持ち運びができる室内向け手洗器の発明です。蛇口をひねると水が出ます。高齢者の自宅介護が多くなった現代にはベッド回りに簡易な手洗器があると介護の負担が軽減されます。

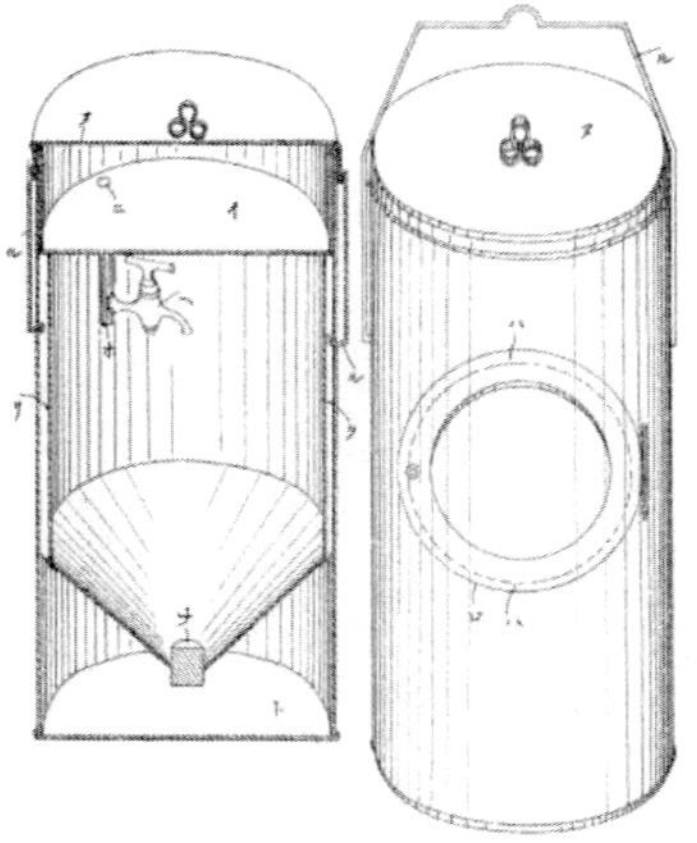

特許第12053号

豊かな暮らしとは何か？

特許第１４２１８号は洋燈の火力で水を温湯にする手洗器の発明です。冬の夜に寒冷を感じずに手を洗うことができ、あかりにもなることが考えられています。あかりで温熱水を作るという発明の効果については疑問もありますが、少しでも暮らしを快適にしようとする発明者の熱意が伝わってきます。豊かさを実感できず閉塞状態に陥っている私たちにとっては、豊かな暮らしとは何かを見直すきっかけになる発明です。

発明の焦点は何か？

特許第２０１７９号はドイツベルリンから水洗便器の液槽の発明です。タンクの下部に水の排出孔を設け、排出孔部に水に浮く栓でふたをした状態で水を出し、水圧で排出孔を閉じた状態で水を一定量貯め、栓を機械的に外すことで貯めた水を一定量排出する仕組みです。この発明に水を補給する制御機構が組み込まれたのが、現代で使われている基本のメカニズムです。現代は技術の考え方は１００年前と殆ど変わっていません。発明の焦点はコストパフォーマンスという市場のニーズにどう応えるかということに移ったといえるでしょう。

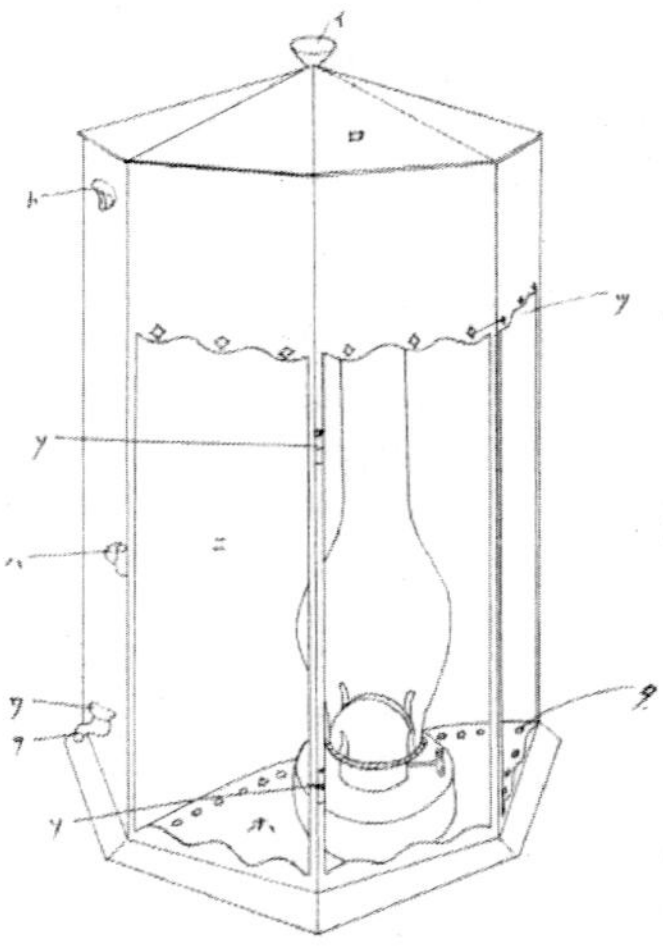

特許第14218号

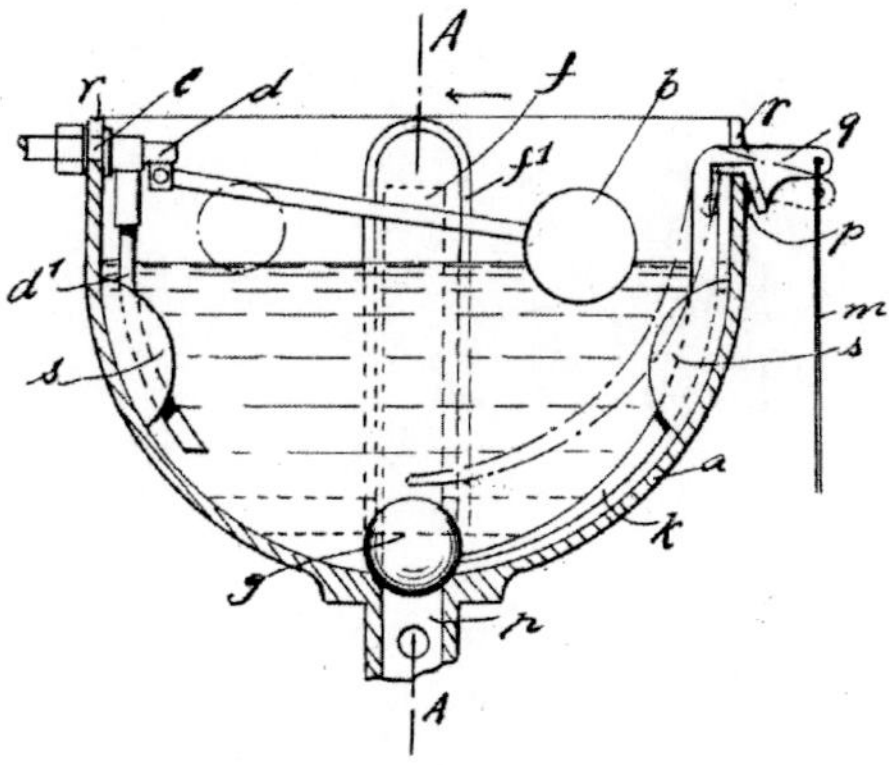

特許第20179号

特許第３０３８２号は関東州大連から急速給湯の発明です。現代にも給湯のニーズに応える様々な方式の発明があります。経済面にフォーカスして提案された給湯追い炊き方式や深夜電力利用などです。本発明には現代の発明とは異なる価値があることがわかります。

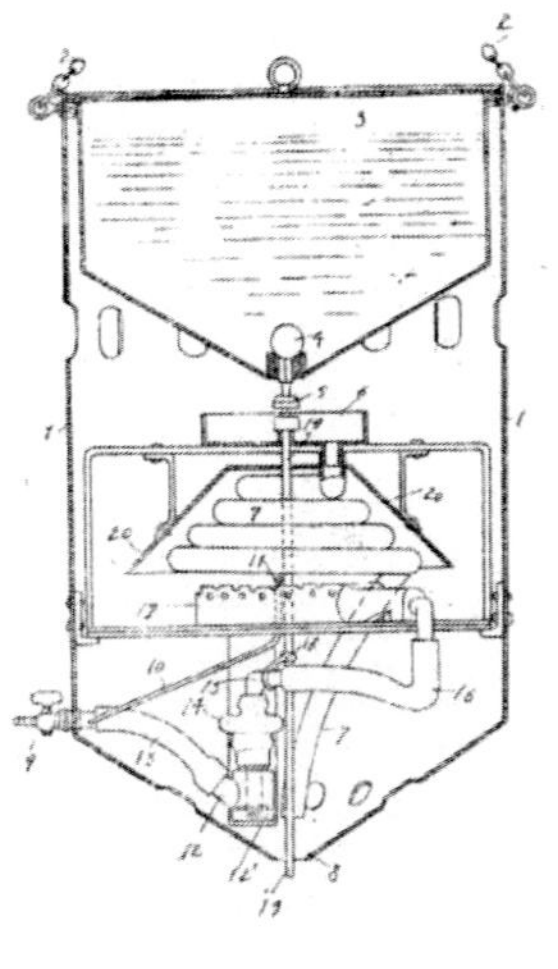

特許第30382号

発明の原点は暮らしの知恵

特許第３２４４９号はニュージーランドからサイフォン作用による便器洗浄装置の発明です。子供時代には詳しい原理は理解しなくてもサイフォンの原理を応用して遊んだものです。こうした暮らしの知恵として生まれる発明はこれからも重要でしょう。

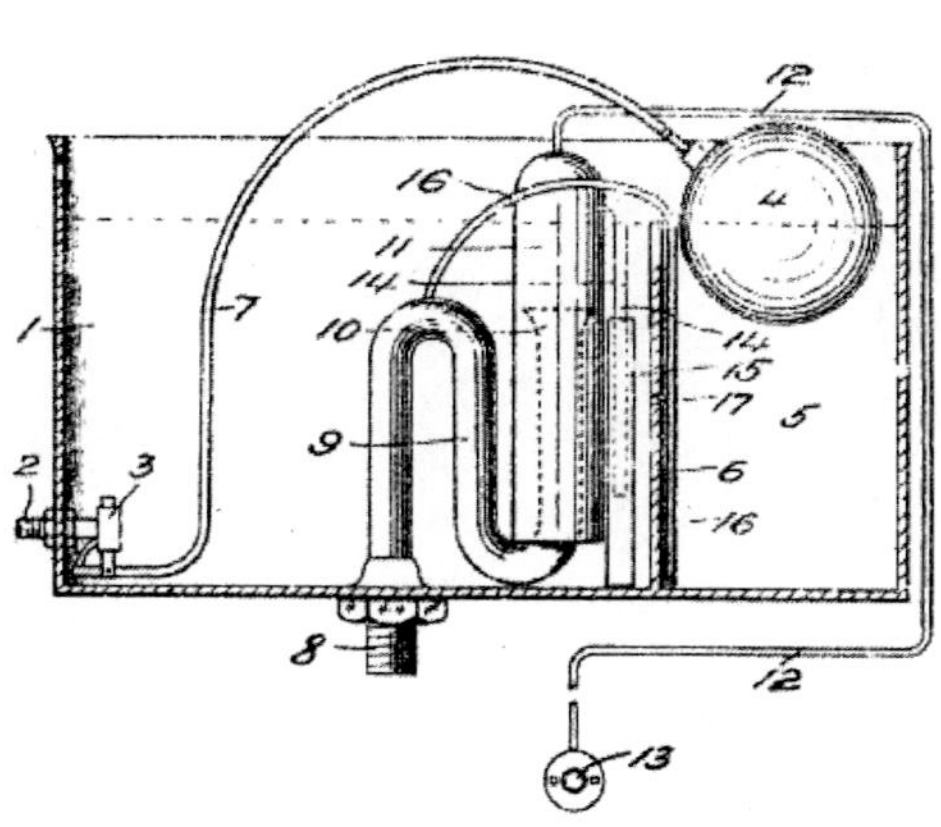

特許第32449号

第九一九五號　第百三十二類　明細書

出願　明治三十八年六月廿六日
特許　明治三十八年八月十日

消毒手洗器

本發明ハ消毒藥ノ蓄藏ヲ備ヘタル手洗器ニ係リ其目的トスル所ハ唯タ一ノ踏臺ノ作用ヨリ幾種ノ消毒藥流出シ洗滌ヲ為シ病毒ヲ防クニアリ

別紙第一圖ハ本器全體ヲ示シ第二圖ハ消毒藥流出ノ開閉ヲ司ル設備ノ詳細圖ナリ圖中用ユル同符號ハ同シ部分ナリトス

本器ヲ二部ニ分チ其上部(イ)(ロ)ヲ消毒藥蓄藏器(タ)ヲ開閉裝置器下部(ヌ)(ル)ヲ手洗器(リ)ヲ殺菌ガーゼ鑵(ワ)ヲ汚水槽(ム)(カ)ヲ踏臺トシ上下組合シテ一體トス上部(イ)(ロ)ハ(ハ)(ニ)ノ「コック」ニ連結シ(ホ)(ヘ)ニ移リ(タ)內ノ(ソ)(ツ)(ネ)(ナ)(ラ)ノ裝置ヲ經テ踏臺(ム)(カ)ニ依リ(ト)(チ)ニ達ス(リ)ハ(ム)(カ)ニヨリ蓋ヲ開閉ス下部(ヌ)(ル)ニ(ヲ)ノ管ヲ嵌込ミ(ワ)ニ至ルモノトス

本器ヲ使用スルニハ藥液槽(イ)(ロ)ヨリ流液セシメンニハ裏面ニ參個ノ凸部ヲ有スル踏臺(ム)(カ)ヲ踏ムトキハ開閉裝置器(タ)內ノ(ソ)(ツ)(ネ)(ナ)(ラ)輪番ニ運轉シ藥液ハ護謨管(ホ)(ヘ)ヲ通シテ蓮孔管(ト)(チ)ニ流出シ及ガーゼ鑵(リ)ノ蓋ヲ開閉ス手洗器(ヌ)(ル)ニ注入セシ洗滌液ハ排水管(ヲ)ヲ通シテ汚水槽(ワ)ニ入ル前記ノ構造ニ依リ唯タ一個ノ踏臺ヨリ生スル運轉上任意ニ幾種ノ藥液ヲ使用シ以テ絕對的病毒ヲ防セカル依テ余カ發明ノ區域トシテ特許ノ保護ヲ請求スル範圍ヲ左ニ明示ス

一　本書ニ詳記シ且ツ圖面ニ明示セル如ク本消毒手洗器ノ上部(タ)內ノ(ソ)(ツ)(ネ)(ナ)(ラ)ノ裝置及下部(ム)(カ)ノ裝置ヲ有シテ成ル消毒手洗器

絹川宗平

発明の目的

一つの踏台を踏むと幾種の消毒薬が流出して洗浄することが手洗器であるため病毒を防ぐことができる。

第壹圖

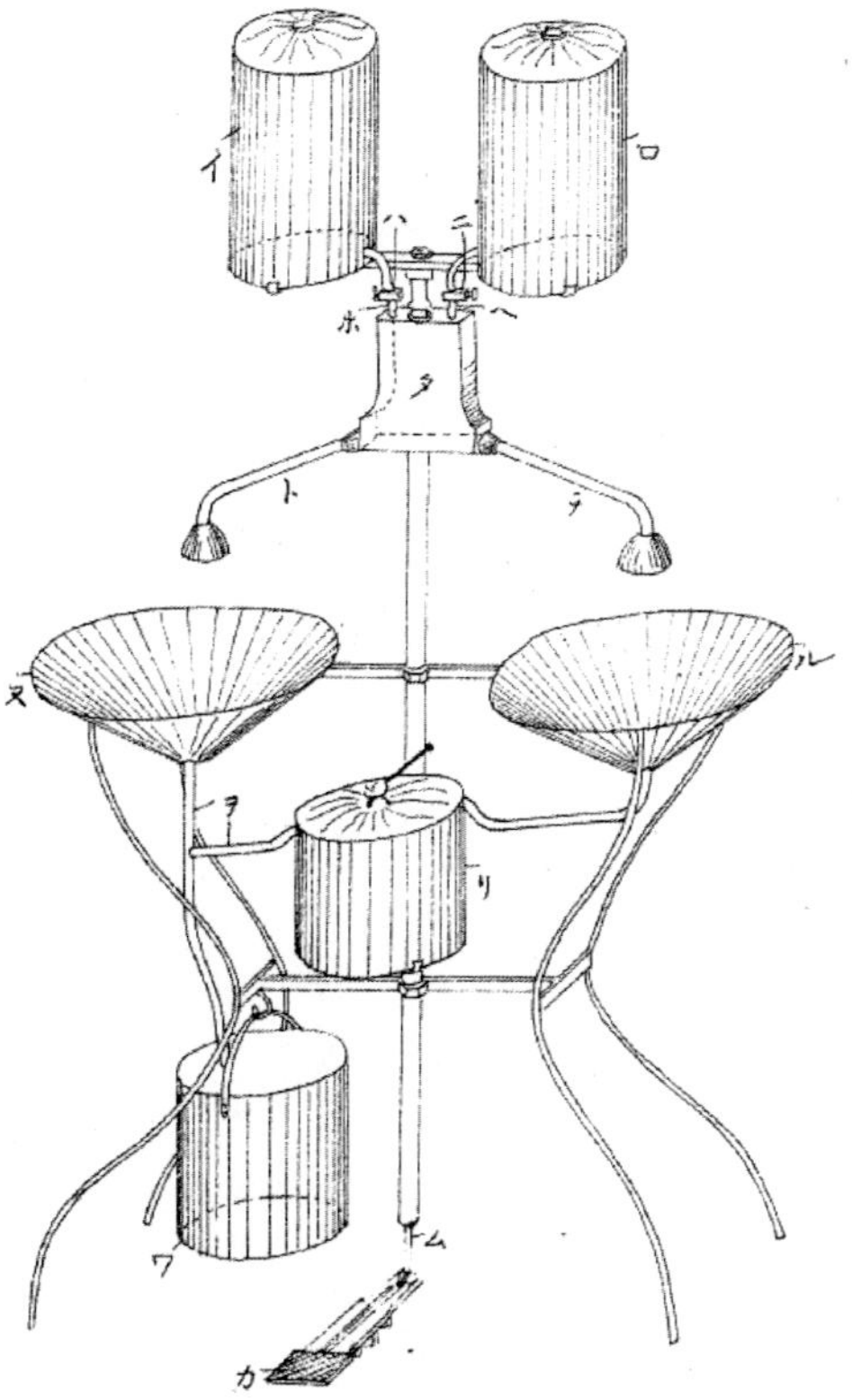

第貳圖

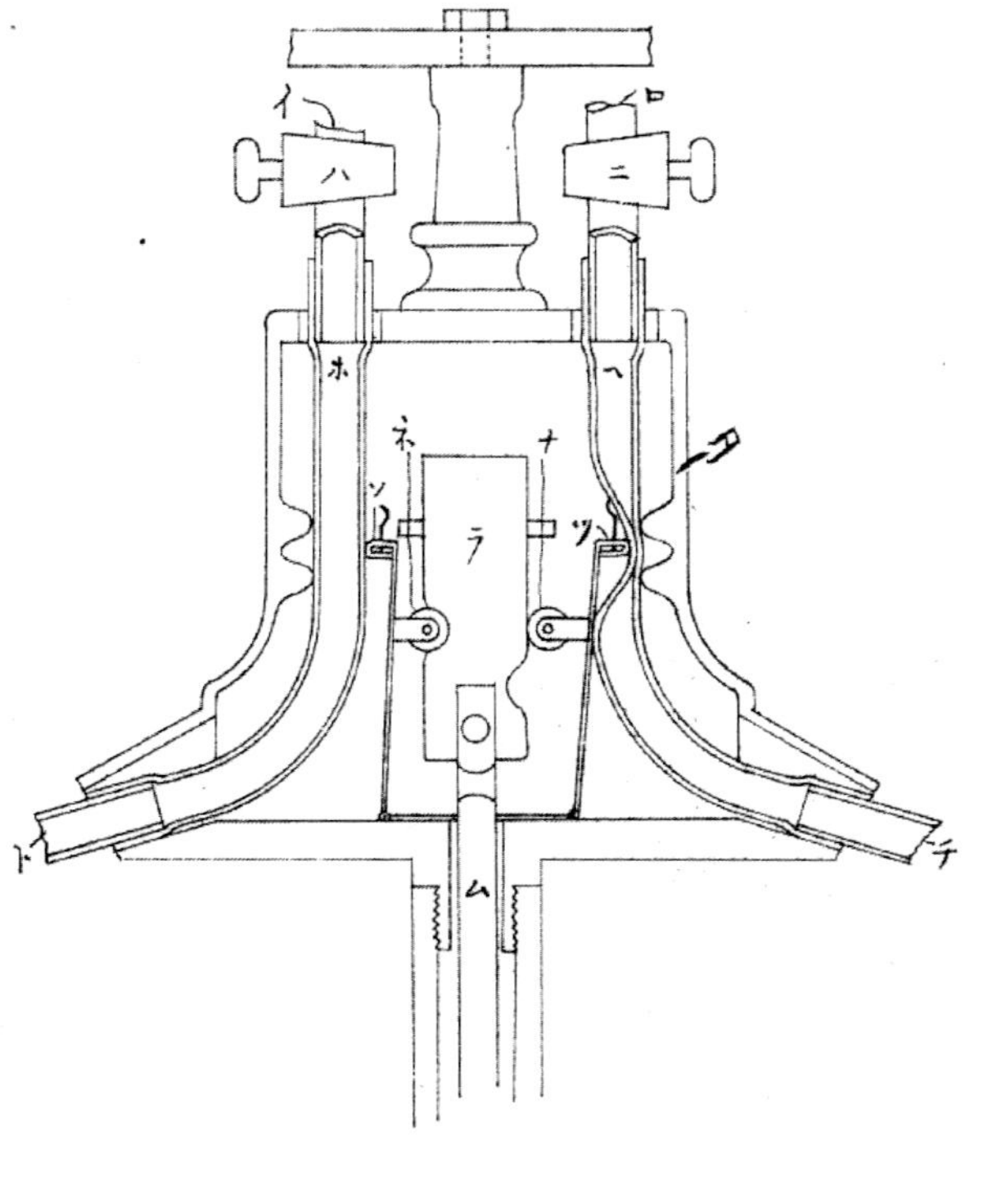

発明のポイント

消毒薬の蓄蔵を備える。

第一二〇二〇號　第百二十類　明細書

出願　明治四十年三月一日
特許　明治四十年四月二十四日

群馬縣勢多郡宮城村大字苗ケ島村二十一番地　東宮保佐次

簡便衛生手洗器

貯水器中ナル水ノ壓力ト圓筒内ノ金屬盒中ナル空氣ノ浮力トヲ利用シ水ノ流出ヲ調節セルモノニシテ其目的ハ水量ノ浪費ヲ省キ且ツ洗滌ノ前後トモ手ヲ器ニ觸ルヽコトナク因リテ病毒ノ傳染ヲ避ケ造構ノ單簡ニシテ價格ノ低廉ナルノ點ニアリ

第壹圖ハ全裝置ヲ示シ第貳圖ハ水流調節用ノ圓筒ニシテ發明ノ主要部タリ第參圖ハ貯水器第四圖ハ踏板及ヒ彈機ヲ示ス

(イ)ハ金屬製ノ圓筒ニシテ中ニ密閉セル中空ノ金屬盒(ロ)ヲ容レ(ハ)ナル蓋ハ中央ニ孔ヲ穿チテ(ロ)ヲ吊ルヘキ金屬桿ヲ通スヘカラシム(ニ)ハ水ノ流出口ニシテ流入口ヨリ高キニ位ス(ト)ナル貯水器ハ(チ)ナル注水口ヲ具ヘ水管(ヘ)ニ連ナリ遮流栓(ホ)ハ護謨ヨリ成リテ水管ト圓筒トノ間ニ挿入セラル(ヌ)ハ踏板(リ)ハ彈機ニシテ金屬桿ニヨリ金屬盒(ロ)ニ連絡ス

此器ヲ裝置スルニハ先ツ遮流栓ヲ挿入シテ後貯水器ニ水ヲ盈タシ注水口ヲ密閉シテ後遮流栓ヲ開クトキハ水ハ圓筒ニ入ルト雖モ貯水器中ニハ空氣ナキヲ以テ圓筒中ノ水ハ貯水器ノ水壓ト平均スル一定ノ高サニ止マリ亦タ流出口ヨリ流出スルコトナシ是ニ於テ足ヲ踏板ニ加ヘテ之ヲ壓下スルトキハ之ト金屬桿ニヨリテ連絡スル圓筒内ノ金屬盒モ又壓下セラレテ水中ニ入リ圓筒内ノ水高ハ爲ニ流出口ヨリ高キニ至リテ之ヨリ流出スヘク水高流出口ト等シキニ至リテ止ムノ後ハ尚ホ足ヲ踏板ニ加フルモ亦タ流出スルコトナシ次ニ足ヲ踏板ヨリ去ルトキハ金屬盒ハ自巳ノ浮力ト彈機ノ彈力トノタメ上方ニ上リテ舊位ニ復シ之ト同時ニ一定ノ水量貯水器ヨリ圓筒内ニ流入シ貯水器中ノ水壓ト平均スルニ至リテ止ム故ニ流出スル水量ハ毎回畧一定シ且ツ單ニ自己ノ重量ニヨリ流出スルカ故ニ流

発明の目的

水量の浪費を省き、洗浄の前後とも手を器に触ることなく、病毒の伝染を避けることができる。構造簡単で、価格も低廉。

第壹圖

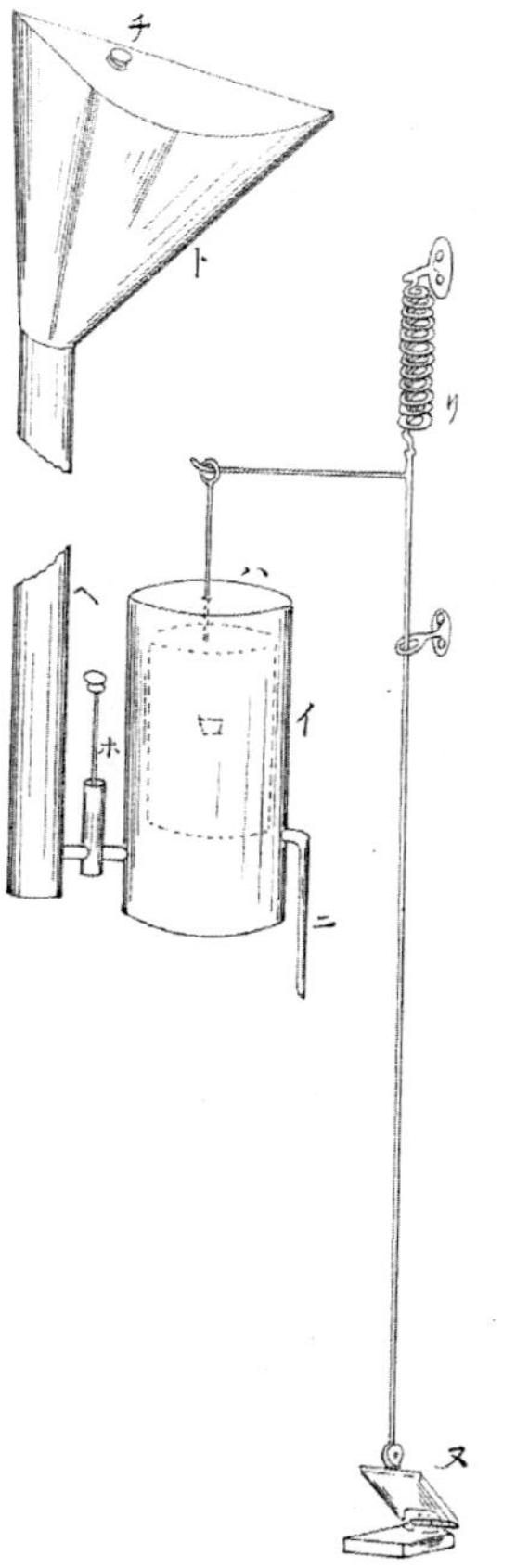

第貳圖

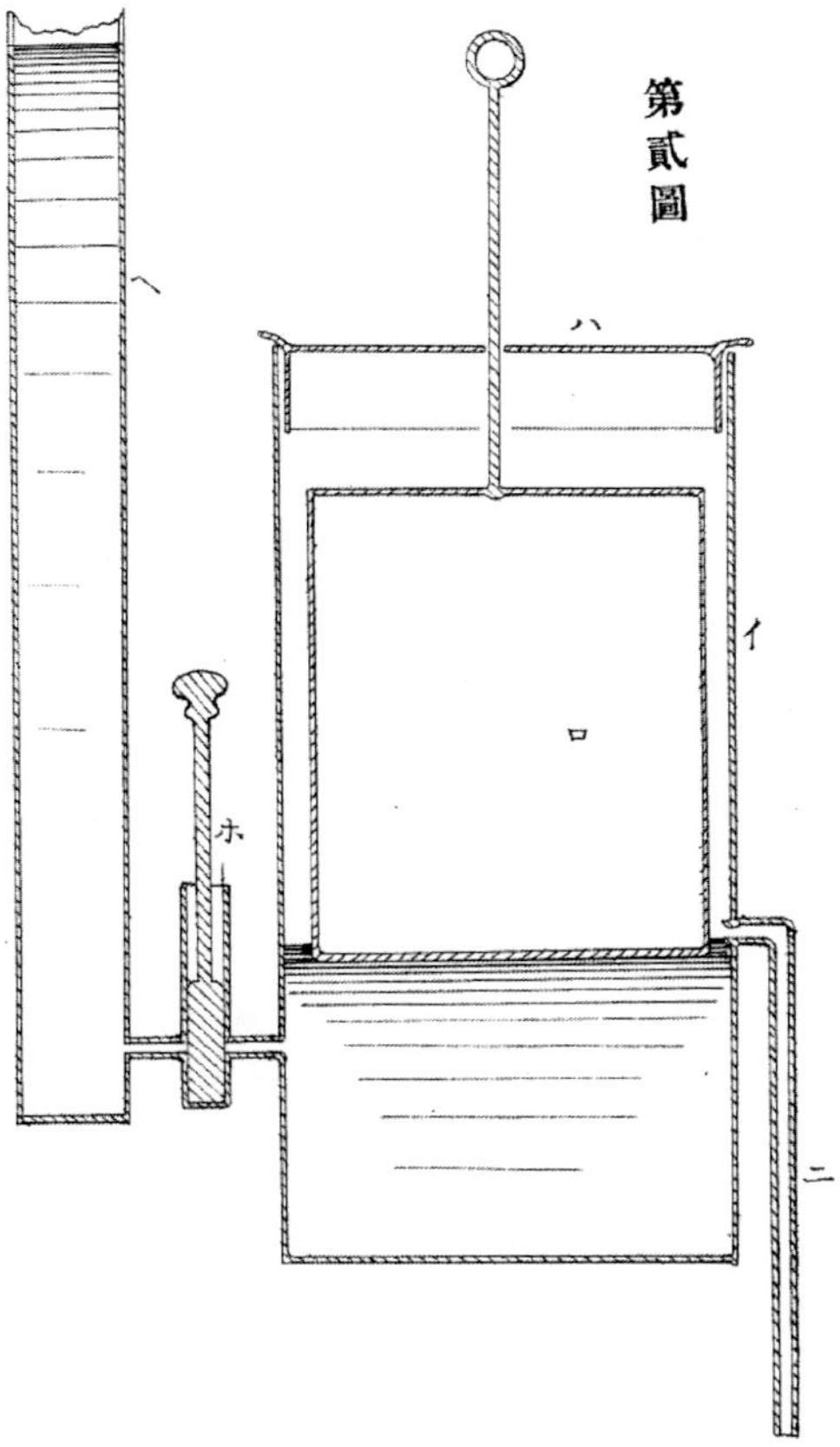

第參圖

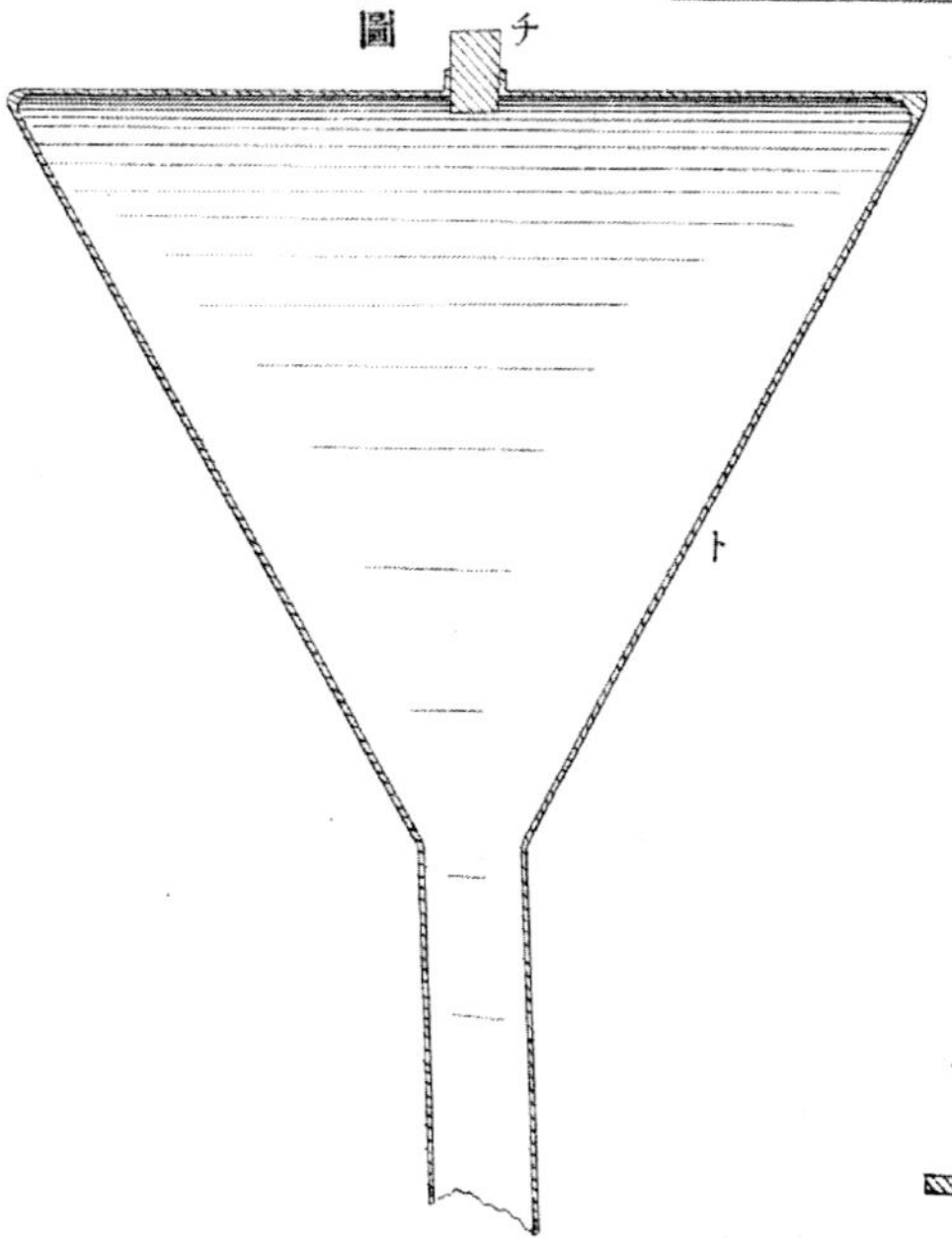

第四圖

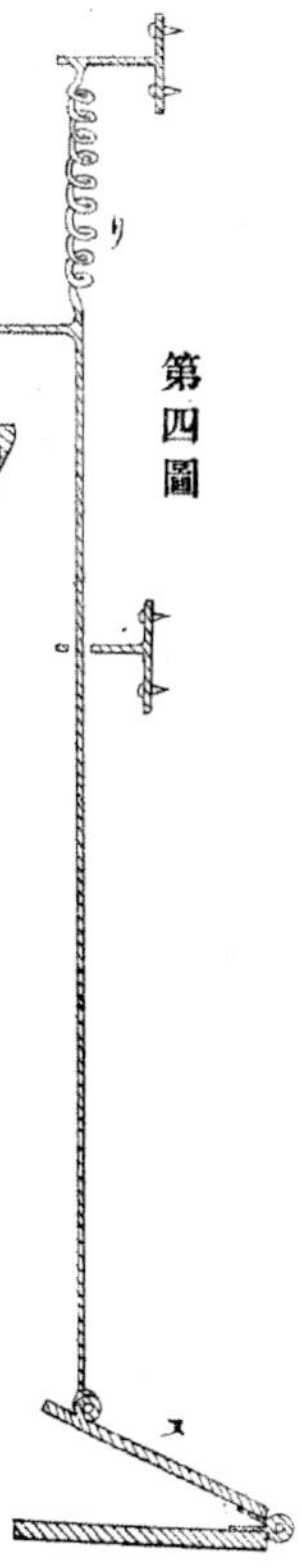

発明のポイント

貯水器中の水の圧力と円筒内の金属箱中の空気の浮力を利用して水の流出を調節する。

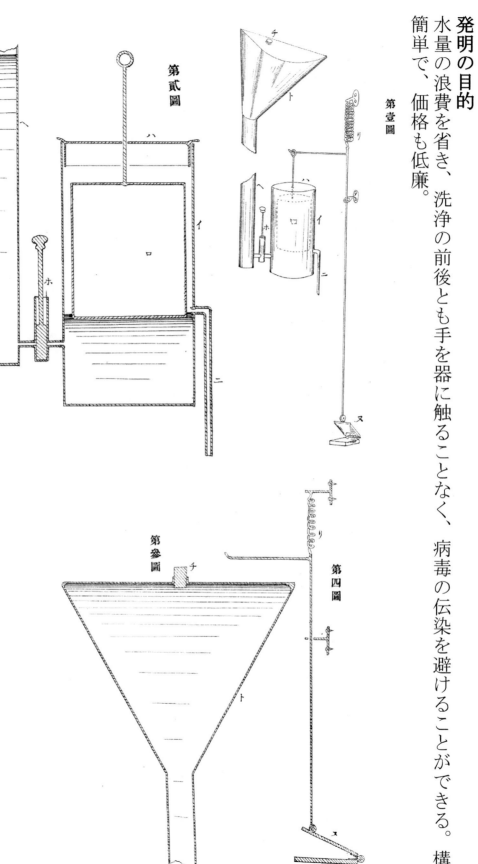

第一二〇五三號　第百二十類　明細書

出願　明治四十年二月十九日
特許　明治四十年四月三十日

京都市下京區高辻通佛具屋町西入堀ノ内町三十三番戸　服部和三郎

室内用輕便衞生手洗器

此發明ハ錻力ニテ圓筒管ヲ作リ管ヲ中央外部ニ圓形ノ口ヲ穿チ之ニ開閉自在ナル蓋ヲ着ケ而シテ管ノ上部内方ニ圓形ノ容水器ヲ箝込ミ又管ノ下部内方ニ汚水容器ヲ装置セルモノニシテ其目的トスル所ハ室内ニ備附ケ手洗其他ノ汚器洗滌ノ用ニ供スル新規有益ノ具ニシテ衞生上大ナル稗益ヲ與フル必要具ナリ

別紙圖面第壹圖ハ本器全體ヲ組立テタル外方正面圖第二圖ハ本器縱斷面圖ニシテ同一符號ハ同一部分ヲ示スモノトス

本器ハ圓筒管上部内方ニ箝込ミタル圓形ノ容水器(イ)ニ清水ヲ滿タシ置キ手洗其他汚器洗滌ノ必要ヲ生スルトキハ先ツ管ノ中央外部ニ附着シアル蓋(ロ)ヲ開キ其口(ハ)ヨリ手又ハ器物ヲ入レ容水器底部ノ側方ニ孔(ニ)ヲ穿チ管(ホ)ヲ附着垂下シテ連結セル「コック」ヲ廻轉スレハ所要ノ水ハ直ニ流出スルヲ以テ之ニテ洗滌ス而シテ此汚水ハ圓筒管下部内方ニ装置シアル汚水容器(ト)ノ上面中央ナル漏斗形ノ穿孔(チ)ニ流入スルヲ以テ汚物ノ散逸及ヒ惡臭ヲ放ツノ憂毫末モナシ而シテ圓筒管ノ内方左右ニ二條ノ細管(リ)ヲ設ケ容水器(イ)ヲ支持ス此細管(リ)ハ汚水容器(ト)ニ接續スルヲ以テ停溜セル汚水ヲ捨ツルニハ圓筒管上面ノ蓋(ヌ)ヲ外シテ容水器(イ)ヲ取出シ管ヲ傾斜スレハ汚水ハ直ニ漏出ス又圓筒管外面上部ニ把持器(ル)ヲ設クルヲ以テ本器ノ携帶自由ナリ

特許法ニ依リ左ニ特許ノ保護ヲ請求スル範圍ヲ掲ク

一、上述セル目的ヲ以テ本文ニ所載シ且ツ別紙圖面ニ示ス如ク錻力ニテ作リタル圓筒管ノ中央外方ニ口(ヘ)ヲ穿チ之ニ開閉自在ナル蓋(ロ)ヲ附着シ管ノ上部内方ニ圓形ナル容水器(イ)ヲ箝込ミ其底部側方ニ一個ノ孔(ニ)ヲ穿チ之ニ管(ホ)ヲ附着垂下シ其下方尖端ニ「コック」(ヘ)ヲ連結シ管ノ下部内方ニ上面ニ漏斗形ノ穿孔(チ)ヲ設ケタル汚水容器(ト)ヲ

発明の目的

室内に備え付けて手洗いや汚れた器の洗浄ができる。

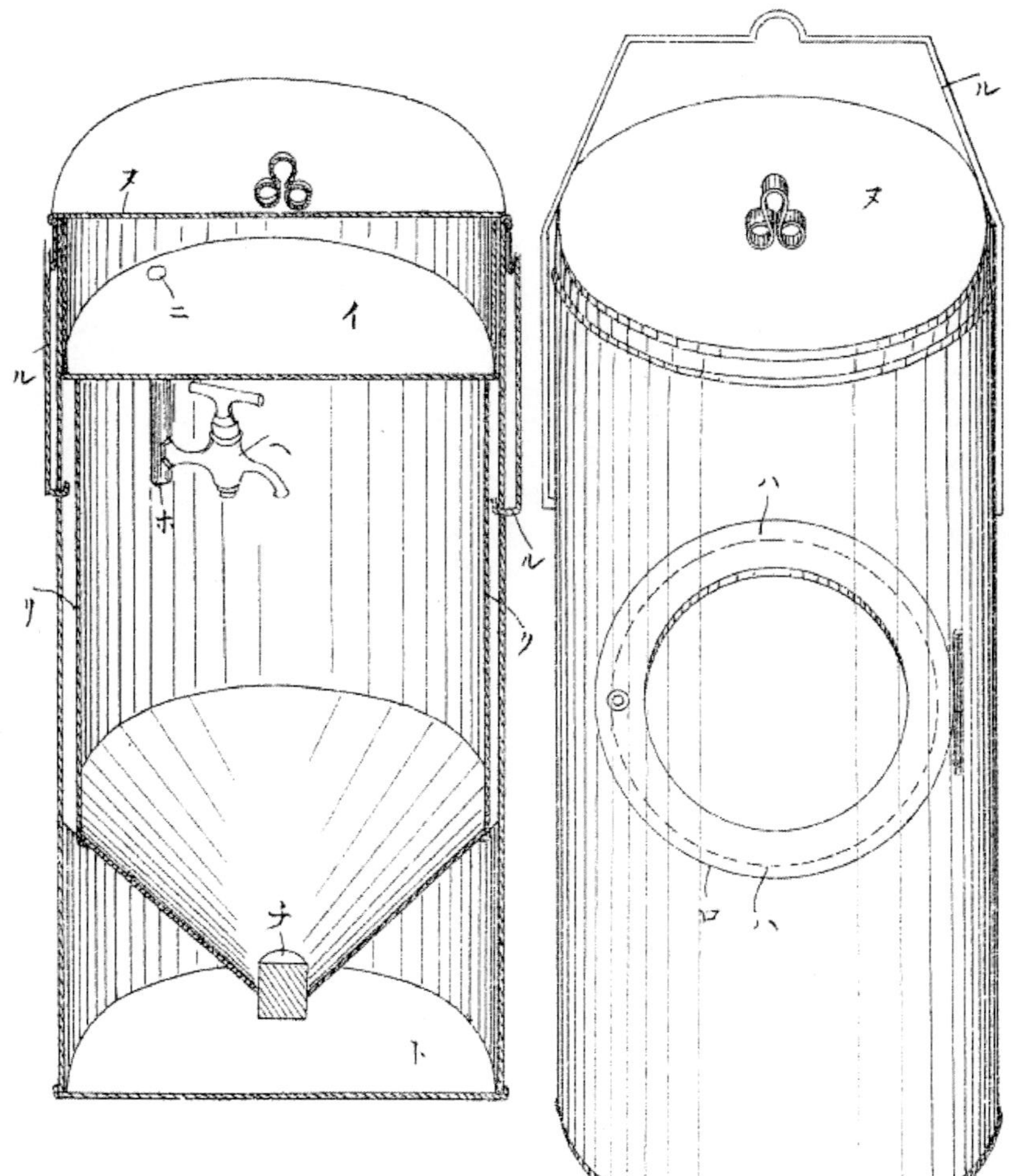

発明のポイント

円筒管の中央外部に円形の口を穿ち開閉自在の蓋を着けて管の上部内方に円形の容水器をはめこみ、管の下部内方に汚水容器を装置する。

第一三四四八號　第百二十類　明細書

出願　明治四十年十一月四日
特許　明治四十年十二月二十一日

高知縣高岡郡越知甲二千百八十三番地　正岡房太郎

清淨洗水器

本發明ハ內部ニ螺旋條ヲ以テ上部ニ牽引セル押板ヲ設ケ押板ノ下部ニ引條金ヲ附シテ其下端ヲ側面ヨリ挿入セル踏板ノ端部ニ附着セル處ノ裝置ヲ具有セル胴箱ノ上方ニ貯水桶ヲ置キ貯水桶ノ底側部ニ一管ヲ穿通シ之ニ護謨管ヲ挿入シ以テ桶中ノ水ヲ桶底裏ヲ橫ニ外方ニ注キ出スヘク裝備シ前記螺旋條ニ依テ牽引セル押板ヲ以テ該護謨管ノ中部ヲ橫ニ水桶底裏面ニ壓上シ以テ護謨管ヲ經テ通流スル水ヲ遮斷シ必要ノ時期ニハ踏板ヲ下方ニ押壓シ引條金ニ依リテ押板ヲ下方ニ引ケハ護謨管ノ壓迫弛ミテ桶中ノ水ハ自ラ外部ニ射出シ所要ノ水ヲ得テ洗滌ヲ終レハ踏板ヲ放チ諸器ヲ原形ニ復シテ出水ヲ休止スルノ裝備ニシテ其目的トスル處ハ手足其他ノ汚染不潔ヲ洗滌スルニ際シ所要外ノ水ヲ冗費スルコトナク且ツ關係諸器具ニ汚穢セル部分ヲ接着セサルヲ以テ取扱方ヲ最モ清潔ニ爲シ得ルニアリ

別紙圖面ニ於テ右ノ目的ヲ達シ得ヘキ清淨洗水器ヲ示セリ而シテ第壹圖ハ本器ノ正面圖第貳圖及ヒ第參圖ハ機要部ノ分解圖ナリ而シテ右諸圖ニ於ケル同一符號ハ總テ同一ノ部分ヲ指示スルモノトス

本清淨洗水器ノ構成ハ胴箱(ハ)ヲ以テ構礎トス胴箱(ハ)ハ四周ヲ密閉セル長箱ニシテ內部ニ押板(ト)ヲ懸垂ス押板(ト)ハ螺旋條(チ)(チ)ヲ以テ左右兩側ヲ擁持シ其下端ニ引條金(リ)ヲ附着シ引條金(リ)ノ下部ハ踏板(ニ)ノ端部ニ緩着ス而シテ胴箱(ハ)ハ臺(ホ)ニ据ヱ附ケ側面ノ底部ニ方形ノ切拔ヲ設ケテ踏板(ニ)ヲ挿入ス踏板(ニ)ハ臺板(ニノ一)上ニ緩着シ臺板(ニノ一)上ニ於テ上下自由ニ遊動スヘク設ケ其一端ニ引條金(リ)ヲ引キ着ク而シテ以上ノ裝置ヲ具有セル胴箱(ハ)ノ頂上ニ貯水桶(イ)ヲ安置ス此貯水桶(イ)ニハ蓋ヲ覆ヒテ內部ノ水ニ塵埃ノ散入スルヲ防備シ其桶底側部ニ管(ル)ヲ穿チ入レ更ニ桶底裏面ニ管(ヘ)ヲ橫ニ附着シ該管(ル)及ヒ(ヘ)ノ各管口ノ間ハ適當ノ隔離ヲ設ケ之ヲ接續スルニ護謨管(ヌ)ヲ以テシ

発明の目的

手足の汚染や不潔を洗浄する際に、所要外の水を無駄遣いすることがなく、器具に手足の汚れを付着することなく清潔である。

第壹圖

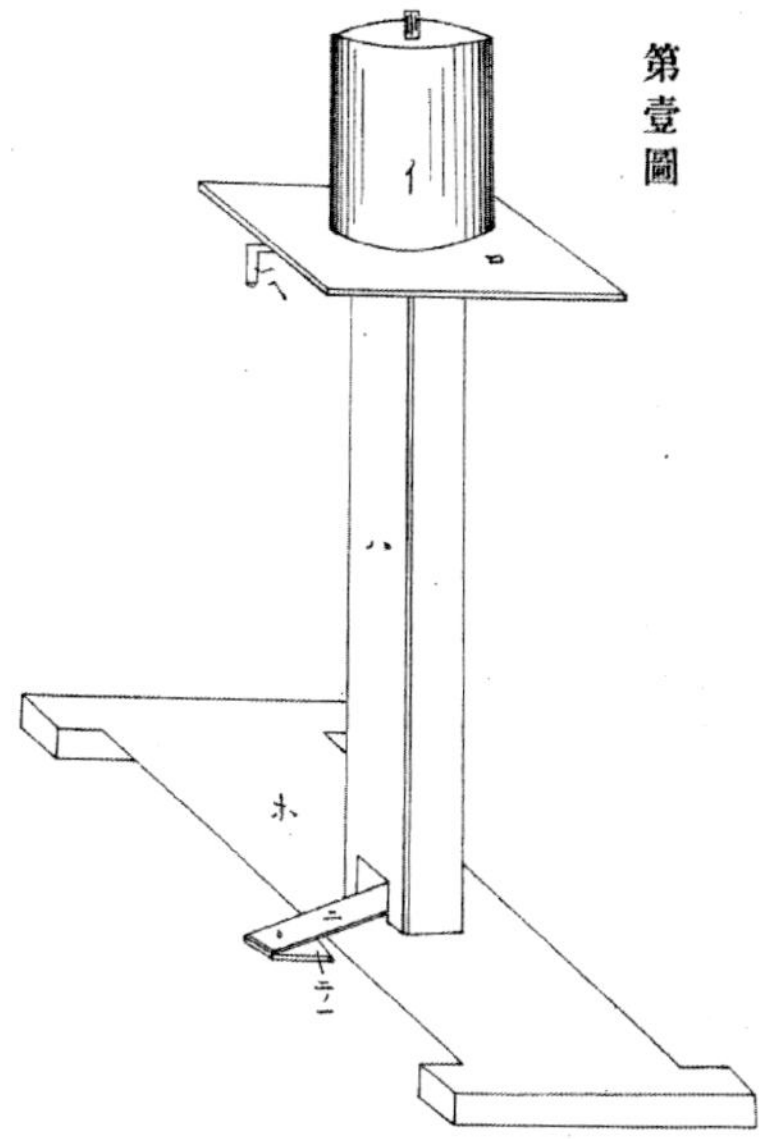

第貳圖

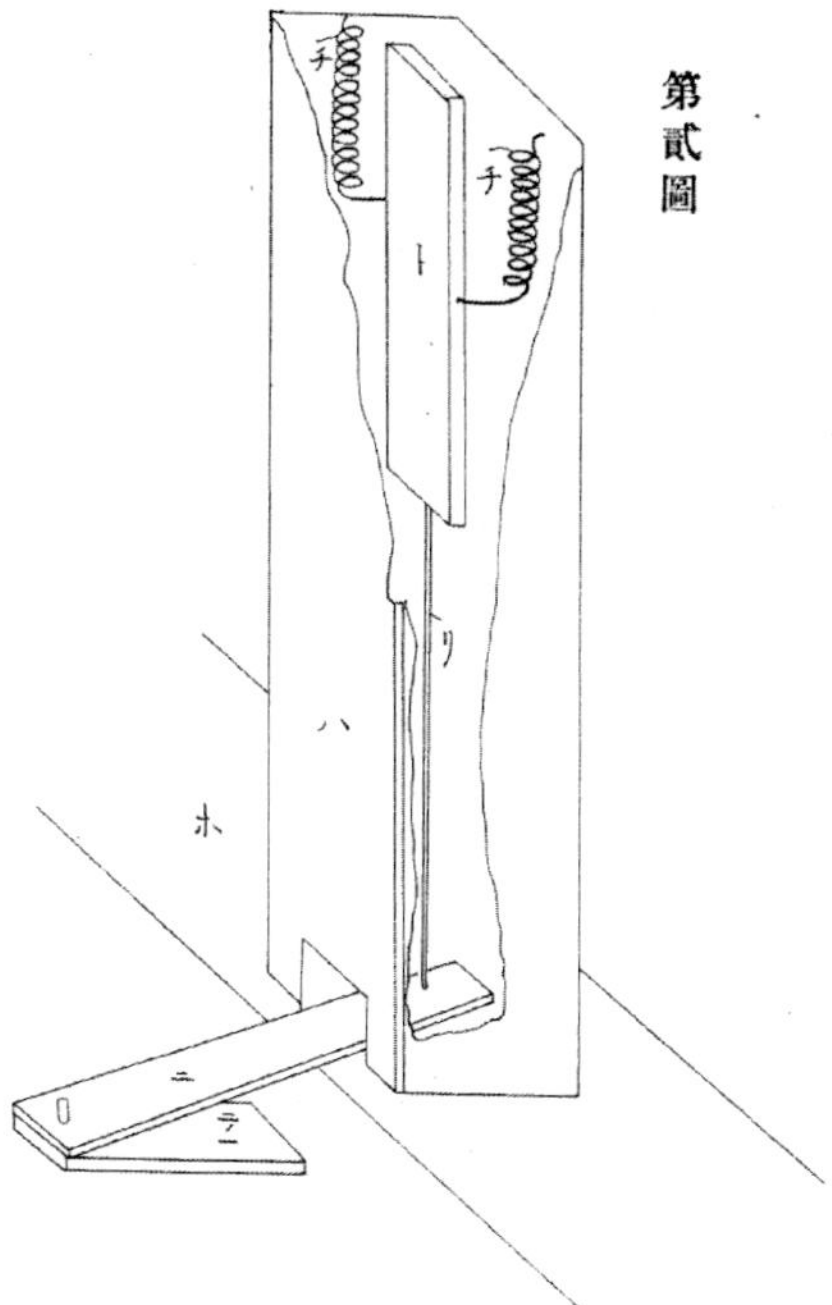

第參圖

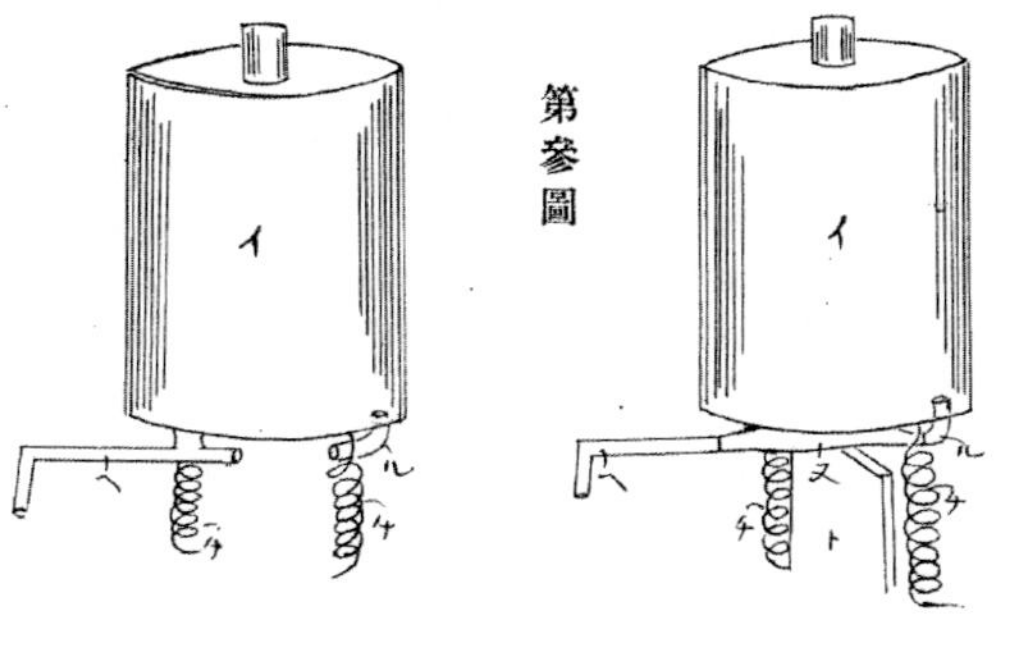

発明のポイント

胴箱の上に貯水桶を置き、貯水桶の底部にゴム管を挿入して桶中の水を踏み板を押すと水が外部に射出し、所要の水で洗浄が終われば踏み板を離して出水を止める装備にする。

第一四二一八號　第百二十類

出願　明治四十一年一月二十九日
特許　明治四十一年五月　九　日

東京市芝區日蔭町二丁目一番地　前田春風
東京市小石川區餌差町三十四番地　音羽耕造

兼燈手洗器

本發明ハ八角形ノ金屬製ニシテ其中三方面ニ窓ヲ明ケ以テ硝子ヲ嵌メ其硝子ノ内部ニ洋燈ヲ容レ且ツ其餘ニハ水ヲ容ルヘク仕切ヲ設ケ洋燈ノ火力ニテ在中ノ水ヲ温湯トナスヘク構成シタル兼燈洗手器ニ係リ其目的トスル處ハ冬期間ニ於テ雪隱ニ備ヘ附クル手洗水ヲ温湯トナシ因テ寒冷ヲ感セス心持能ク洗手シ得隨テ清潔ニスルヲ以テ衛生ニ適シ又夜中ハ燈火ノ用ヲ辨スルカ故ニ別ニ點燈スル必要ナキ經濟的利益ヲ具備スルニアリ

別紙第壹圖ハ本發明ノ斜面圖、第貳圖ハ縱斷面圖、第參圖ハ浮器ノ構造、圖中同一符號ハ同一部分ヲ示ス

本發明ハ金屬ヲ八角形トナシ其中三方角ニ窓ヲ明ケ其内側ニ硝子ヲ嵌入シ蓋(ロ)ニ摘ミ(イ)ヲ附シ(ニ)ノ一方角ハ之ヲ(ソ)(ソ)ノ處ニテ蝶着シ以テ開閉シ得ヘクナシタル開戸トシ懸リ(ハ)ニテ締リ數箇ノ孔(ツ)ハ油煙ノ出口、(レ)ハ板硝子(タ)ノ多數ノ孔ハ通氣孔トシ又多少水ノ浸濕スルコトアルモ此孔ヨリ漏出セシム、(ト)(ト)ハ持ツ處、(チ)ハ木造ノ浮器、(ヌ)ハ竹管ニシテ此(チ)(ヌ)ノ二箇ニ布片(リ)ヲ絲(ネ)ニテ括リ着ケ「ゴム」管(ル)ハ一方ノ先端ヲ竹管ニ又一方ノ先端ヲ湯ノ出口(ヲ)ニ着セ込ムナリ、(ワ)ハ捻子、(カ)ハ曲折シタル仕切ニテ天井(カ)ノ下ニ洋燈ヲ、其他ニ水ヲ入ルヘクナシ天井(カ)ハ油煙ノ出易キ樣ニ少シ斜ニス仕切(カ)ヨリ少シ高ク且ツ隔テ、竪並列ニ薄キ板金ノ堰止板(ヨ)ヲ設ク而シテ温湯ノ使用減退シテ左側ハ(ヨ)ノ上部ヨリ以下トナルモ右側ノ湯ハ以下ニ減セサラシム其減退セサル右側ノ湯ハ少量ナリ故ニ洋燈ノ熱度ニテ沸キ易キハ明ナリ因テ此熱力カ板金(ヨ)ヲ徹シテ左側ノ水ヲ温湯トナスヘク設クルモノトス

本發明ヲ使用スルニハ(イ)ヲ摘ミ蓋(ロ)ヲ採リ(ヘ)ノ部分(凡ソ六七升入)ニ滿水セシメ懸リ(ハ)ヲ外シ硝子戸(ニ)ヲ開キ洋燈ニ火ヲ點シ(ホ)ノ部分ニ入レ約三十分間モ經過スレハ天井(カ)ニ當ル火熱ニテ上部ノ水(A)ヨリ以上ヲ温湯トナスモ本

発明の目的

冬に便所に備え付ける手洗い水を温湯にすることで寒冷を感じずに心地よく手洗いができる。

第壹圖

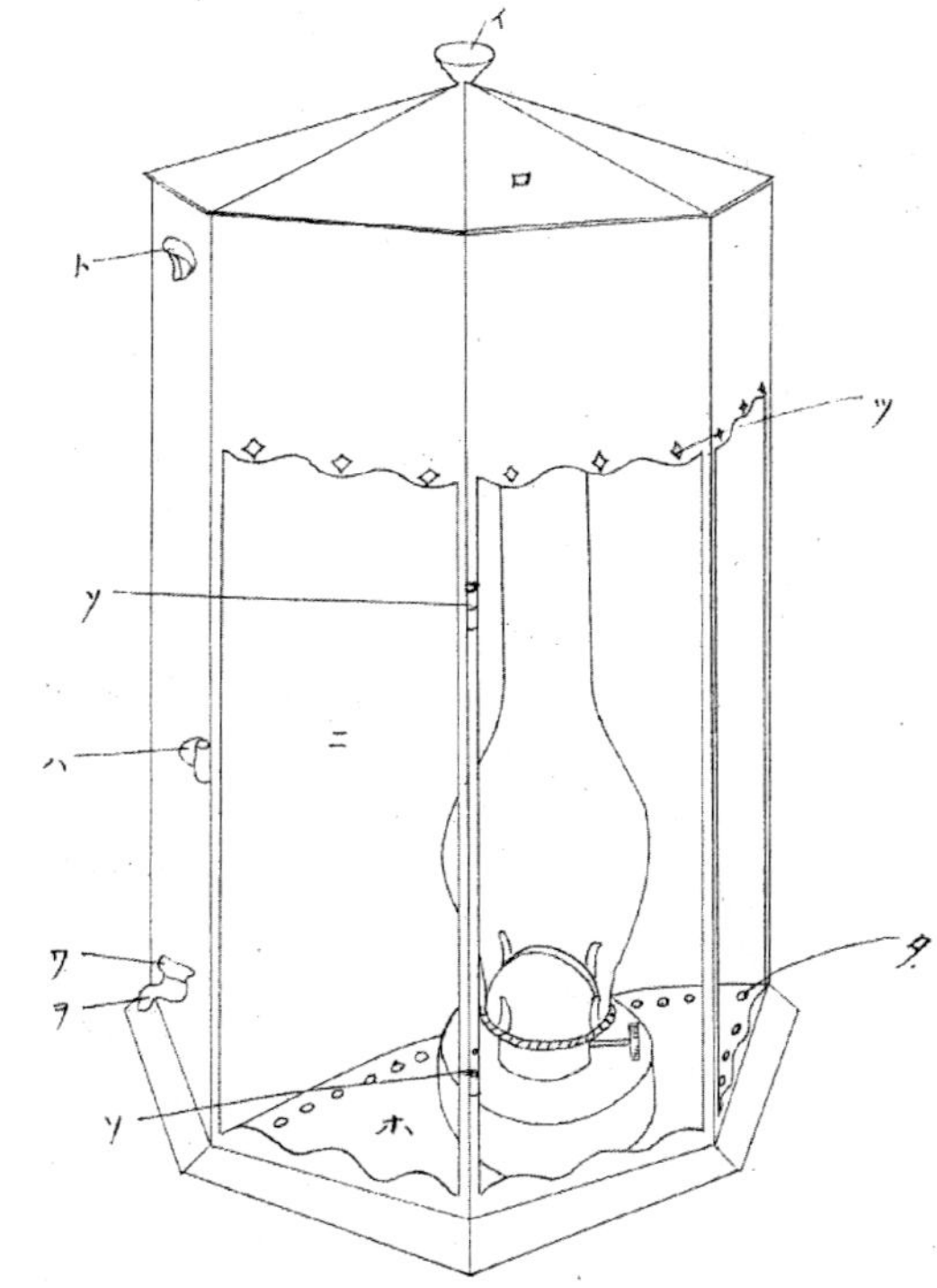

第貳圖

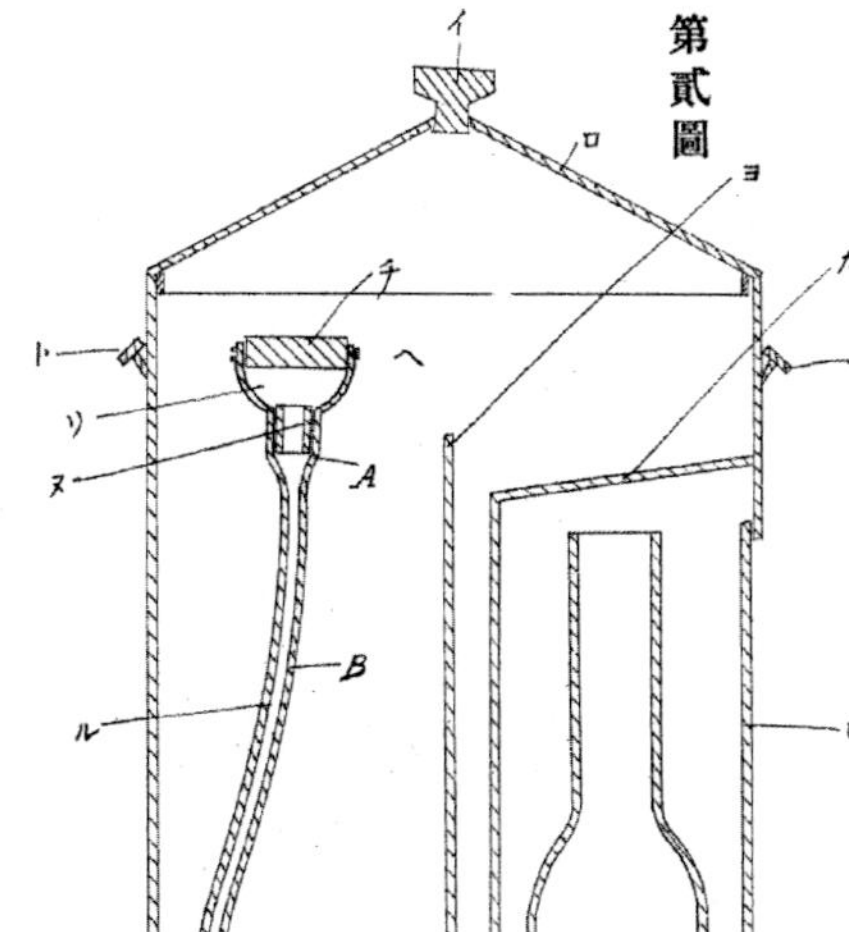

第參圖

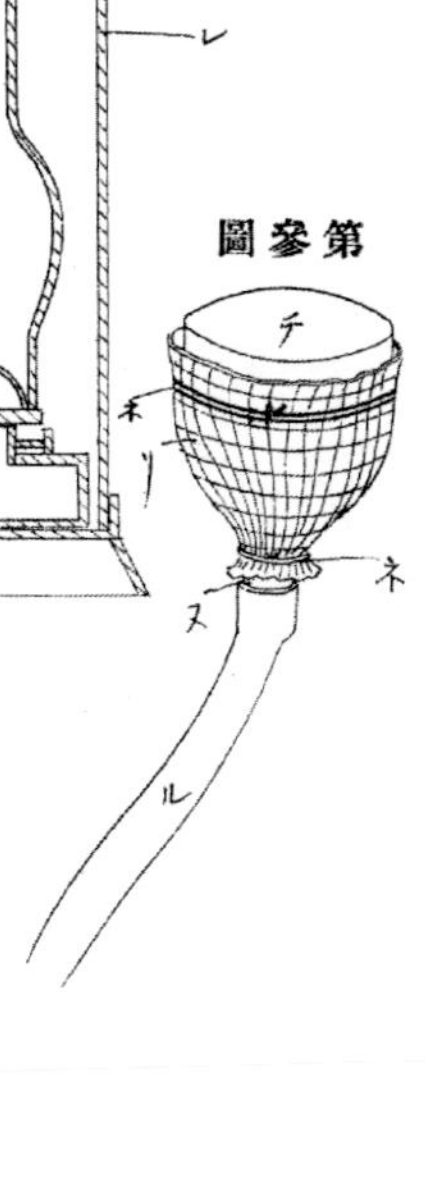

発明のポイント

八角形の金属製の中に三方面に窓を開け、硝子をはめて、硝子の内部に洋燈をいれる。洋燈の火力で水を温めて湯にする。

(特許局印行)

特許第二〇一七九號

第百三十五類

出願 明治四十三年十二月二十八日
特許 明治四十四年六月二十日

獨逸國伯林市ペニックル街九十一番
特許權者(發明者) フーゴー、ハルトマン

明細書

裝瓣迸出液槽

發明ノ性質及ヒ目的ノ要領

本發明ハ瀉水便器及ヒ其類似器ニ使用スル迸出液槽ニシテ此液槽ニ於テ迸出管ハ水ヨリモ比重ノ小ナル球ニテ閉止セラルヽモノニシテ該球ハ何等カノ外部手段ニ因リテ突キ上ケラレサル間ハ液槽中ニ容レタル水ノ壓力ニ依リテ其座ノ上ニ保持セラルヘシ今此外力ヲ作用スル時ハ水ハ主力ニテ液槽外ニ逸出シ然ル後普通ノ浮働供給瓣ニ依リテ復ヒ液槽ニ水ヲ容ルヽ間ニ球ハ再ヒ其座ニ達シテ迸出管ヲ閉止シ斯クシテ液槽ハ復ヒ水ヲ以テ充滿セラルヽモノトス

本發明ハ先ツ液槽容器ニ特殊ノ構造ヲ有ス即チ該液槽容器ハ總テノ側ヨリ出口ニ向フテ傾斜下向スル底ヲ有シ而シテ水ノ逸出スルニ當リ液槽室ノ内ニ或ル場所ヲ保留ス該場所ハ惹起スヘキ水ノ旋轉ニ因リテ影響セラルヽコト無キモノニシテ從テ瓣球ハ上昇スル際此水ノ旋轉ニ因リテ直チニ其出口ニ押下セラルヽカ如キコト非サルナリ

発明の目的

瀉水型便器に使用する送出液槽を作る。

第一圖

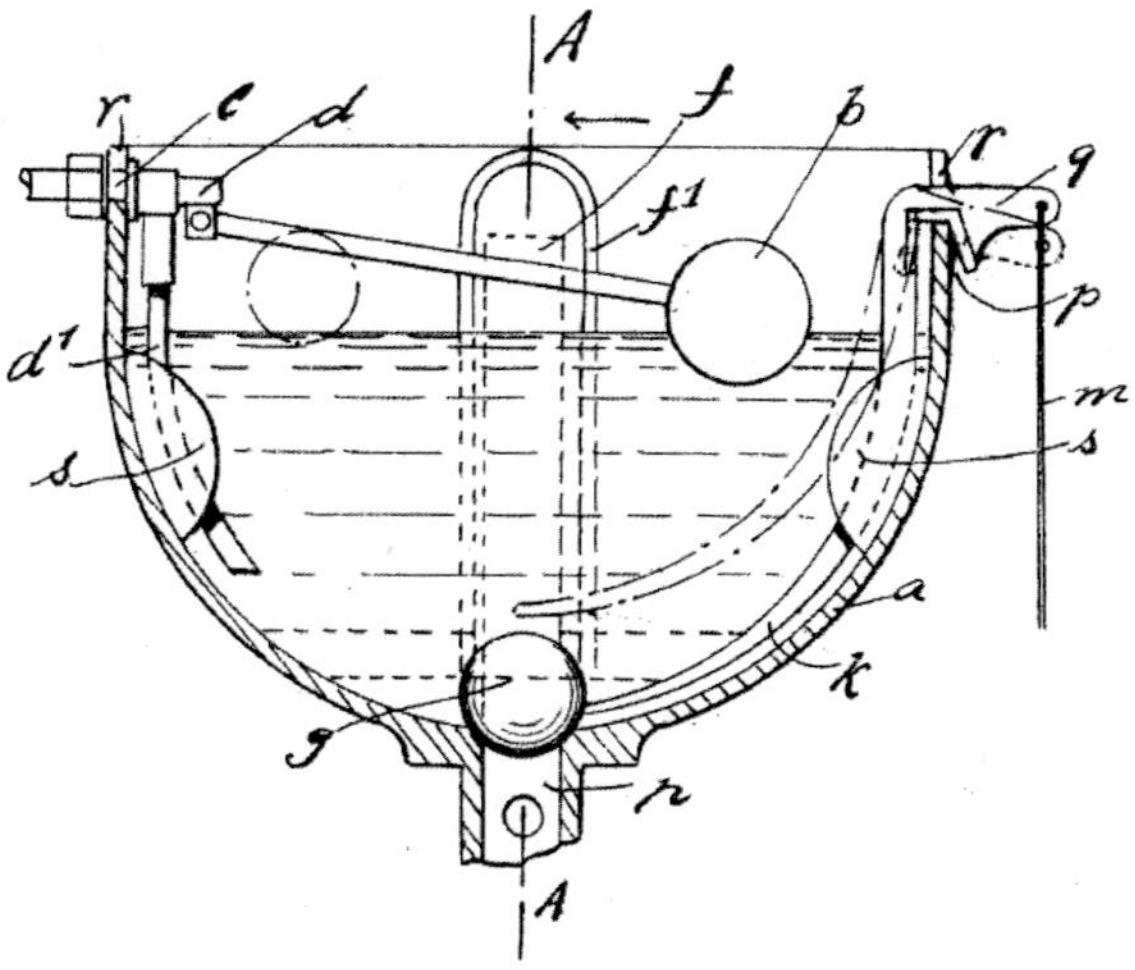

第二圖

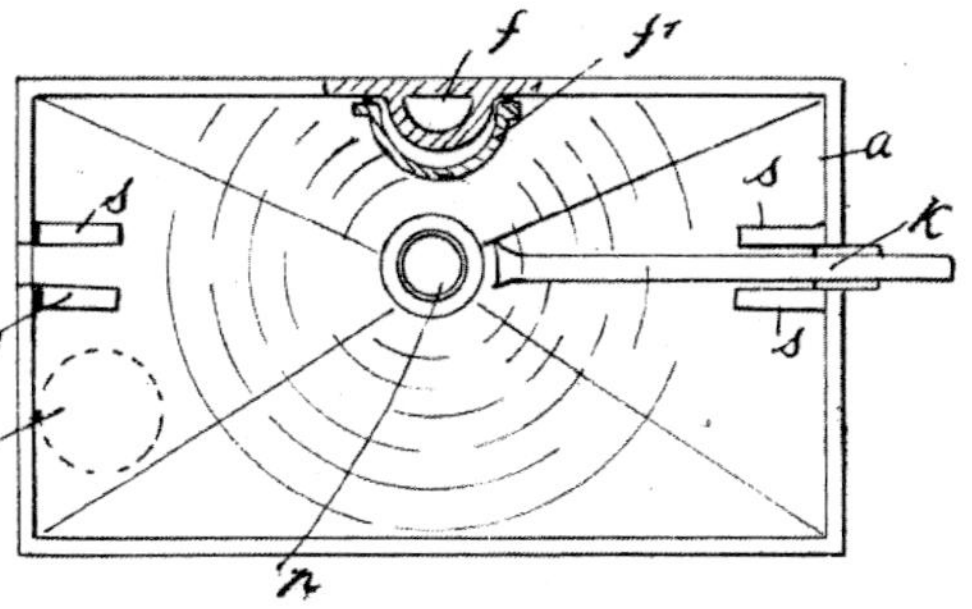

第三圖

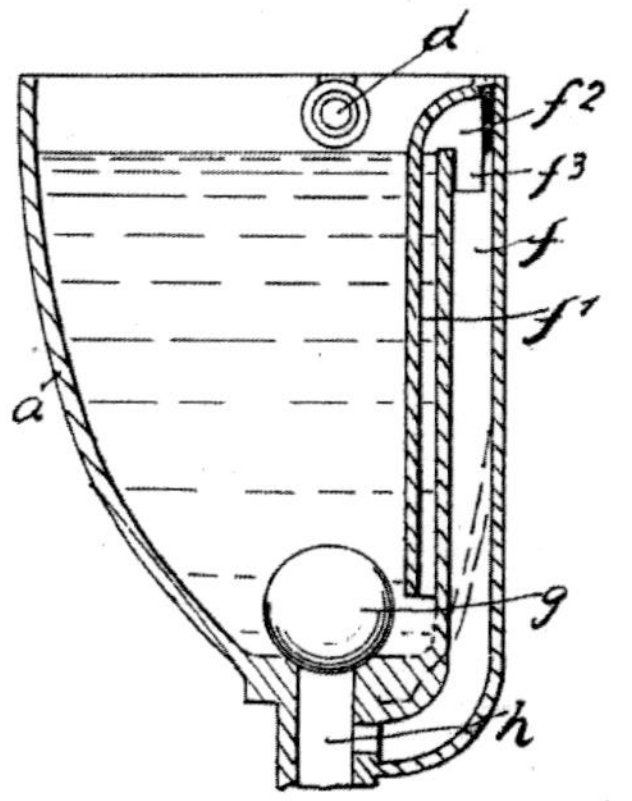

第四圖

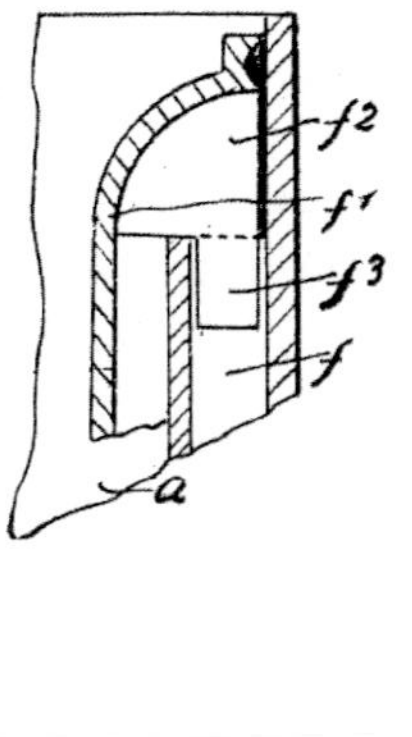

発明のポイント

タンクの下部に水の排出孔を設け、排出孔部に水に浮く栓でふたをした状態で水を出し、水圧で排出孔を閉じた状態で水を一定量ため、栓を機械的に外すことでためた水を一定量排出する仕組み。

特許第三〇三八二號　第百二十類

出願　大正五年三月三十一日
特許　大正五年十一月二十四日

關東州大連若狹町ヲ區四十三號地
特許權者(發明者)　富次素平

明細書

急速加熱温水手洗器

發明ノ性質及ヒ目的ノ要領

本發明ハ水銀中ニ可動スヘキ瓦斯管ノ一端ヲ浸入セシメテ瓦斯ノ通路ヲ遮斷シ該瓦斯管ト水槽ノ栓弁ヲ開閉スヘキ杆トヲ互ニ連結シ水ト瓦斯トノ通路ヲ同時ニ開閉シ得ヘキ裝置ヲ組合セ水ノ流出スルト同時ニ瓦斯ニ點火シ水カ蛇管ヲ流下スル間ニ加熱セラレ温水ヲ放出スヘキ急速加熱手洗器ニ係リ其目的トスル所ハ水栓瓦斯管トヲ同時ニ開閉シ水ノ流下ト同時ニ蛇管ノ下方ニ於テ瓦斯ハ點火セラレ水ハ水槽ヨリ流出口ニ至ル間ニ加熱セラレテ温水トナリ水ノ流出止ムト同時ニ瓦斯管遮斷セラレ流出ニ從テ其都度加熱セントスルニアリ

圖面ノ略解

別紙圖面ハ本發明手洗器ヲ示ス第一圖ハ全器ノ截斷面圖第二圖甲ハ瓦斯通路遮斷部截斷正面圖同圖乙ハ水栓部截斷正面圖同圖丙ハ水栓部ⒶⒷ線横斷面圖第三圖ハ全器正面圖ナリ

發明ノ詳細ナル説明

発明の目的

水が流出すると同時にガスが点火し、水が蛇管を流下する間に加熱し温水を放出することができ、手洗いの都度、水を加熱することができる。

第一圖

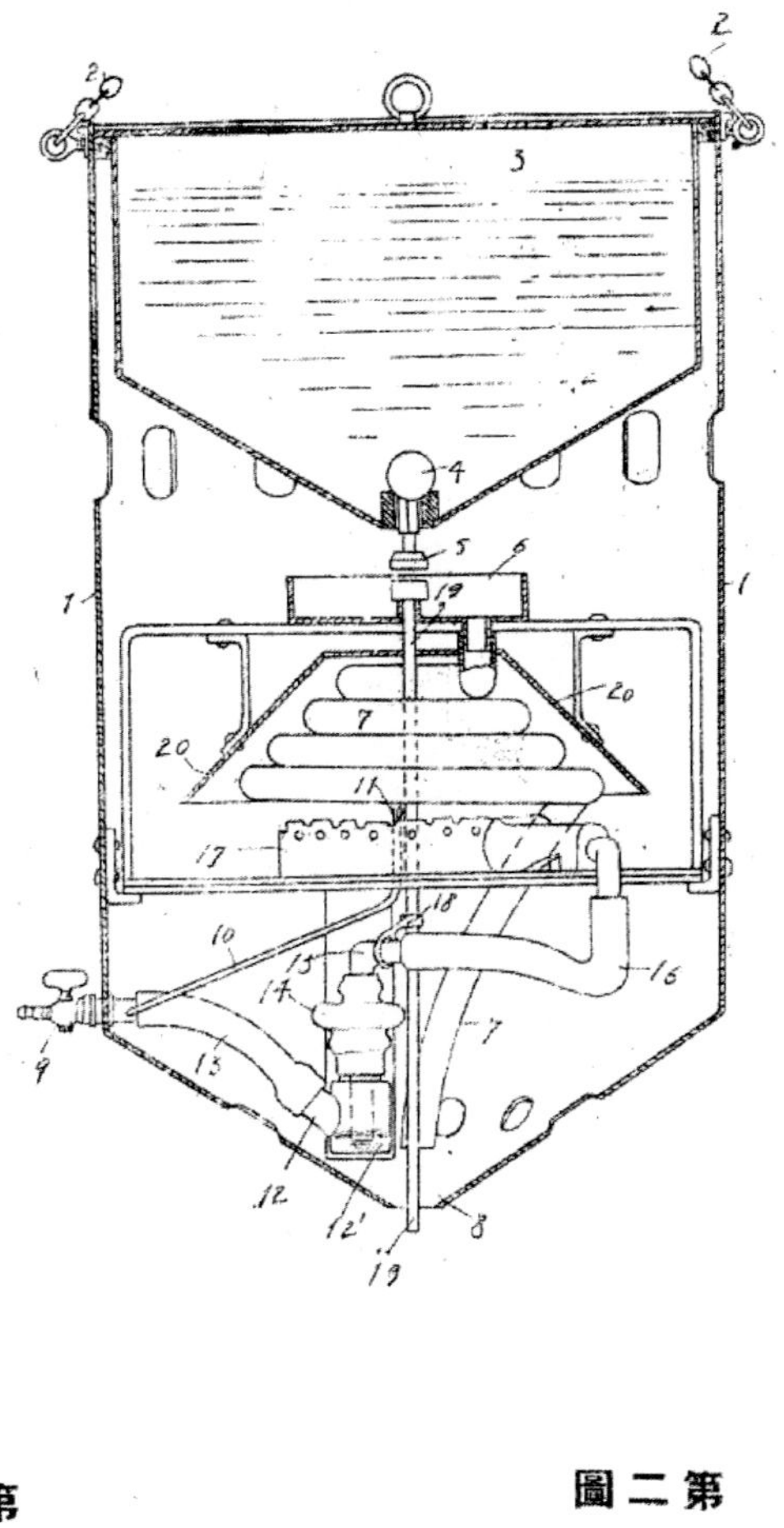

第二圖

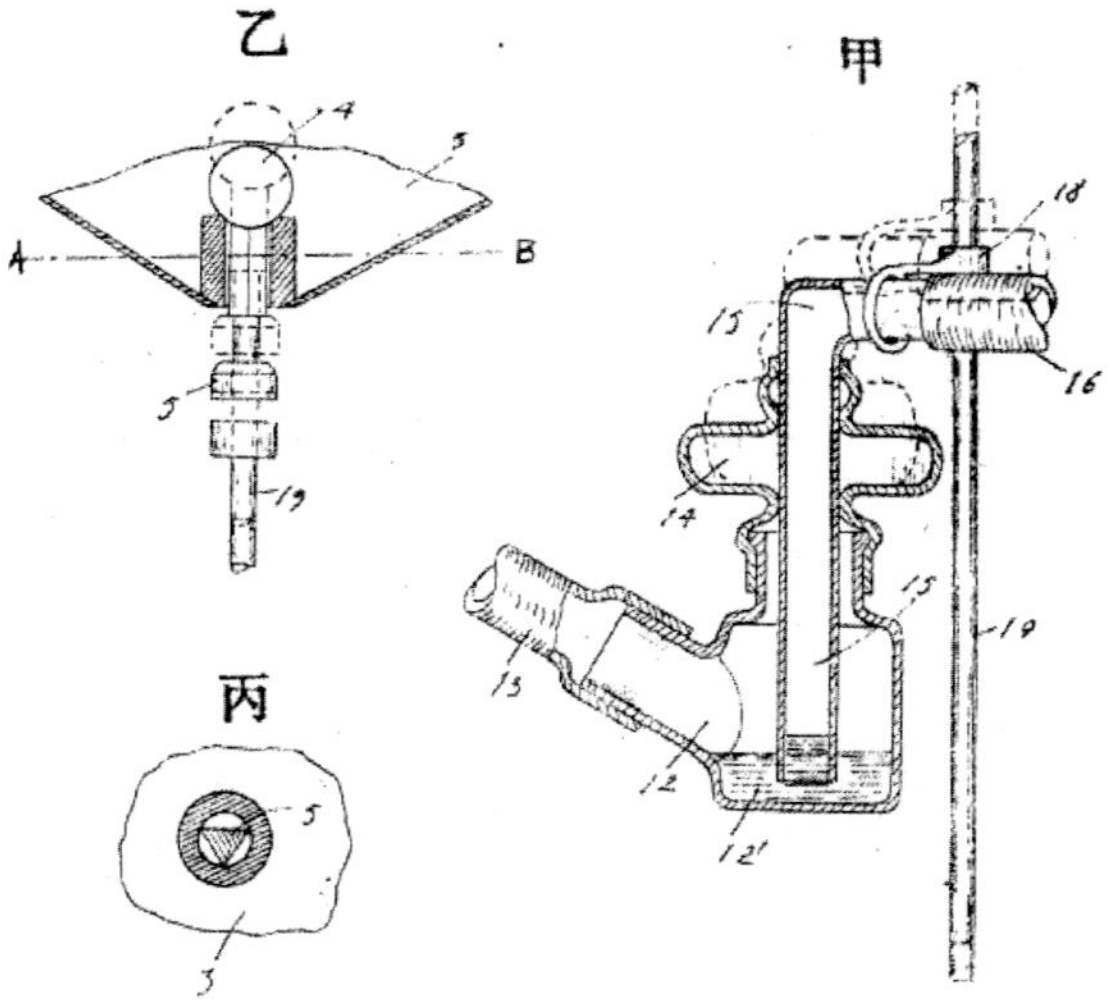

第三圖

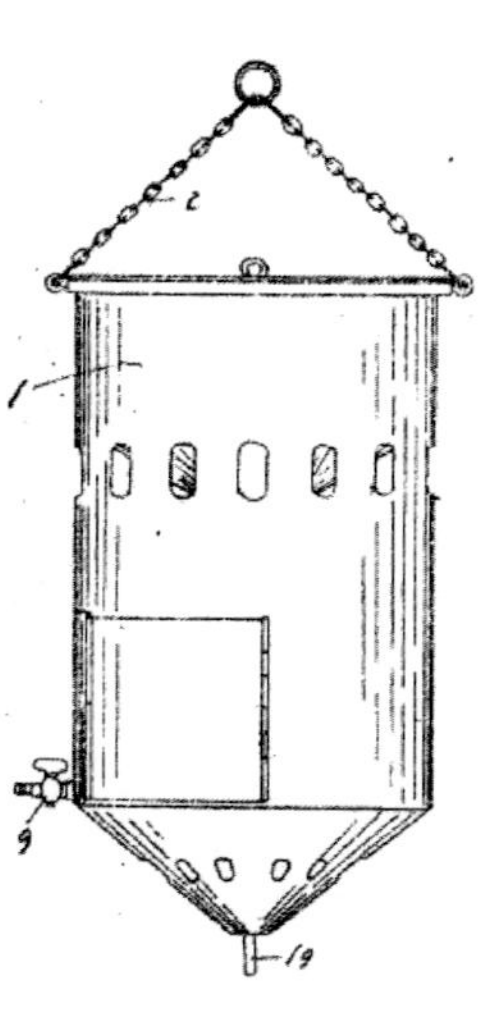

発明のポイント

水銀中に可動するガス管と水槽の栓弁を開閉する杵とを連結し、水とガスとの通路を同時に開閉することができる装置にする。

特許第三二四四九號

第百二十類

出願 大正五年十一月二十六日
特許 大正七年三月二十九日

ニュージランド國ワイメート、ハイストリート
國籍 英吉利國
特許權者(發明者) チャールス、ホッヂェス
ニュージランド國ワイメート、マンスストリート
國籍 英吉利國
特許權者(發明者) ヘンリー、ジャクソン

明細書

便器類改良洗滌裝置

發明ノ性質及ヒ目的ノ要領

本發明ハ便器類ノ洗滌裝置ニ關シ洗滌水ノ「サイフォン」作用ヲ制御スル空氣室及ヒ靜肅ニシテ有效ナル用水ノ注入ヲ受ク可キ特種構造ノ水槽ニテ成立シ其目的トスル處ハ同洗滌働作ヲ制御スルニ水槽中一ノ瓣ヲ使用セス其働作靜肅ニシテ價格ノ廉ナルト使用上便利ニシテ有效ナル裝置ヲ得ルニアリ

圖面ノ略解

添付圖面ニ於テ第一圖ハ本發明ニ關スル裝置ノ水槽裁斷圖ト之ニ關連スル部分ヲ示シタル竪面圖ニシテ第二圖ハ第一圖ノ平面圖ナリ

發明ノ詳細ナル説明

発明の目的

洗浄動作を制御することで動作が静かである。また価格が低廉で、使用上便利である。

第一圖

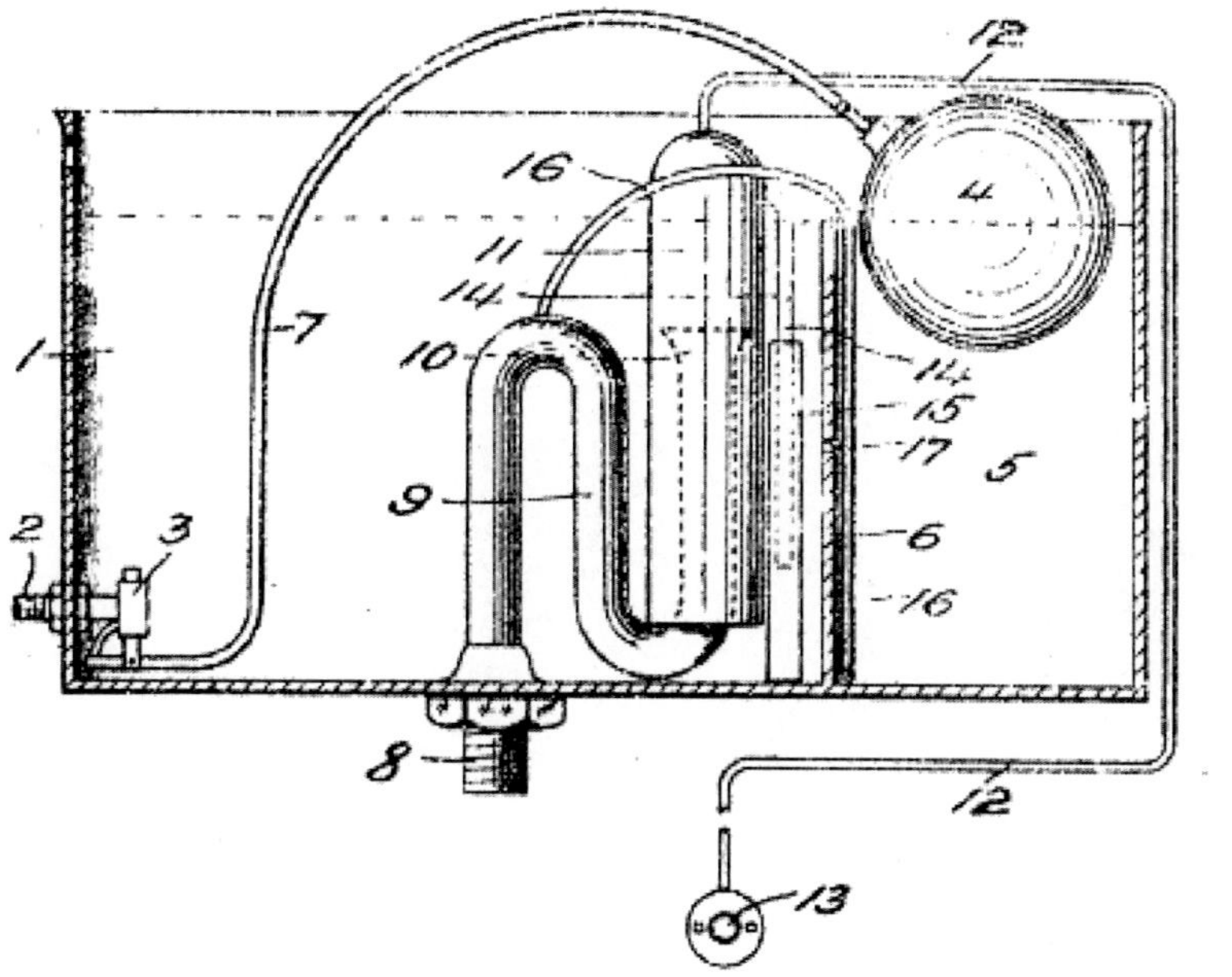

第二圖

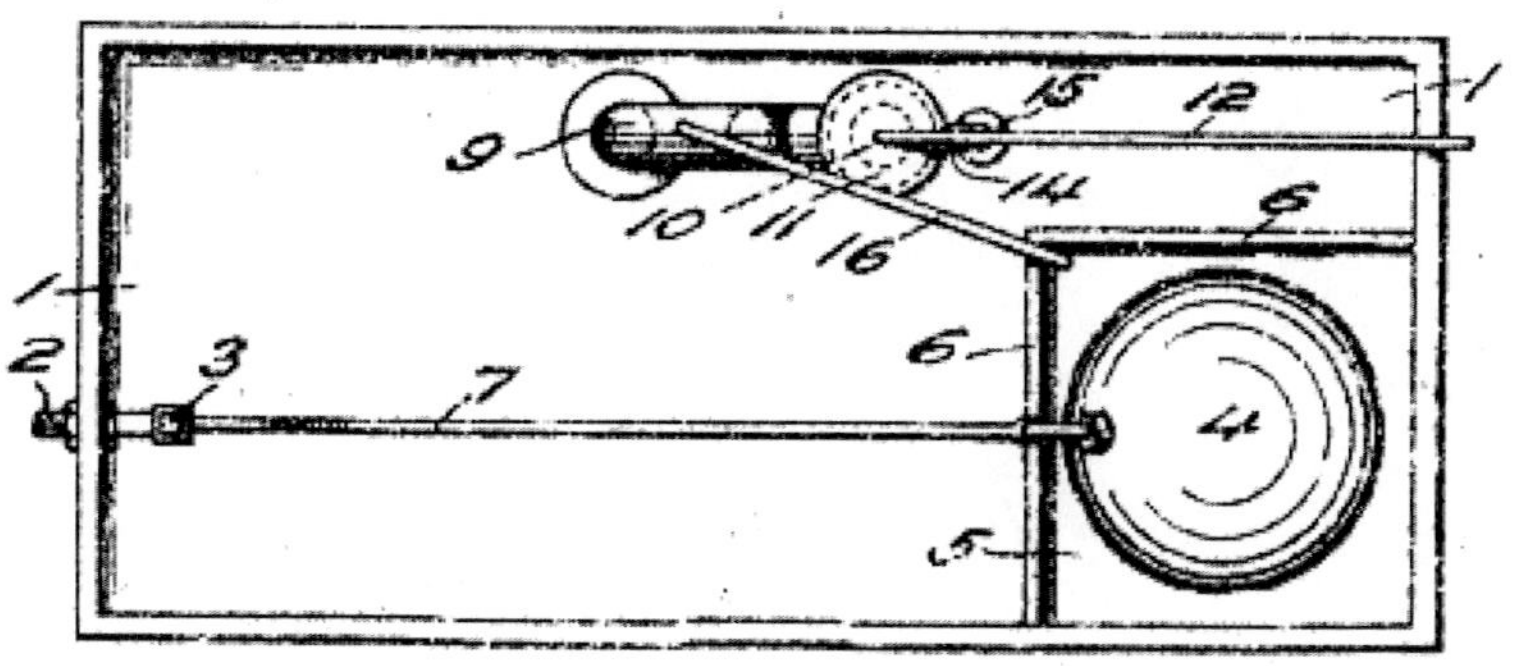

発明のポイント

洗浄水のサイフォン作用を制御する空気室と静粛で有効な用水の注入を受けることができる特殊構造の水槽を備える。

第4章　銭湯通いの生活 ～垢すりの発明～

明治から大正、昭和初期に生まれた垢すりの発明を見ると、銭湯に持っていくための道具や浴場に設置する器械などの発明があらわれています。家風呂が一般的になった現代には銭湯通いの入浴は新鮮に映ります。垢すりの発明を通して当時の人々の入浴を垣間見てみましょう。

１．銭湯に持参する垢すり

石けんを収納できる垢すりの発明があります。水を含むと石けん水が出る垢すりや、銭湯への道中に石けんや手ぬぐいを収納して袋がわりにする垢すりなどです。

特許第１３２９号は中央部に石けんを入れることができる垢すりの発明です。円筒形にして一方は綾絨類を張り、一方は軽石や木炭を挟み入れます。水を含むと内部から石けん水が浸み出します。

特許第５０２２号は手ぬぐいを収容できる巾着型の垢すり袋の発明です。三尺ほどの帯により手が届きにくい背中も洗うことができます。巾着型なので石けんや歯磨き、化粧品などを入れて携帯できます。

特許第５０６３号は金属製円筒の内部に石けんを入れて置ける垢すりの発明です。円筒の一端は木か竹製の櫛（くし）にして頭髪用です。もう一端はヘチマや海綿を服綸（毛織物で柔らかく薄手なもの）で包み、からだの垢すり用です。石けんを入れて置く内部の底面は、回転するとブラシになります。小型ながらも一器多様です。

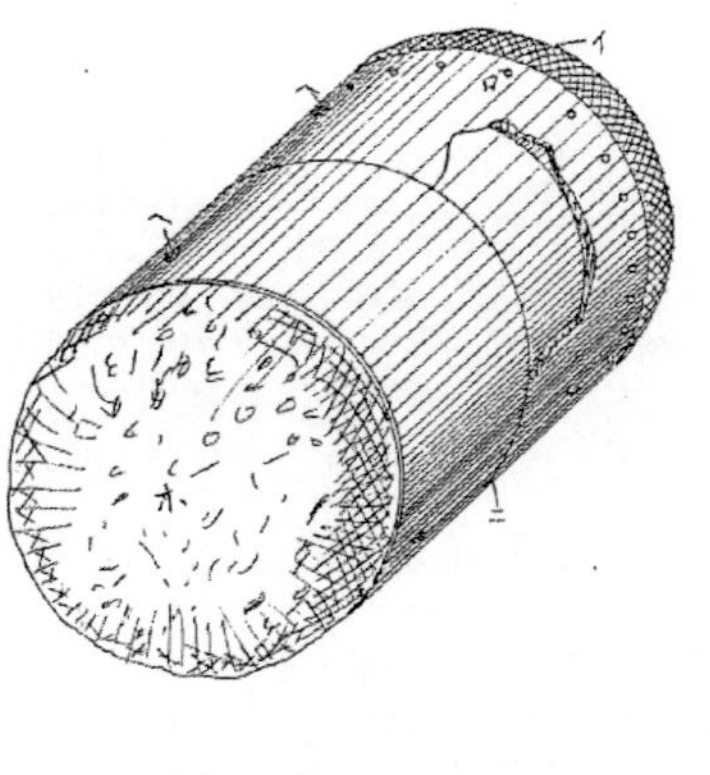

特許第1329号

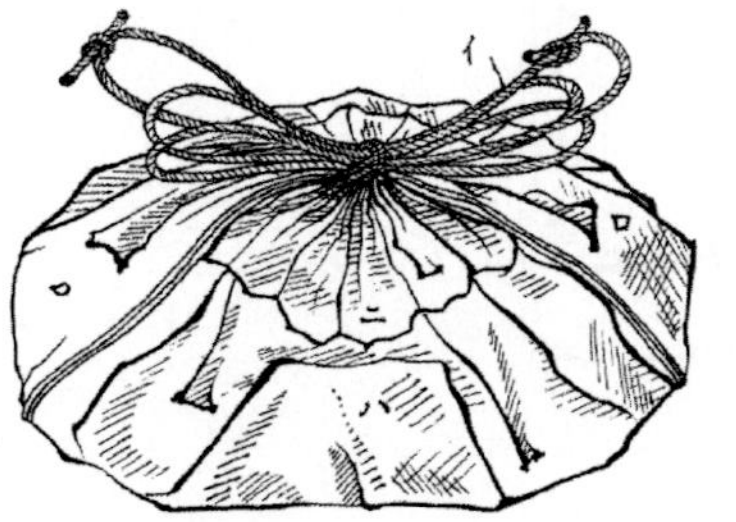

特許第5022号

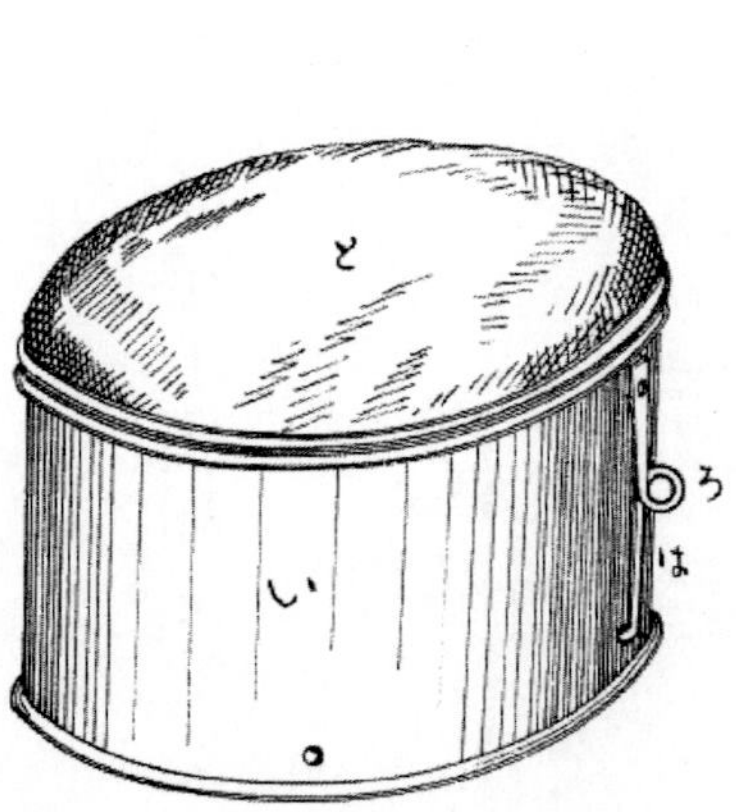

特許第5022号

特許第８６９１号は石けん入れ兼用の垢すりの発明です。石けん箱の両面に垢すり用の布地を張り、両端には手ぬぐいを通すことができるように穴を開けます。

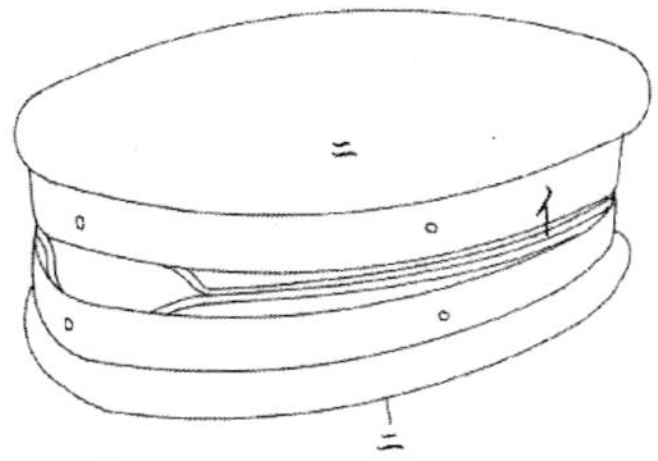

特許第8691号

特許第１１０８６号も石けん入れ兼用の垢すりです。空洞（イ）内に石けんを入れて紐（ロ）で引き締め両口を閉じて収納します。背中を洗う際には、空洞に手ぬぐいを通して使います。道中には空洞内に入浴に必要な物を入れて携帯できます。

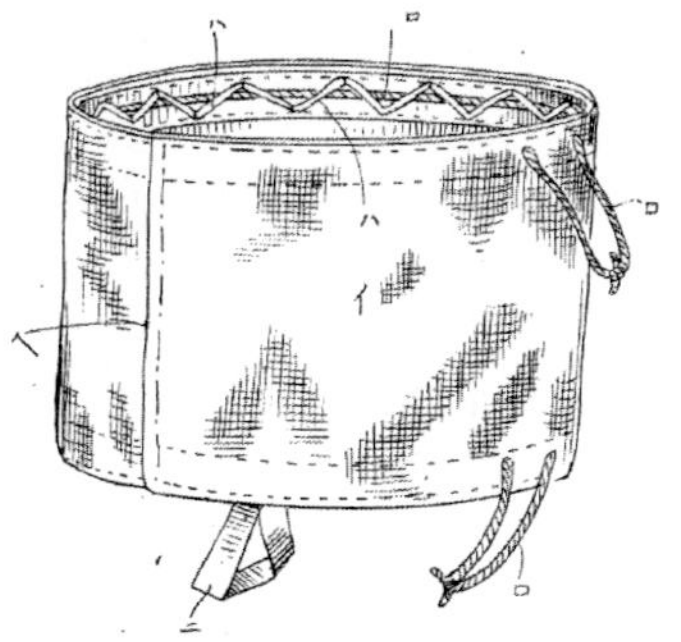

特許第11086号

2. 銭湯のアミューズメント

浴場に設置する垢すり機の発明があります。椅子に座ると機械的に背中の垢をこすります。明細書の記述で興味深いのは、「他人の手を借りずに背中の垢すりをすることができる」という文言です。人ではなく機械が相手ならば遠慮なく要求できるというのは現代にも通じる心理です。一方、それまでの時代は背中を他人の手を借りて洗っていたことも垣間見え、新鮮に映ります。現代はAIとロボットが生活支援をする時代になりつつあります。垢すり機の発明には人を支援する機会の原点が見えてきます。

機械的に背中を垢すり

特許第１４１６号は椅子に座って背中の垢をする発明です。椅子の背面にゴムや海綿のような弾力のある物を取りつけ、左右に設置された取っ手を引っ張ると背中を上下に摩擦します。銭湯の設備として考えられています。

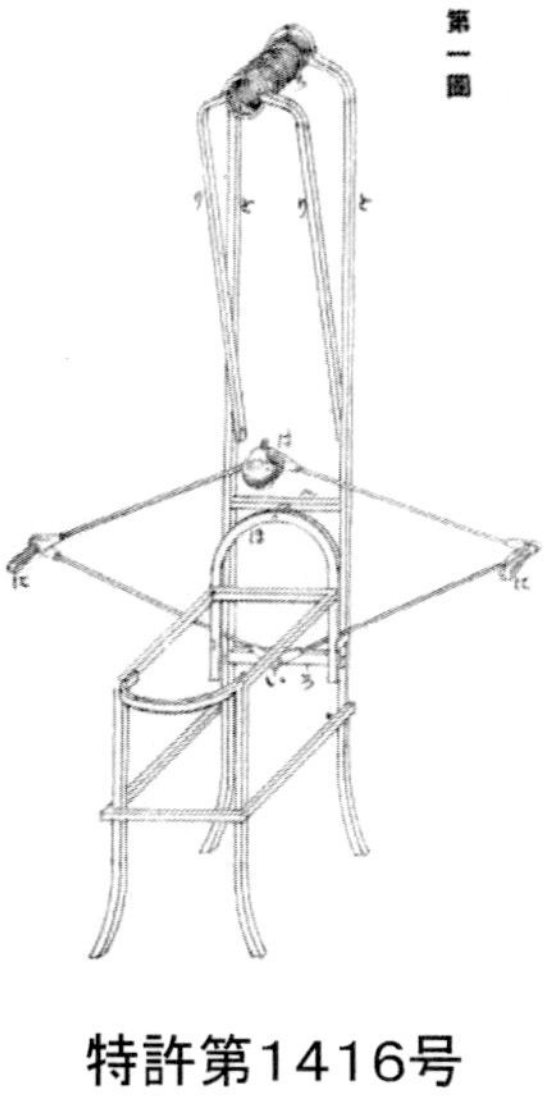

特許第1416号

特許第１６６４１号はペダルを踏むとブラシが回転して背中を上下に動き、垢をすります。錘（おもり）をつけた滑車でベルトを調節しています。水桶からブラシの表面に水が注がれます。

特許第１９０６６号は一回の使用ごとにチャイムが鳴る垢すりの発明です。使用者はからだに石けんを塗って腰掛け、取手を操作するとブラシが背中を摩擦します。一定の時間になるとチャイムが鳴ります。これにより番台が一回の使用時間を計らないで済みます。お金を入れて動く仕組みはまだ考えられていないようです。

特許第７７９８３号は自動垢すり機の発明です。手ぬぐいや垢すりの布を挟んだ擦竿（11）が上下に往復運動します。擦竿の先端はゴム製にします。各自の手ぬぐいを使用することができるので、皮膚病や伝染病など衛生面に配慮しています。電動機に連結することも考えられています。

特許第１０４０３０号はヴァイブレーター付き洗浄機の発明です。洗い場でスポンジゴムや垢すりを簡単に挟んで使用することができます。軽く簡単に使えるので、疲れることなく好きな部分に移動させながら洗浄できます。振り子を使用すると、微妙な振動によりマッサージ効果があります。特許図面を見ると人が人の肩に当てて使用しています。

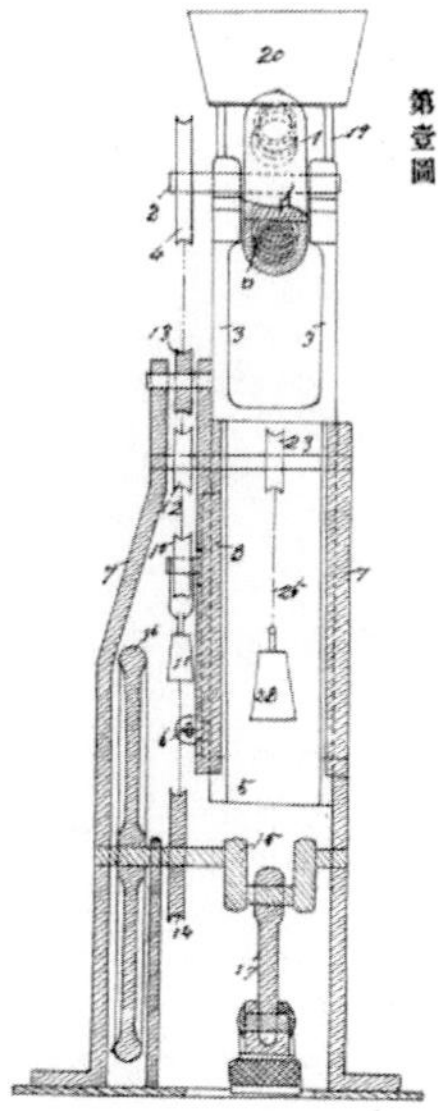

特許第16641号

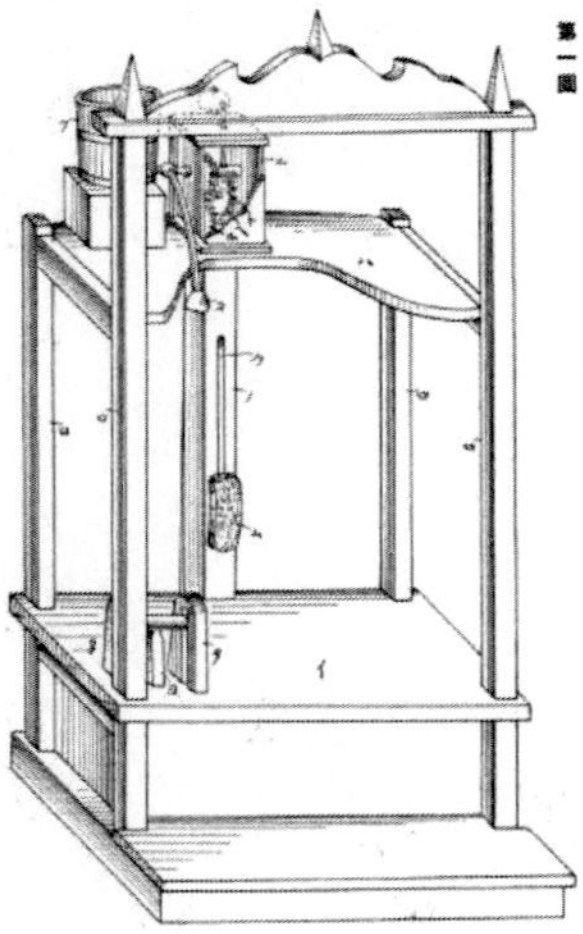

特許第19066号

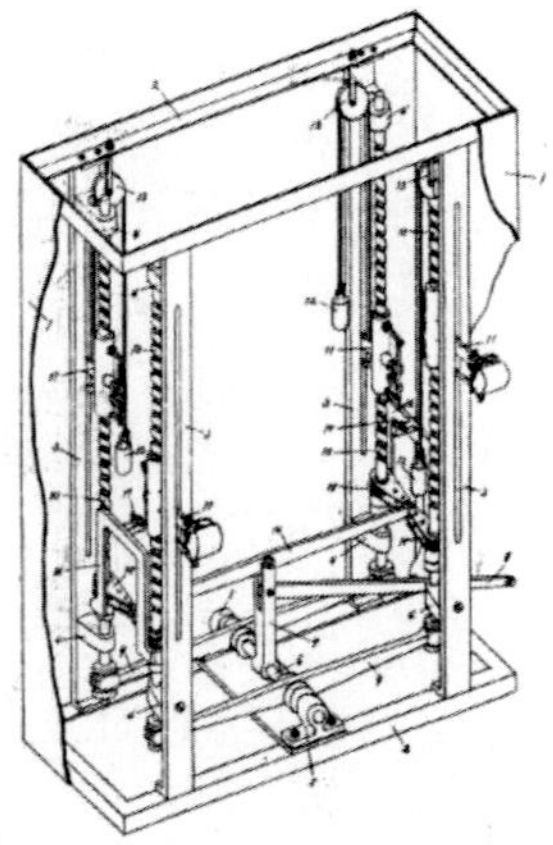
特許第77983号

特許第104030号

特許第五七五號

（明治二十六年十二月十日年限滿了ニ依リ特許權消滅）

第百十一類

出願 明治二十一年三月十三日
特許 明治二十一年十二月十一日
特許年限 五年

東京府小石川區掃除町五十三番地
特許權者 正木龜次郎
東京府下谷區御徒町一丁目二十五番地
特許權者 阿部喜兵衛

明細書

垢擦

新規有益ナル垢擦ヲ發明セリ依テ左ニ之ヲ詳細確實ニ説明ス

此發明ハ鐵葉若クハ其他適當ナル資料ヲ以テ作レル兩側ニ鐶ヲ設ケタル輪ト裏面ニ鐶ヲ設ケタル盆狀ノ垢擦臺ト相須ツテ其用ヲナスモノニシテ其目的トスル所ハ面部若クハ手足ハ勿論又背部ノ垢ヲ自在ニ擦落セシムルニアリ

別紙第一圖ハ垢擦布ヲ緊束スル所ノ輪ヲ示シ第二圖ハ其垢擦臺ヲ示シ第三圖ハ右ノ目的ヲ達スヘクナシタル垢擦ノ結構ヲ示シタルモノナリ而シテ此圖面ニ附シタル同一ノ符號ハ總テ同一ノ部分ヲ示スモノナリ

輪(イ)ハ第一圖ニ示シタル如ク兩側ニ鐶(ロ)ヲ釘着シ以テ背部ノ垢ヲ擦落セシムルニ當リ第三圖ニ示ス如ク布片(ヘ)ヲ貫通スルノ用ニ供ス又垢擦臺(ハ)ハ第二圖ニ示シタル如ク其形盆狀ニナシテ海綿若クハ絲瓜ヲ充塡スヘクナセリ而シテ其海綿若クハ絲瓜ニ含ミタル水分ヲ適宜ナラシムル爲メ垢擦臺(ハ)ノ內底ニ圓孔(ニ)ヲ穿チ水ヲ漏出セシムルノ便ニ供ス且ツ其裏面ニハ鐶(ホ)ヲ鐵着シ以テ背部ノ垢ヲ擦落セシムルニ當リ其鐶(ホ)及ヒ輪(イ)ノ兩側ニ鐵着シタル鐶(ロ)ニ布片(ヘ)ヲ貫通シテ輪(イ)ト垢擦臺(ハ)トヲシテ脫離スルノ患ナカラシムヘクナセリ

此垢擦ヲ使用スルニハ先ツ海綿若クハ絲瓜ヲ垢擦臺(ハ)ノ內底ニ充塡シ其上面ヲ垢擦布ニテ敝ヒ以テ輪(イ)ヲ垢擦臺(ハ)ノ外面ニ嵌ム

発明の目的

面部、手足、背部の垢を完全に擦り落とす。

第一圖

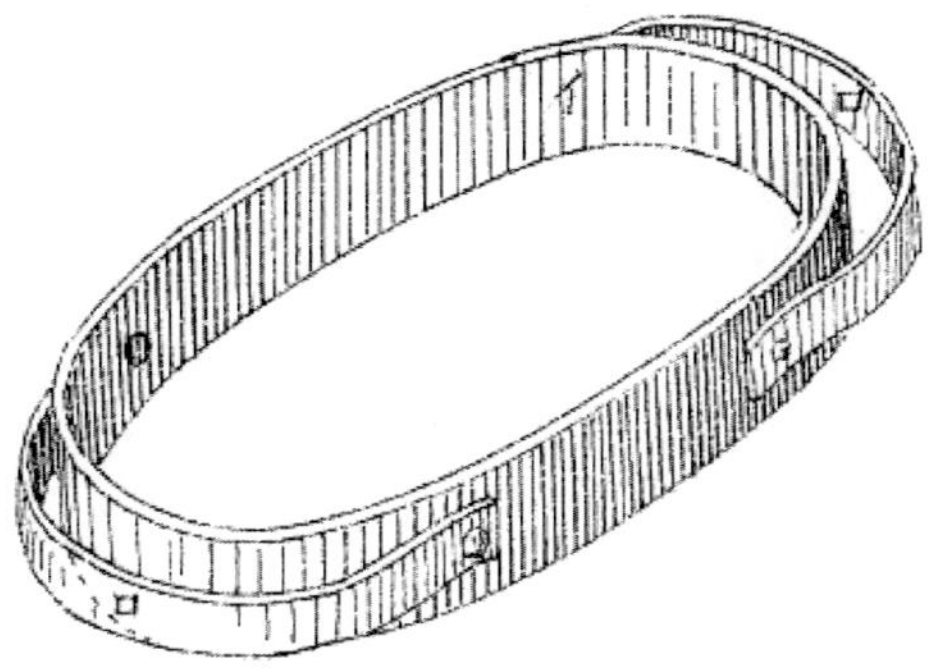

第二圖

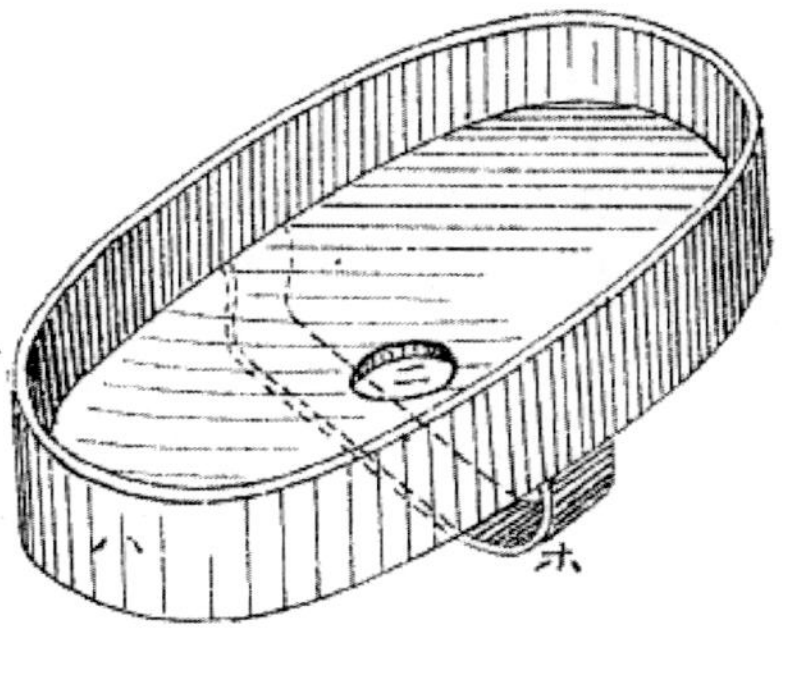

第三圖

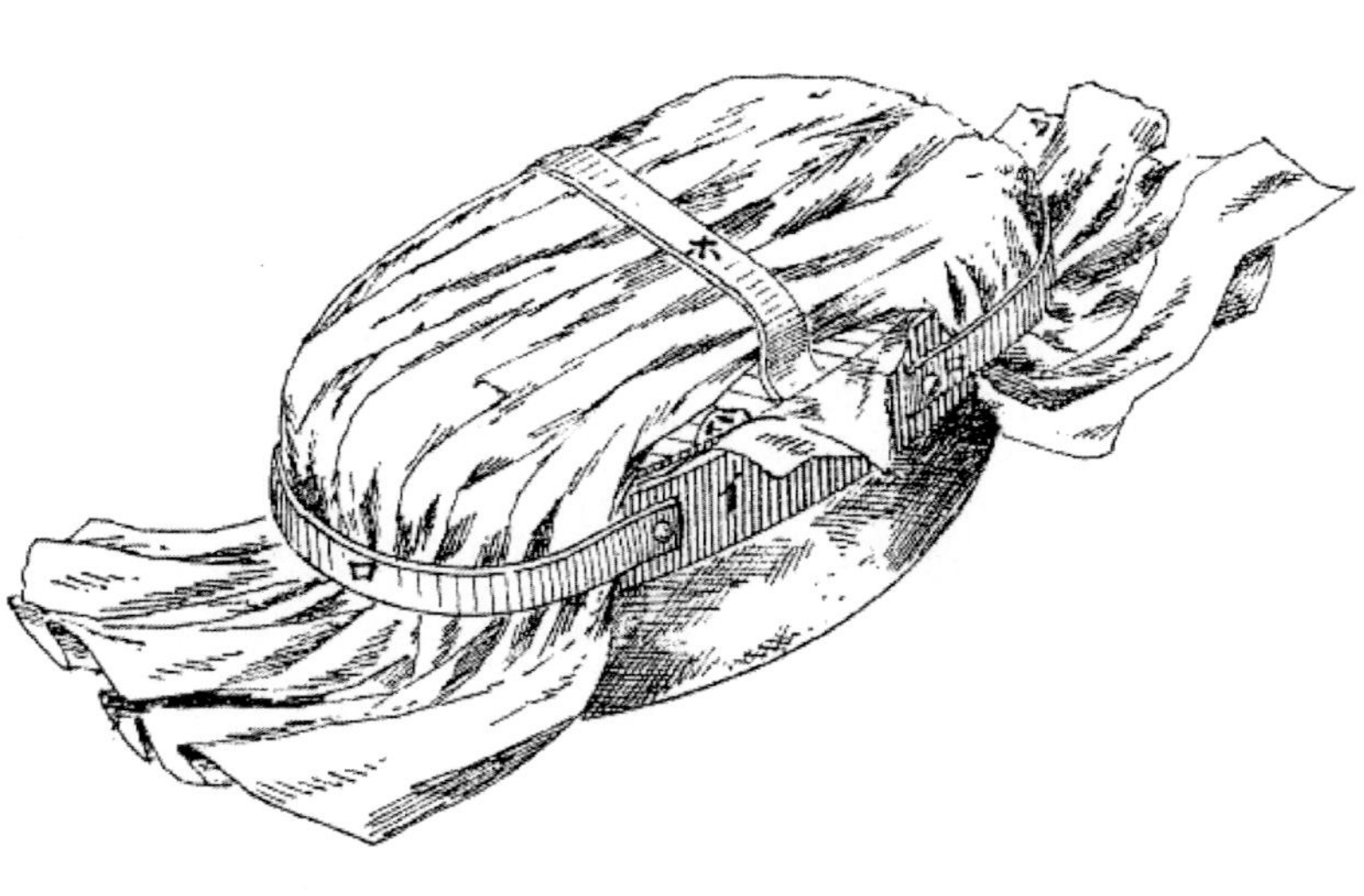

発明のポイント

両端に金属製の鐶を設けた輪と裏面に鐶を設けた盆上の垢すり台で構成する。

特許第一〇五三號

（明治二十九年一月十八日年限滿了ニ依リ特許權消滅）

第百九類

出願 明治二十三年七月二十八日
特許 明治二十四年一月十九日
特許年限 五年

三重縣飯野郡射和村大字射和六十番地
特許權者 吉川才次郎

明細書

洗髪具

本發明ハ上部ニ活栓ト注口トヲ具ヘタル小筩ト内部ニ彎管ト螺旋ト蓋トヲ附設シタル軸トヲ具ヘタル圓筩ト孔ヲ穿チタル圓板ト螺旋裝置ニテ取着ケタル爪ト孔トヲ裝附シタル底板トヲ具フル所ノ大圓筩トヨリ成ル洗髮具ニ係リ其目的トスル所ハ頭髮ニ附着スル穢垢ヲ能ク洗除シテ清潔ナラシムルニ在リ

別紙圖中第一圖ハ本具ノ全體ヲ示シ第二圖ハ大圓筩ノ底面ヲ示シ第三圖ハ圓筩ノ内部ヲ示ス而シテ右諸圖ニ於テ同符號ハ同部分ヲ示スモノトス

本發明ハ別紙圖面ニ示スカ如ク小筩(な)ニハ注口(ぬ)ト活栓(る)トヲ備設シテ水ノ流出ヲ制スルノ用ニ供ス圓筩(わ)ハ第三圖ニ示スカ如ク内部ニ彎管(か)ヲ具ヘ其内端ハ小筩ノ下端ト連接シ傍側ニ孔ヲ穿チテ軸(い)ノ一部ニ附着シタル蓋(ほ)ヲ具フ又其外端ハ圓筩ノ側壁ヲ貫通シ外部ニ突出シテ湯若クハ水ヲ本具ニ注入スルノ口トナス又軸(い)ノ中央ニハ左側ヲ起點トシテ螺旋(へ)ヲ纏ヒ圓筩(わ)ノ壁ニ至テ止メ軸(い)ノ外端ヲ指頭ニテ推ストキハ蓋(ほ)ヲ開キ之ヲ放ツトキハ螺旋(へ)ノ彈力ニ依テ蓋ヲ閉ツヘクナシ以テ水ノ流通ヲ制スルノ便ニ供ス大圓旋(た)ハ圓筩(わ)ト接スル部分ニ數多ノ細孔(ろ)(ろ)ヲ穿チタル圓板ヲ設ケ爪(に)(に)ハ軟カニ頭部ニ接スル爲メニ螺旋裝置ヲ以テ出入スヘクナシ細孔(ろ)(ろ)ハ水射口ニシテ圓板ヲ一層高ク附設シタルハ細孔(ろ)(ろ)ヨリ注出シタル水頭髮ノ爲メニ障碍セラレ爲メニ其水溢レテ孔(ち)(ち)ニ入リ爪(に)(に)ト底板(は)トノ間隙ヨリ潛リ入リタル垢ヲ洗ヒテ孔(ち)(ち)ニ流出セシムルカ爲メナリ底板(は)ハ頭部ニ適合スルカ爲メニ頭ナ

発明の目的

頭髪に附着した垢をよく洗浄して清潔にする。

第一圖

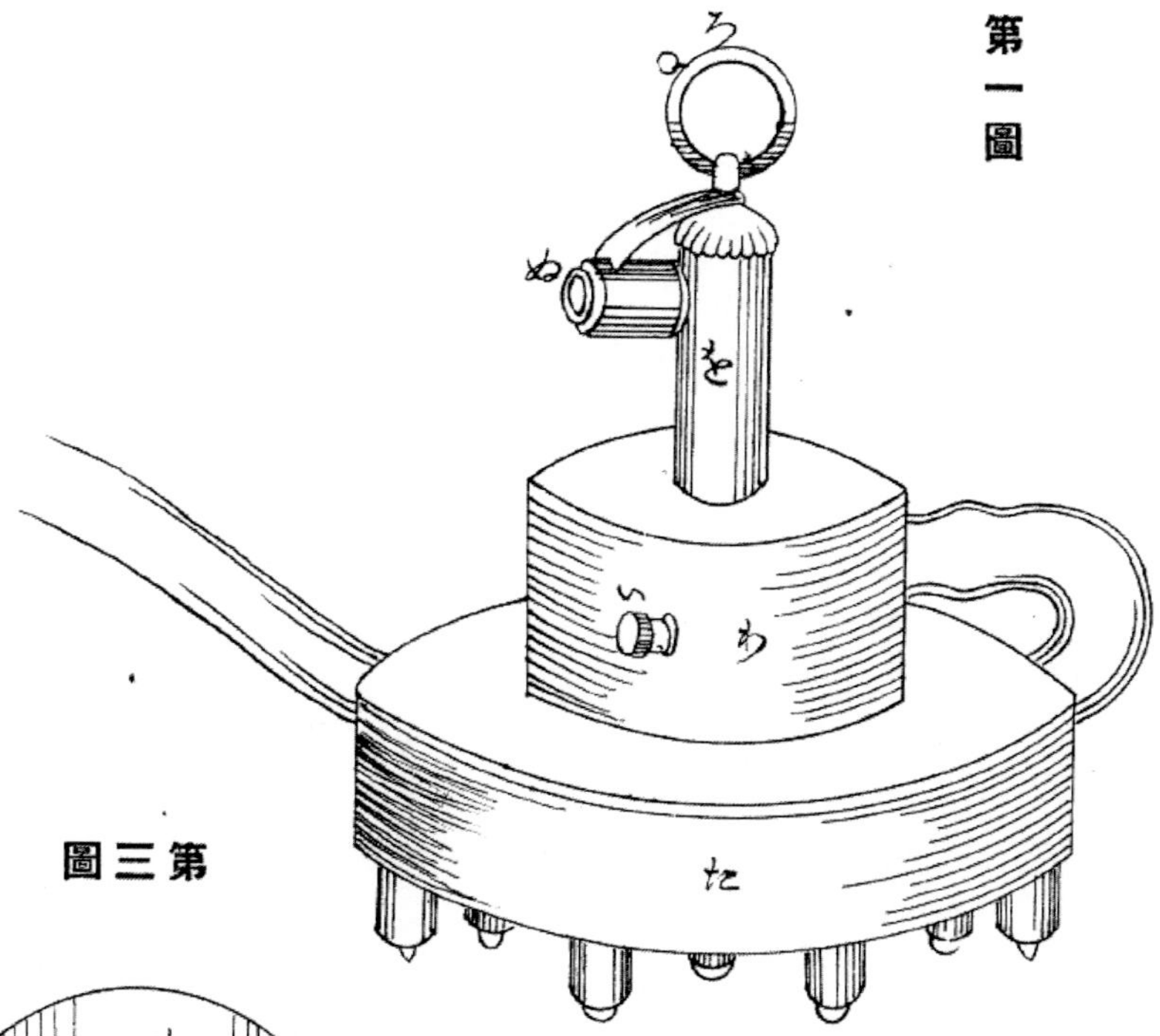

圖三第

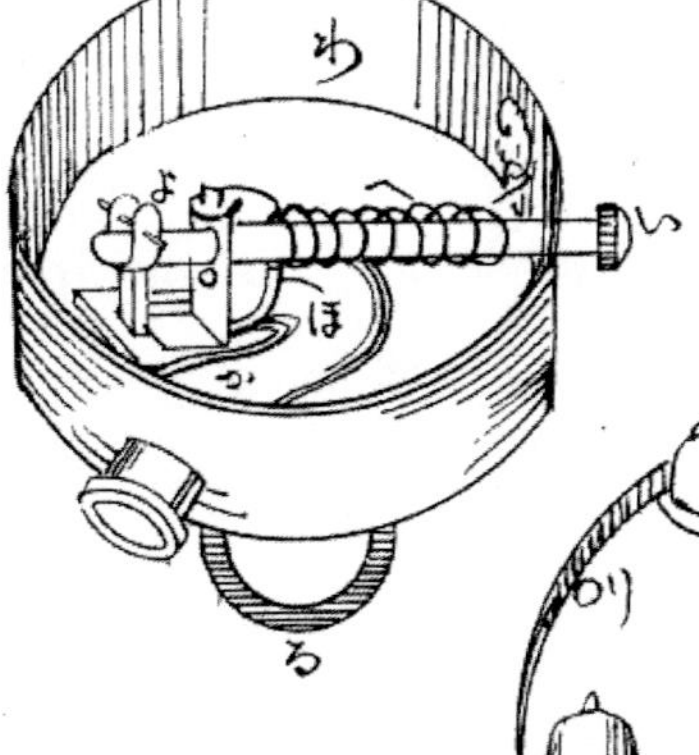

圖二第

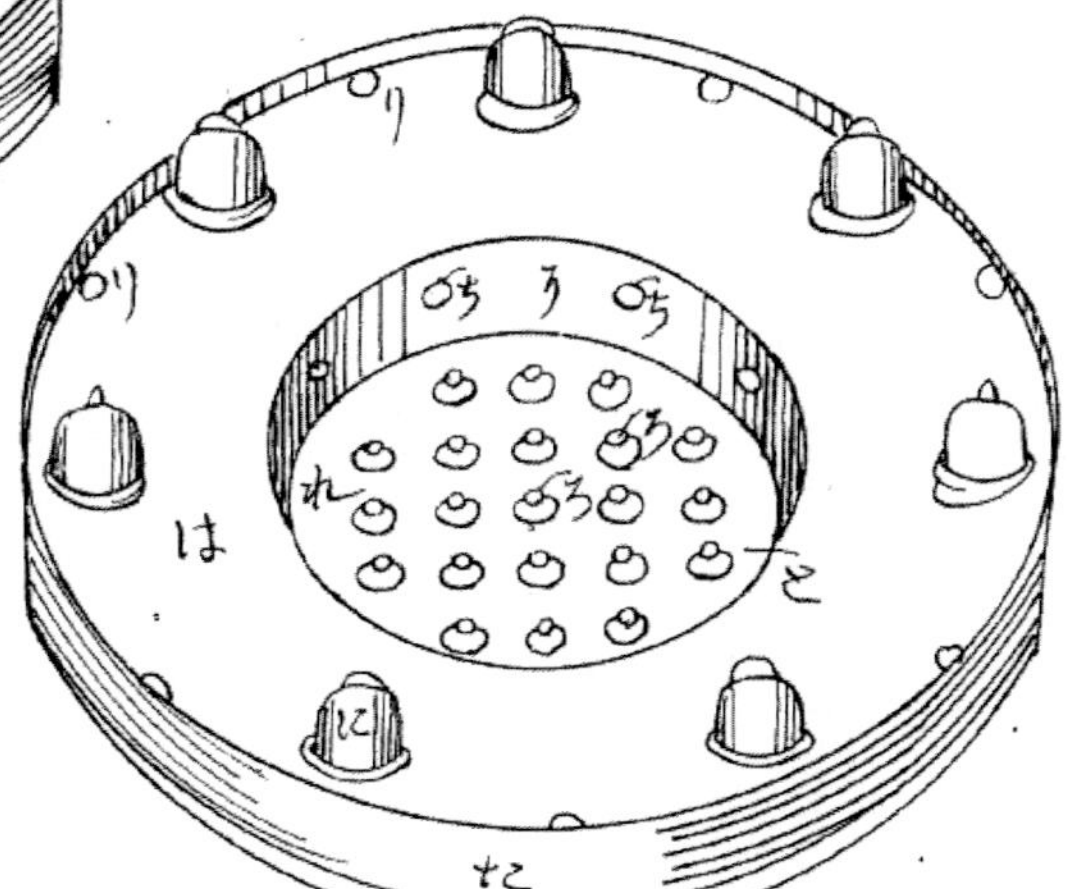

発明のポイント

上部に活栓と注口を具えた小筒と、内部に湾管と螺旋と蓋とを附設した軸とを具える円筒と、穴を穿った円板などで構成する。

特許第一三二九號

（明治三十九年九月二十三日年限滿了ニ依リ特許權消滅）

第百十一類

出願 明治二十三年七月二十三日
特許 明治二十四年九月二十四日
特許年限 十五年

長野縣上水內郡長野町大字鶴賀千四百五番地
特許權者 宮川鼎司

長野縣上水內郡長野町大字鶴賀千四百十四番地
特許權者 三戸部清吉

長野縣上水內郡長野町大字鶴賀千四十七番地
特許權者 依田藤太郎

長野縣上水內郡長野町大字鶴賀千四百十五番地
特許權者 水谷伊三郎

明細書

垢擦

此發明ハ中央部ニ於テ抽挿シ得ヘク造リタル圓筒形ニシテ一方ニハ綾絨類ヲ張リ一方ニハ浮石若ク木炭ヲ挾ミ周邊所々ニ孔ヲ穿チタル垢擦ニ係リ目的トスル所二點アリ第一洗粉石鹼類ヲ特ニ塗ルノ勞ヲ省クコト第二携帶ニ便利ナルコト是ナリ

別紙圖面中第一圖ハ此垢擦全體ノ外面ニシテ其一部ヲ切缺キ筒中ノ狀ヲ示シ第二圖ハ其斷面ヲ示スモノトス第三圖ハ全體ノ構造ヲ示スモノナリ此等ノ諸圖ニ於テ同シ符號ハ同シ部分ヲ示スモノトス

圓筒ノ一端ニハ臺木ニ張着シタル綾絨類(イ)ヲ嵌メ之ヲ針(ロ)ニテ固着シ他端ニハ浮石又ハ木炭類(ホ)ヲ嵌メ甲ハ軀體ノ軟部乙ハ硬部ノ垢ヲ落スノ用ニ供ス又中央部(ニ)ハ抽挿シ得ヘク造リ其內部ノ空所ニハ石鹼若クハ洗粉ヲ入レ置クモノトス而シテ周圍ニ孔(ヘ)ヲ穿チテ以テ使用ノ際石鹼或ハ洗粉ヲ含有セル水ヲ徐々ニ流出スルノ用ニ供シ又不用ノ際ハ內部ヲ乾燥セシムルノ用ニ供ス

特許條例ニ依リ自分カ此發明ノ保護ヲ請求スル區域ヲ左ニ掲ク

発明の目的

第一に洗粉石けんを塗る労力を省き、第二には携帯に便利である。

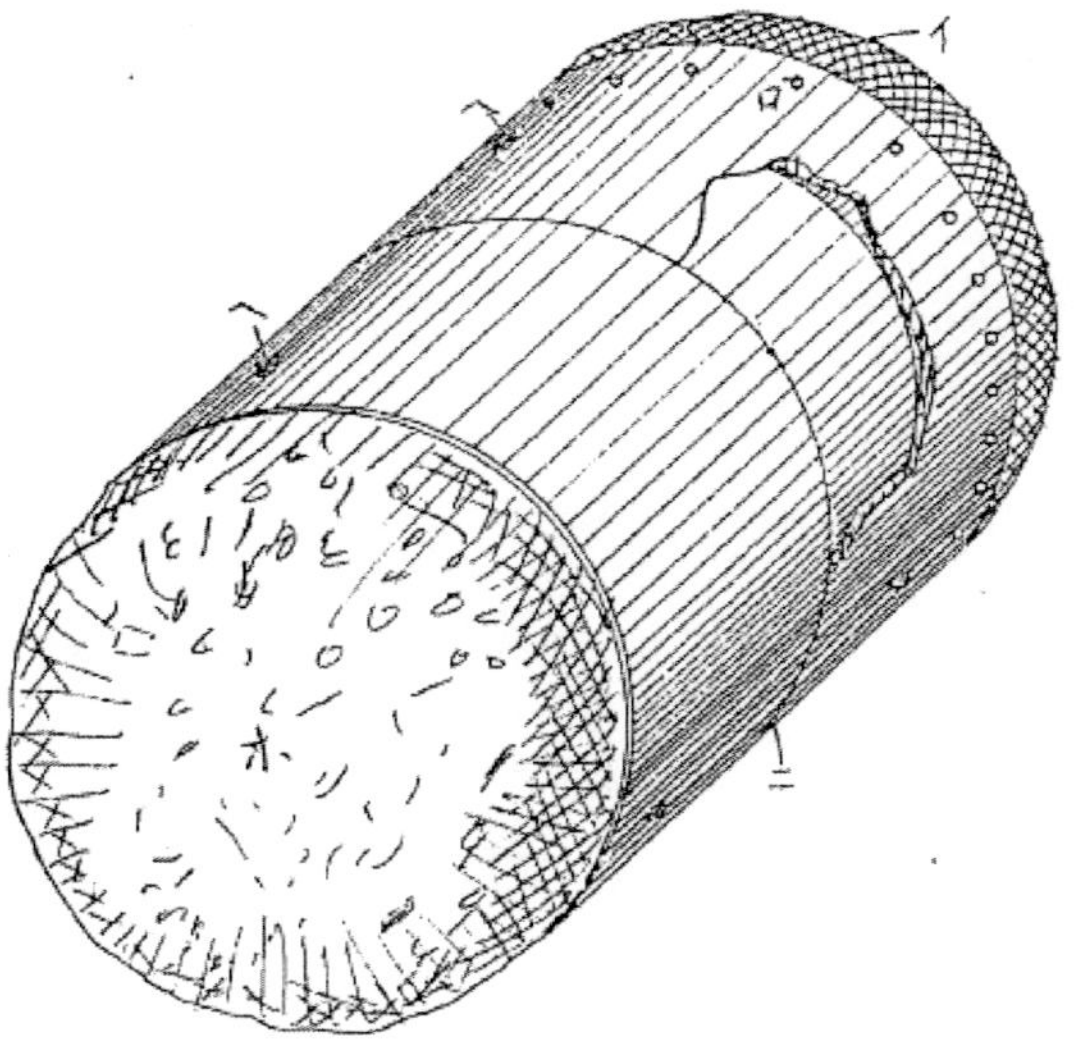

第一圖

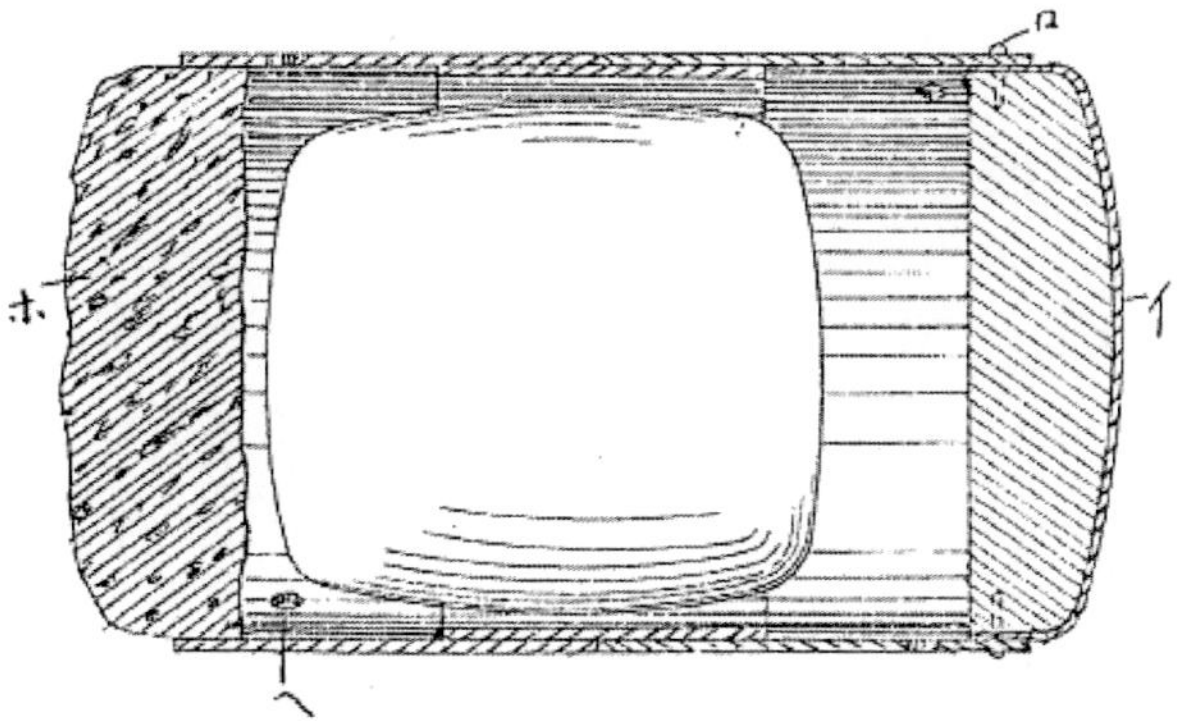

圖二第

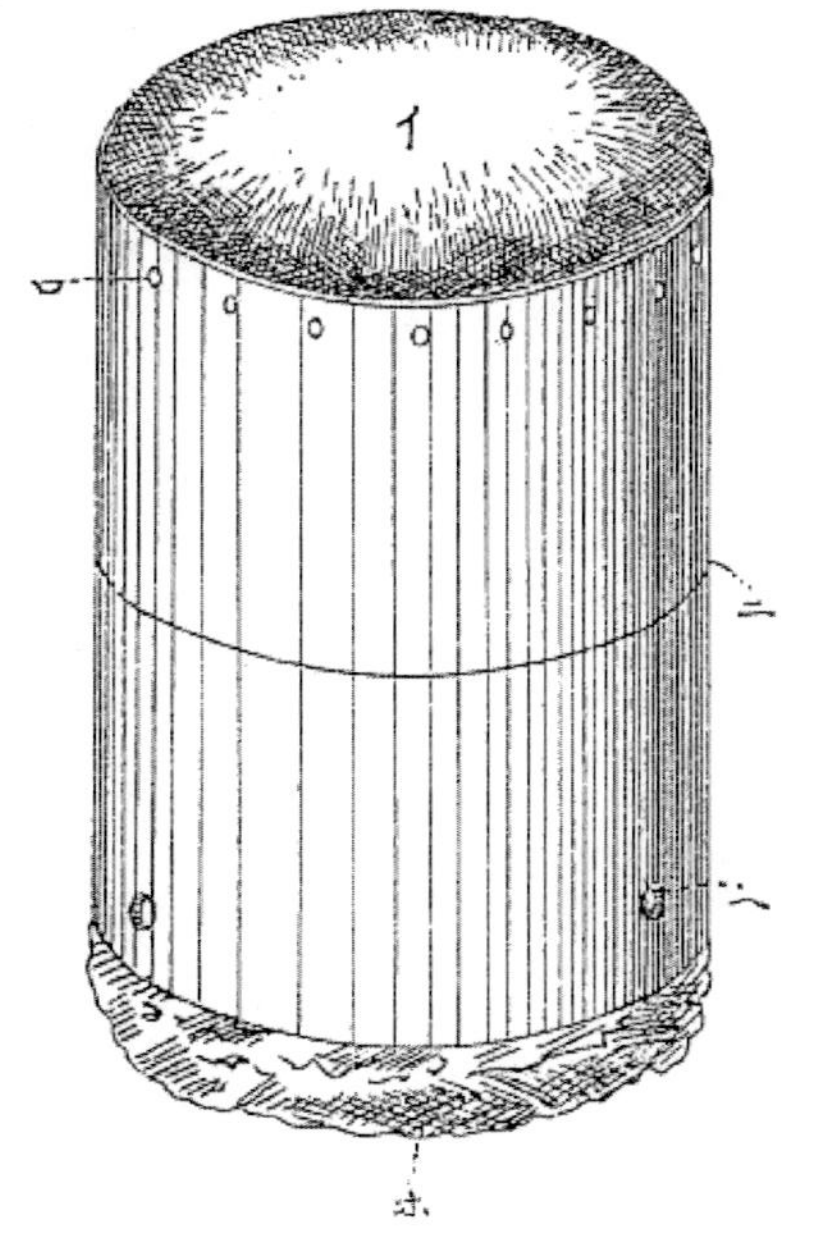

第三圖

発明のポイント

中央部に抽挿することができる円筒形にして、一方には綾絨類を張り、一方には浮石あるいは木炭を挟み、周縁には所々穴をあける。

特許第一四一一六號

（明治三十五年一月六日年限滿了ニ依リ特許權消滅）

第百十一類

出願　明治二十四年四月十日
特許　明治二十五年一月七日
特許年限　十年

富山縣礪波郡城端町大字城端町七百三十九番本籍
高岡市大字高岡千木屋町二十五番地寄留地
特許權者　林　好一郎
富山縣礪波郡福野町大字福野村千八百二十九番地
特許權者　永久保健造
鳥取市立川町三丁目六十三番地本籍
京都市下京區大宮通綾小路下ル綾大宮町三十六番戸寄留
特許權者　岩崎申吉

明細書

垢擦

此發明ハ四隅ニ關節ヲ有シテ縱横ニ伸疊スヘキ框ヲ作リ其一端ヲ臺ニ緊着シ上部ノ關節面ニ摩擦子ヲ附設シ左右ノ把手ヲ上下シテ使用スル垢擦器械ニ係リ其目的トスル處ハ浴場ノ設備器械トナシ脊面各部ヲ自由ニ洗滌セシムルニアリ

別紙第一圖ハ椅子ノ腰掛板ヲ取除キ框ノ取附部ヲ示シタル本器ノ斜面圖ニシテ第二圖ハ把手ノ使用ニヨリテ摩擦子ノ移轉スヘキ方向ヲ點線ニテ示シタルモノ第三圖ハ擺子ノ構造ヲ示シタルモノトス

同長ノ竿四本ヲ節連シ四隅ニ關節ヲ有スル框ヲ作リ下部關節(い)ヲ臺ノ構竿(ろ)ニ緊着シ而シテ上部關節(は)ノ面ニ擺子ヲ附設シ左右關節ニ把手(に)(に)ヲ附着スルヲ以テ大體ノ構造ヲ終リタルモノトス鉤(ほ)ハ使用ノ際框ノ前面ニ傾斜スルヲ防クタメ框ノ下部兩竿ヲ前面ヨリ押ヘシメ臺竿(と)ノ兩脚及横竿(へ)ノ中央ニテ定挂セシム

摩擦子ハ護謨海綿其他之ニ均シキ彈力アル物品ヲ擺子(れ)(れ)ニテ緊束セシメタルモノヨリ成リ擺子(れ)(れ)ハ其根基ヲ框上部ノ關節面ニ密

発明の目的

浴場の設備器械として背面各部を自由に洗浄することができる。

第一圖

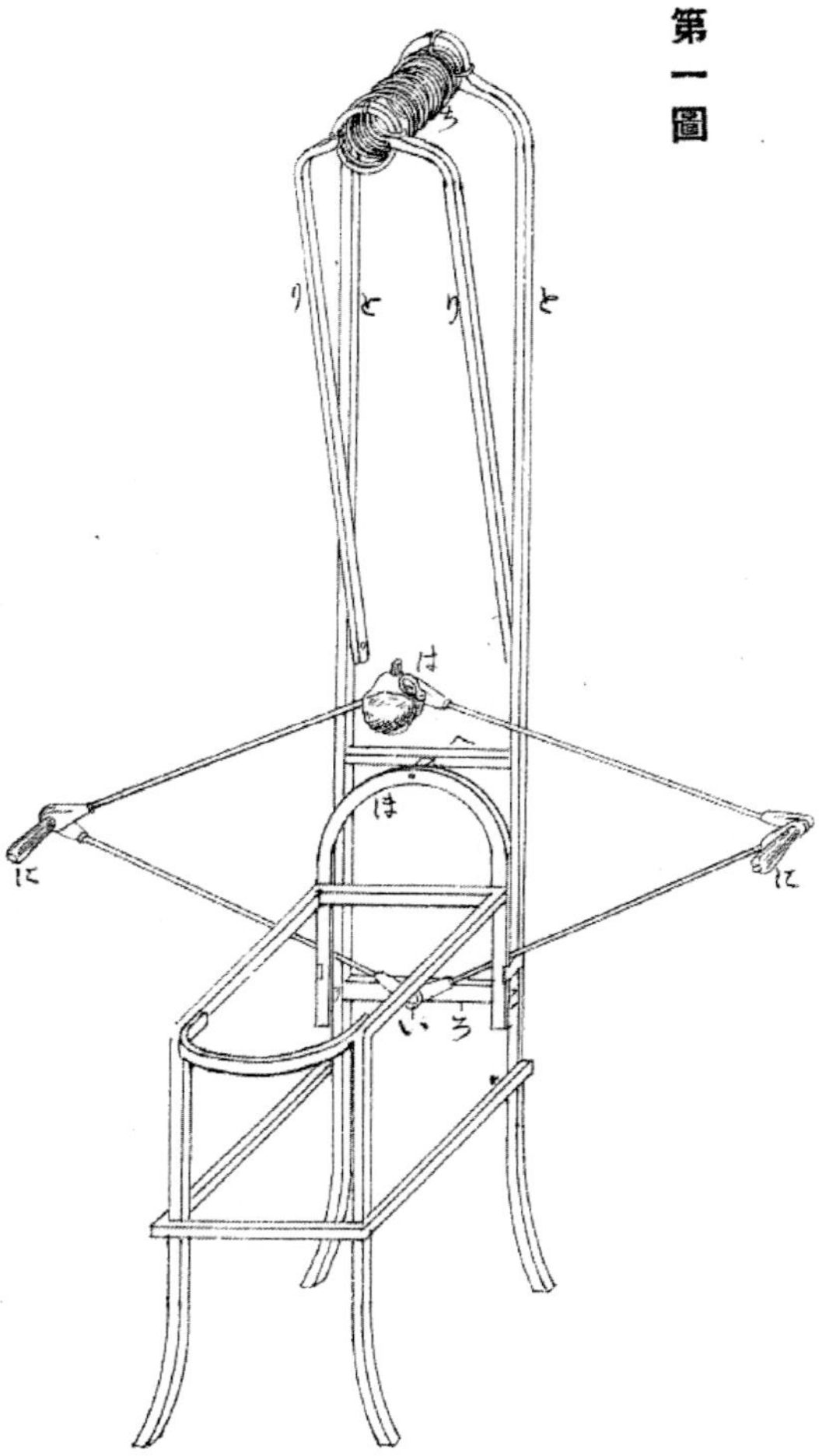

第二圖

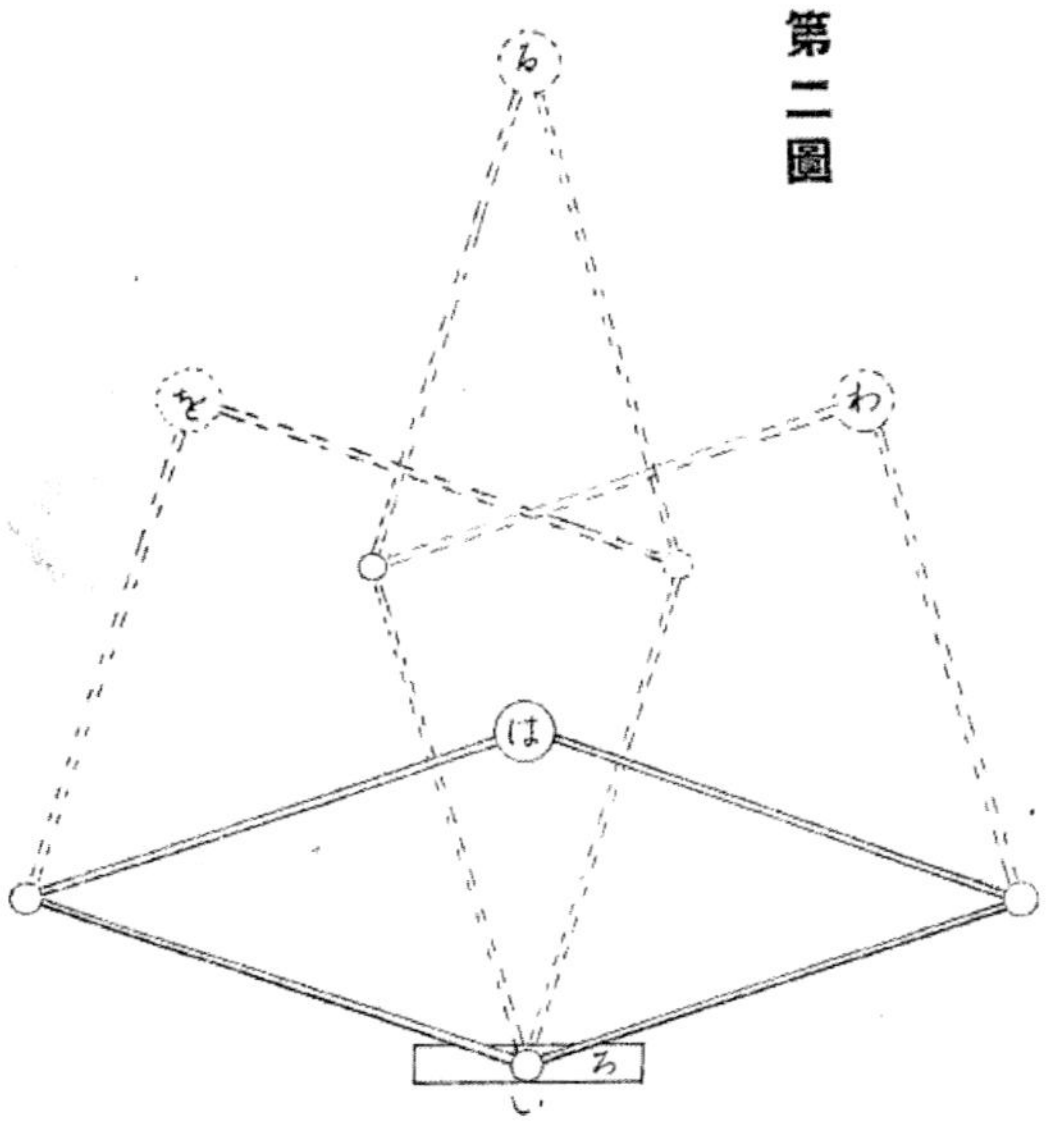

圖三第

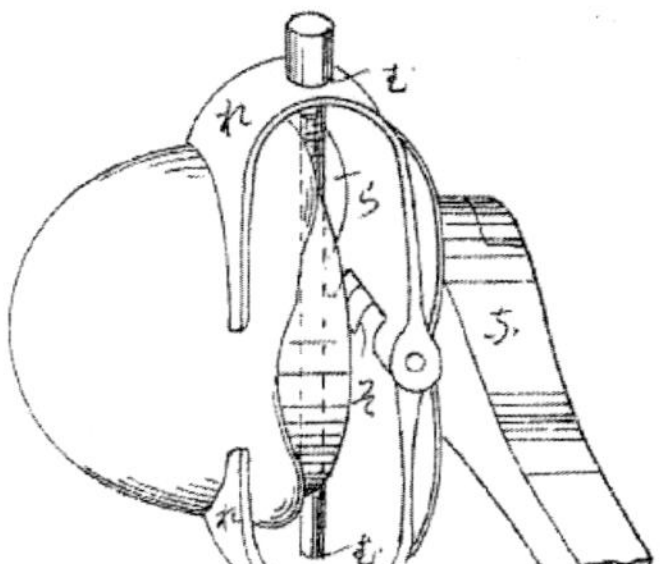

発明のポイント

四隅に関節があり縦横に伸縮する框をつくり、一端を台に緊着し、上部の関節面に摩擦子を附設し、左右の取っ手を上下して使用する。

東京府大澤實藏ヨリ明治三十年六月三十日ニ出願シ同三十一年二月二十八日付ヲ以テ十五箇年ヲ期限トシ特許シタル第三〇五九號特許證ニ屬スル明細書左ノ如シ

第三〇五九號

除垢器

此發明ハ櫛齒ヲ列刻セル圓筒ノ内部ニ螺條彈機ト刷毛子トヲ裝置シ支持杆ニテ貫通シテ成ル除垢器ニ係リ其目的トスル處ハ毛髪ノ多寡長短ニ應シ位置ヲ定メ完全ニ垢ヲ掃除スルニアリ

別紙圖面第一圖ハ本器全體ノ斜面圖第二圖ハ縱斷面圖ナリ

右圖面同シ符號ハ同シ部分ヲ示スモノナリ

圓筒(イ)ハ一邊ニ底(ニ)ヲ設ケ中央部ヨリ他邊ニ至ル迄櫛齒(ロ)ヲ列刻シ内部ニ螺條彈機(ト)ヲ裝置ス螺條彈機(ト)ノ一端ハ座(ヘ)ノ裏面ニ嵌合ス座(ヘ)ノ一面ハ獸毛或ハ草根ヲ植ヘ刷毛子(ハ)トナシ上下自在ナラシムベク一端ニ摘(ホ)ヲ設ケ中央部ヨリ他端ニ至ル迄ニ雄螺旋ヲ有スル支持杆(チ)ヲ以テ底(ニ)ノ中心ヨリ座(ヘ)ノ中心ニ設ケタル雄螺旋孔ヲ貫通セシメタルモノナリ

本器ヲ使用スルニハ摘(ホ)ヲ廻旋シ或ハ逆旋シテ刷毛子ヲ上下セシメ毛髪ノ長短多寡ニ應シテ櫛齒(ロ)ニ對スル刷毛子ノ位置ヲ定メ而メ後チ頭髪ニ宛テ縱横無邊ニ廻ハスルトキハ頭垢ハ最モ完全ニ且ツ容易ニ掃除シ得ラルヽモノトス故ニ有益ナリ

特許條例ニ依リ本發明ノ特許ヲ請求スル區域ヲ左ニ掲ク

一別紙圖面ニ示シ且ツ前記所載ノ目的ニ於テ一邊ニ底(ニ)ヲ設ケ中央部ヨリ他邊ニ至ル迄櫛齒(ロ)ヲ列刻セル圓筒(イ)ノ内部ニ螺條彈機(ト)刷毛子(ハ)座(ヘ)ヲ裝置シ一端ニ摘(ホ)ヲ設ケ中央部以下雄螺旋ヲナセル支持杆(チ)ニテ貫通シテ成ル除垢器

東京府東京市下谷區車阪町五十二番地

発明の目的

毛髪の多寡長短に応じて位置を定めて完全に垢を掃除する。

第一圖

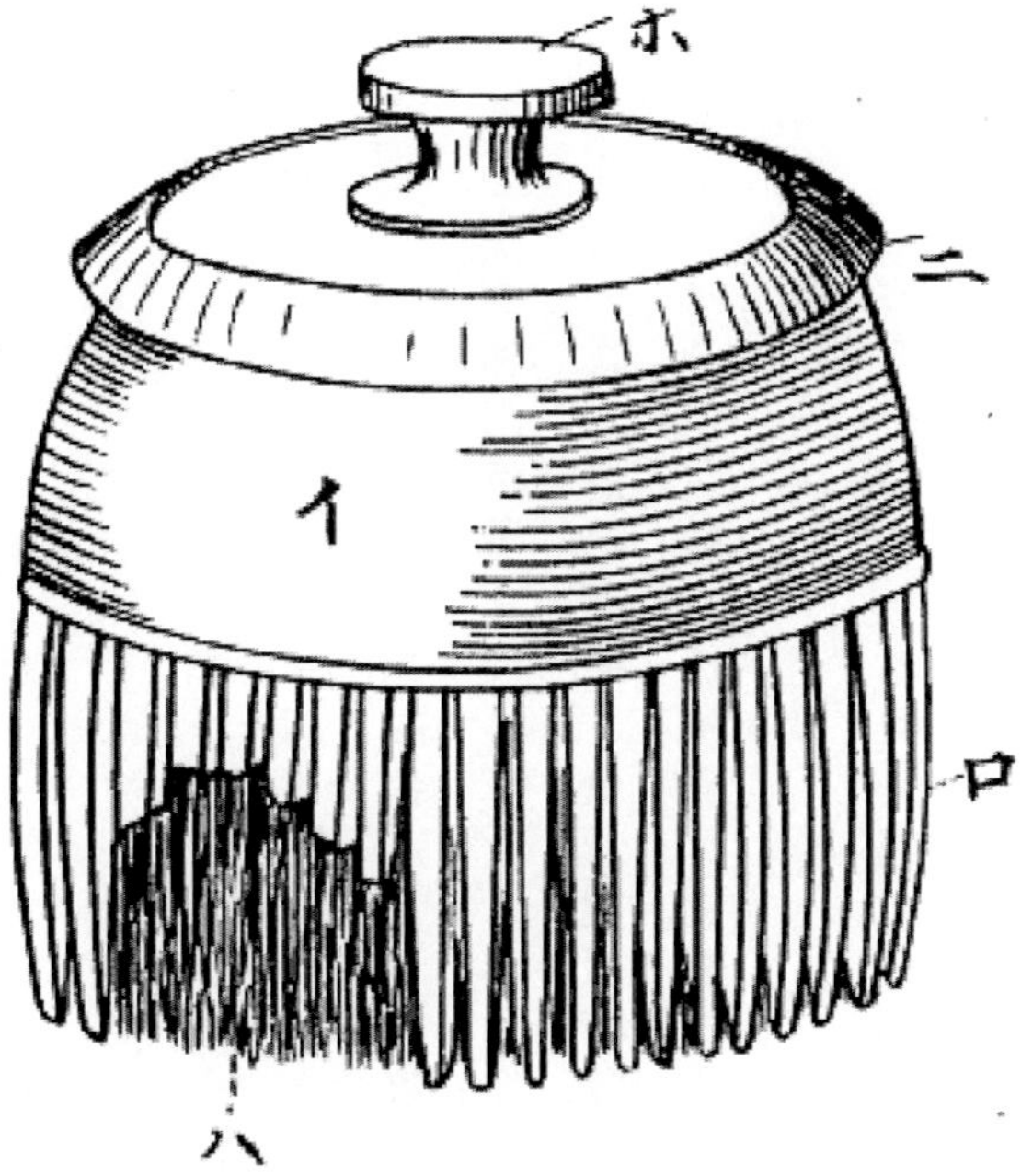

第二圖

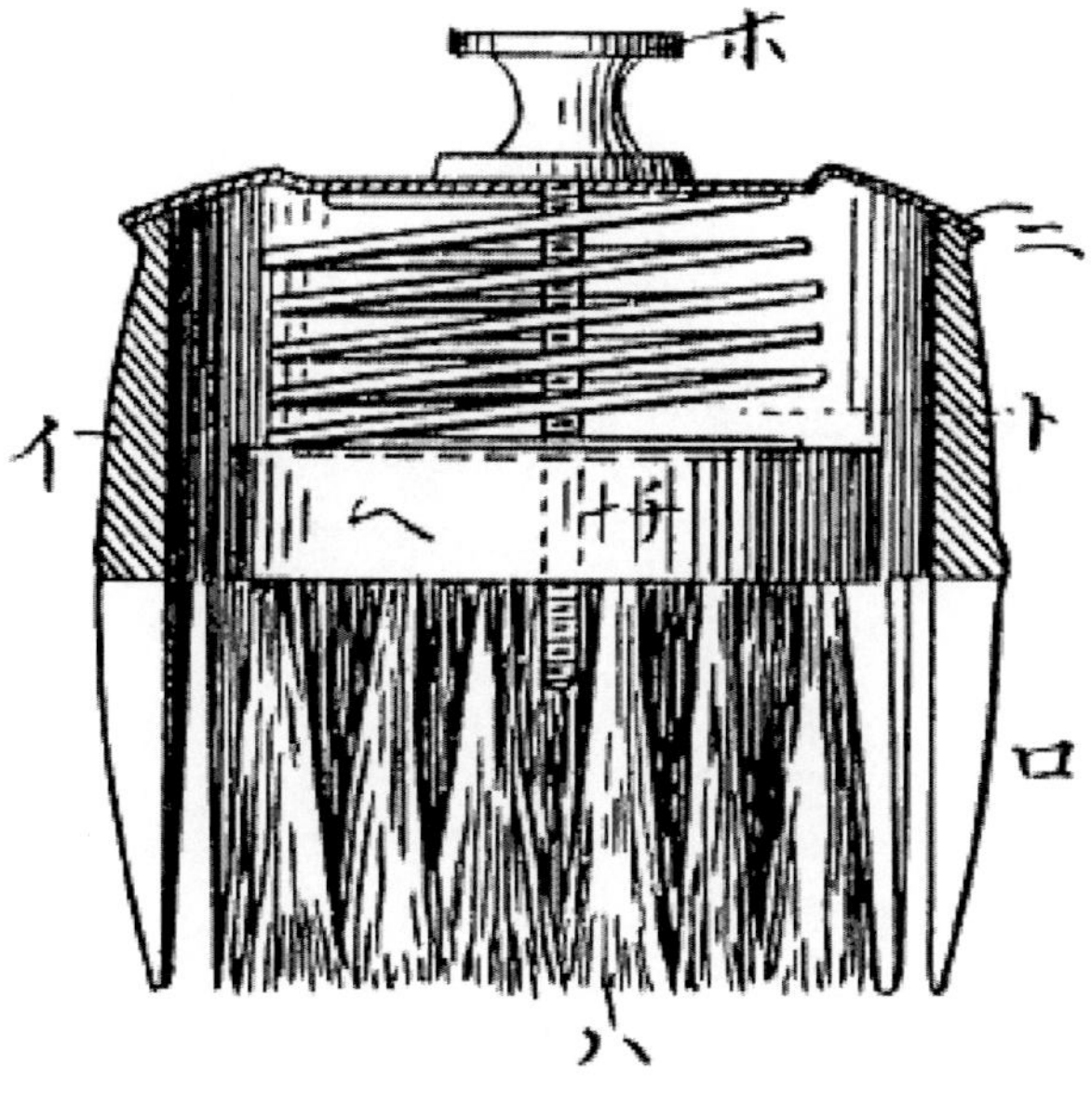

発明のポイント

櫛歯を列刻した円筒の内部に螺條弾機と刷毛子とを装置し、支持杵で貫通して構成する。

第四六〇八號　明細書

沐浴洗體器

出願　明治三十四年二月六日
特許　明治三十四年三月廿六日

此發明ハ木製ノ柄ノ一端ニ圓形ヲナセル箇所アリテ其周圍一圓ニ球頭ヲナセル金屬製又ハ鯨筋又ハ鼈甲類ノ細キ杭ヲ圓形ニ打チ環ラシ其環杭ノ内部ヘ圓錐體ノ金屬製垢擦ヲ嵌メ其表面ニハ同心圓形ノ目ヲ彫ザメル護謨板ヲ附着シ底面ニハ同シク同心圓形ノ目ヲ其平面ニ淺ク鐫リ付ケ其全體ヲ拔キ挿シ得ル者ニシテ其目的ハ從來一般ノ浴湯ニ使用スル垢擦類ノ如キ徒勞ヲ省キ皮理ヲ荒サス使用者自ラ身體ノ全部特ニ頭部背部足底部等ノ最モ洗ヒ難キ箇所ニ至ル迄ヲ自由ニ洗ヒ容易ク垢ヲ去リテ皮膚ヲ清潔ニシ且ツ浴湯外ノ場合ニモ前述球頭細杭ノ附着セル柄ノミヲ以テ頭髮ノ鬣ヲ除去スルニ兼用シ其他球頭細杭ノ彈力ヲ利用シテ彼ノ金屬製垢擦ヲハ自由ニ拔キ挿シスル等專ラ沐浴洗體ノ便益ヲナスニアリ

別紙圖面第一圖ハ前記護謨板附着金屬製垢擦部ヲ球頭細杭付柄部ニ挿入シタル場合第二圖ハ球頭細杭付柄部ノミヲ顯ハシタル場合第三圖ハ垢擦部ノ表面卽チ護謨板ノ表面鐫目第四圖ハ垢擦部ノ底面卽チ金屬製部ノ圓錐底面鐫目ノ形狀ヲ顯シタルモノナリ

本品ハ長一尺餘厚四分位ナル木製ノ柄ノ一端ニ於ケル直徑二寸乃至三寸ノ圓形ヲナセル箇所ノ周圍一圓ニ球頭ヲナセル金屬製又ハ鯨筋又ハ鼈甲ノ類ヲ以テ造リタル長五分乃至七分ノ細キ杭ヲ一分乃至一分五厘ノ間隔ニテ打チ環ラシ(第二圖參照)其環杭ノ内部ヘ表面ニハ同心圓形ノ目ヲ一分位ノ間隔ニテ彫リ込ミタル圓形護膜板(第三圖(イ)參照)ヲ附着シ底面ニハ同ジク同心圓形ノ目ヲ五厘位ノ間隔ニテ淺ク鐫リタル圓錐體金屬製垢擦(第四圖(ロ)參照)ヲ拔キ挿シ得ベク取付ケ柄部及垢擦部ヲ合シテ始メテ洗體ノ用ヲ完全ナラシムル者(第一圖參照)ナリ發明ノ詳細ハ第二圖柄部ノ(S)ニ相當スル球頭ヲナセル細杭ノ彈力ニヨリ垢擦部ヲ輕便且ツ自由ニ拔キ挿シスルヿヲ得ルノ構造ニシテ細杭ノ球頭ナルガ故ヲ以テ頭部ヲ洗ヒ又ハ鬣ヲ除去スル場合ニ於テ普通圓形櫛齒ノ鬣取ノ如ク痛ミヲ感ズル等ノ事ハ毫モ之レナキノミナラス從來頭ヲ洗フノ具不完全ナルガ爲メ毛髮ノ間ニ附着シ居ル鬣垢ノ

発明の目的

洗いにくい箇所を自由に垢を取り去って皮膚を清潔にし、浴場外でも頭髪のフケを除去できる。

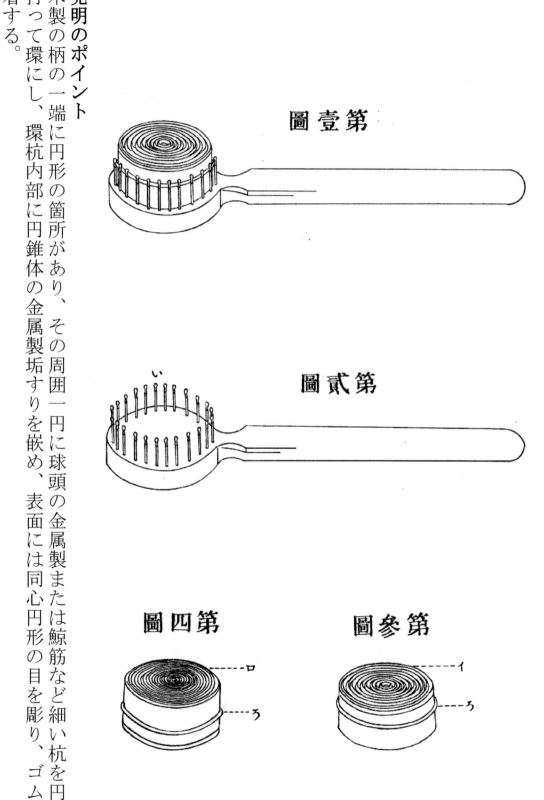

第壹圖

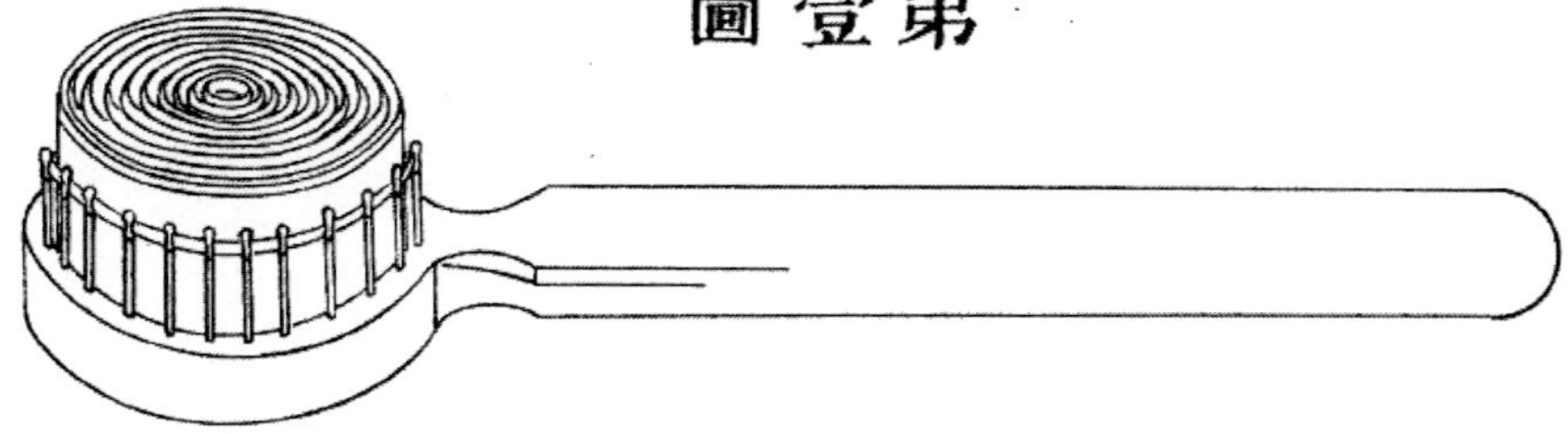

第貳圖

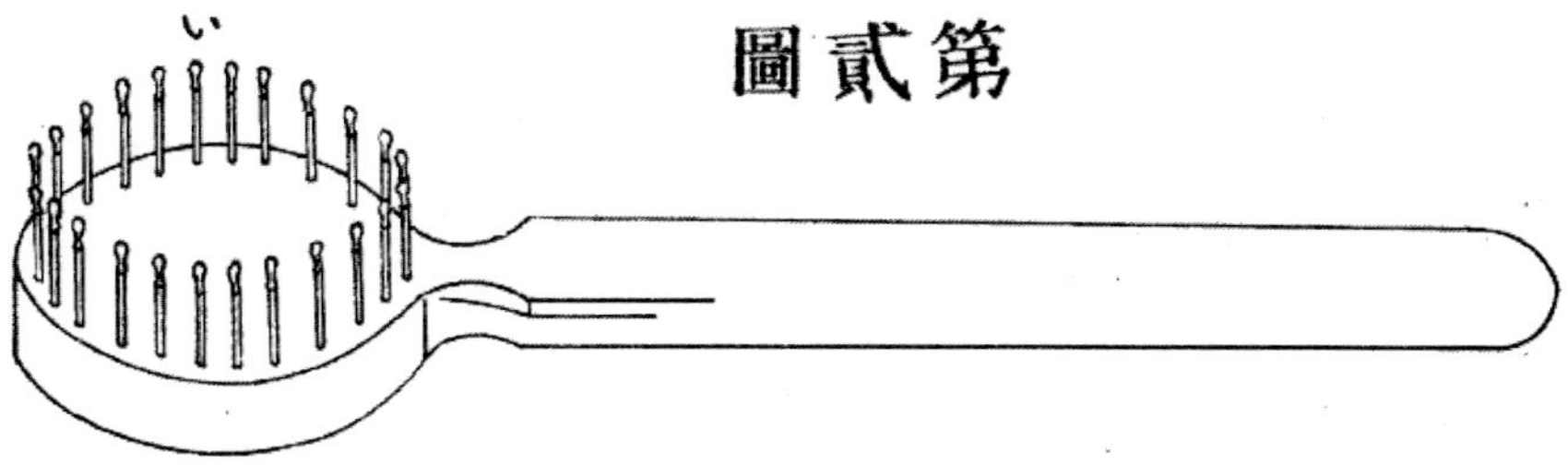

第參圖

第四圖

発明のポイント

木製の柄の一端に円形の箇所があり、その周囲一円に球頭の金属製または鯨筋など細い杭を円形に打って環にし、環杭内部に円錐体の金属製垢すりを嵌め、表面には同心円形の目を彫り、ゴム板を附着する。

第五〇二二號　明細書

出願　明治三十四年五月廿六日
特許　明治三十四年十二月十二日

垢摺袋

此發明ハ從來俗ニ稱スル鬼フクリンノ一片ヲ以テ身體ノ垢摺ニ用ヰ來リタレドモ背部等ヲ摺滌スルニ方リ甚タ不便ナリ故ニ鬼フクリンヲ以テ巾着形ノ袋ヲ製シ長サ三尺程ノ帶ヲ付着シ袋ノ中ヘハ手拭ヲ適宜ニ疊ミテ收容シ以テ身體各部ノ汚垢ヲ摺滌スル垢摺袋ニ係リ其目的トスル所ハ人體中殊ニ背部ノ垢摺ハ必ス他人ノ手ヲ借ラサレハ完全ニ擦除スルヿ能ハサルノ憾ヲ除キ自由ニ汚垢ヲ摺滌シテ身體ヲ清潔ナラシメ且浴場ニ往返セントスルトキ入浴ニ必要ナル石鹼齒磨化粧品等ヲ袋ニ收容シテ携帶上便利ナル用具ニ兼用セシメントスルニ在リ

別紙圖面ハ右ノ目的ヲ達スヘキ構造及ヒ使用ノ體ヲ示スモノニシテ其第一圖ハ紐ヲ締結セルモノ第二圖ハ紐ヲ緩メ帶ヲ展ハシタルモノ第三圖ハ使用セントスル有樣ヲ示スモノニシテ同一ノ符合ヲ付シタルハ同一ノ部分ナリ

本發明ノ構造ハ垢擦ニ適スヘキ布片ヲ以テ巾着形ノ除垢袋(ハ)ヲ作リ袋ニハ適宜ノ布ニテ縁ヲ付ケ此處ニ締紐(イ)ヲ通シ袋底ノ内部ヲ貫キテ長サ凡ソ手拭位ノ任意ノ帶(ロ)ヲ縫着シタルモノナリ本具ノ使用法ヲ説明センニ之ヲ携帶スルトキハ手拭石鹼其他化粧品等ヲ帶(ロ)ト共ニ袋内ニ收容シ紐(イ)ヲ締結シ入浴ノ際ハ手拭ノミヲ袋内ニ包ミ紐(イ)ヲ締メ背部ヲ擦スルニハ帶(ロ)ノ兩端ヲ双手ニ持チテ使用シ身體ノ他ノ部分ヲ擦ルニハ帶ヲ疊ミ込ミテ普通ノ如ク使用スルモノトス故ニ携帶ト使用トニ便ナリ

本發明ノ特許請求範圍ヲ左ニ掲ク

一　前掲ノ目的ニ於テ本文ニ記シ別紙圖面ニ示スカ如ク垢擦ニ適スヘキ布片ヨリ成ル紐付巾着形ノ除垢袋ノ内底ヲ貫キテ適宜ノ長サノ帶紐ヲ縫着シテ成ル垢摺袋

桑門サツ

発明の目的

背中の垢すりをすることができ、浴場の往復には入浴に必要なものを袋に収容して携帯できる。

第壹圖

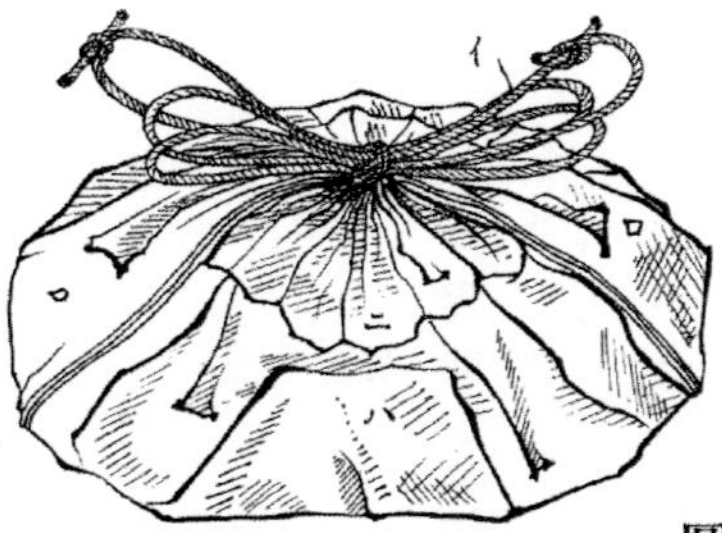

第貳圖

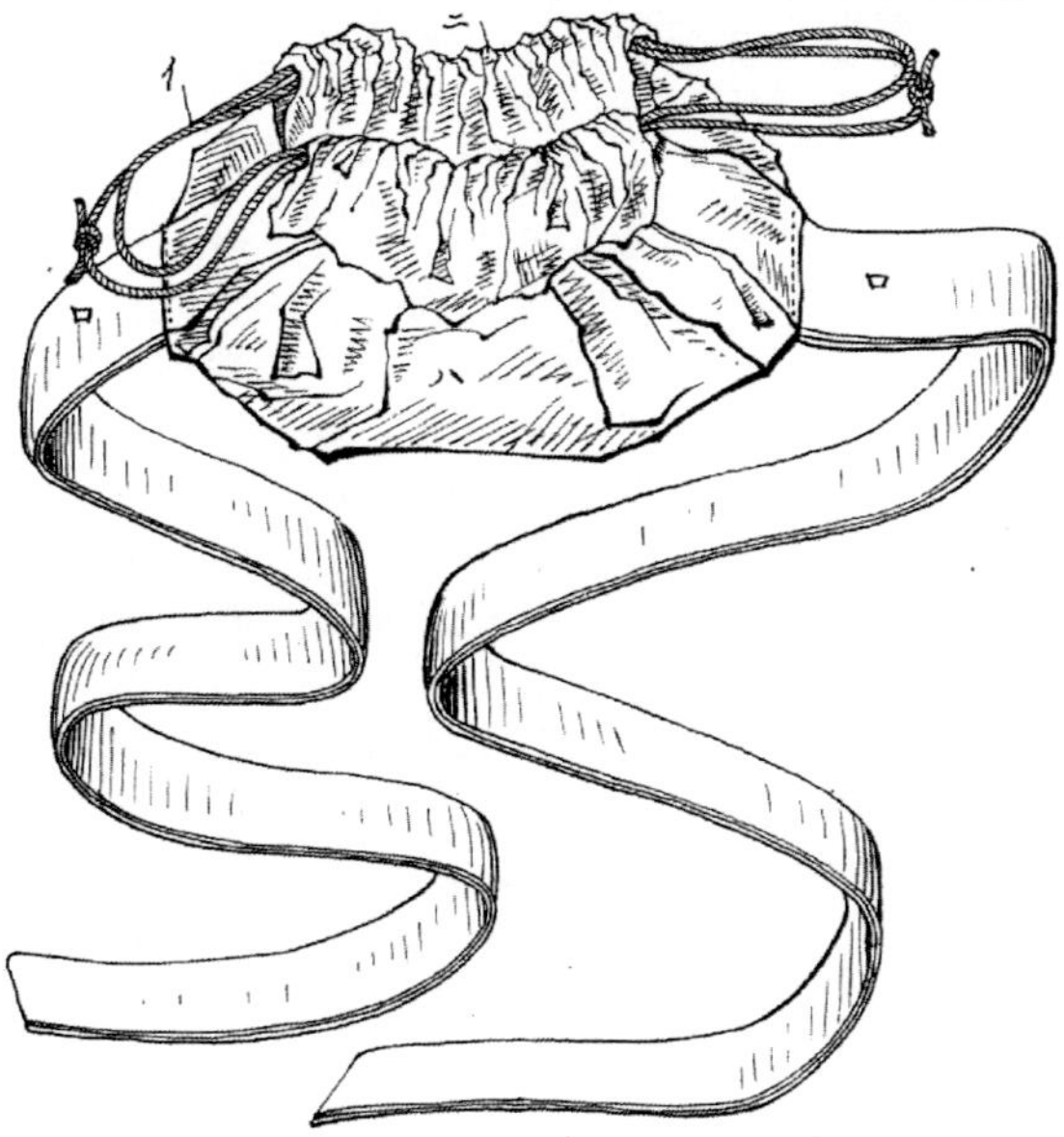

第参圖

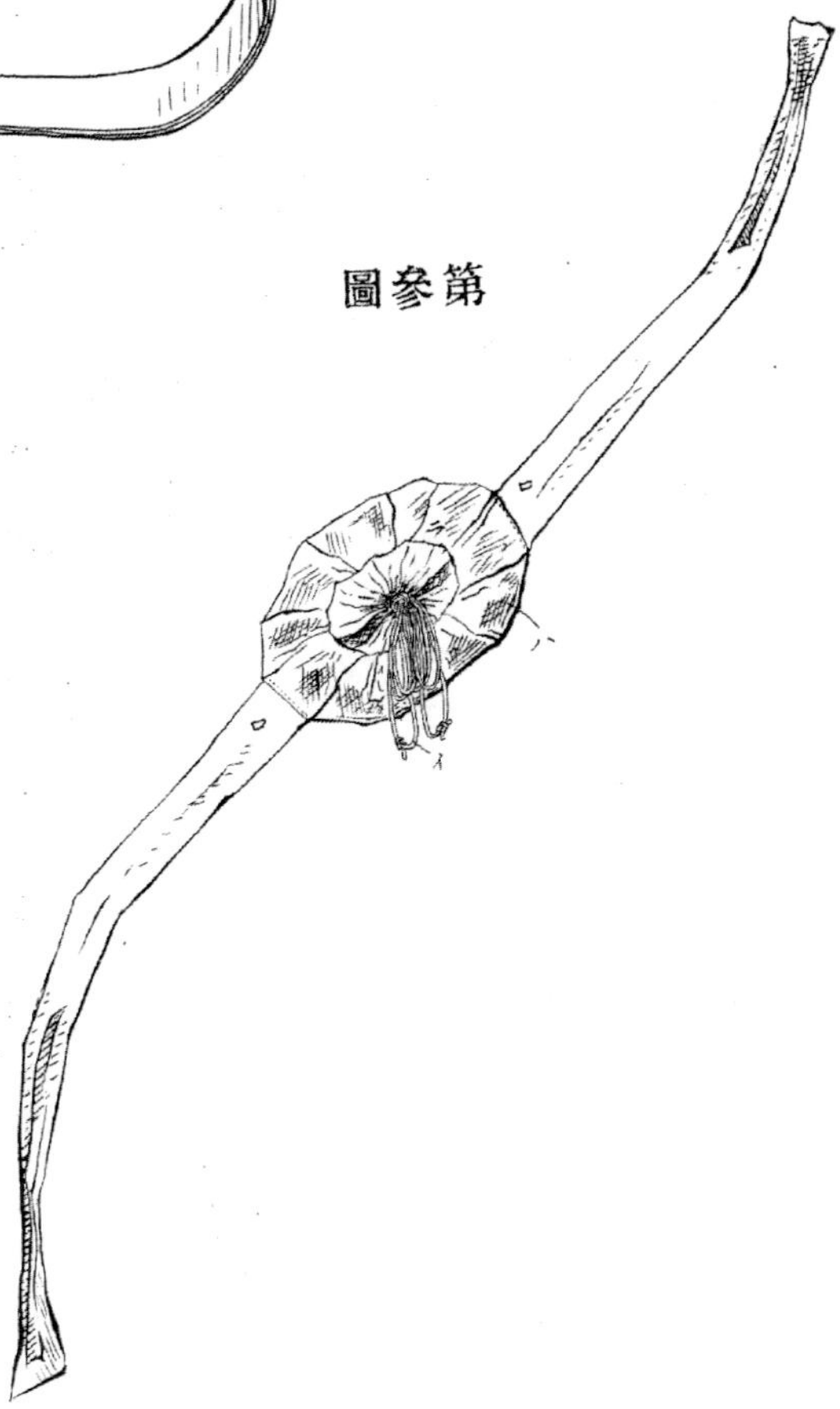

発明のポイント

巾着形の袋をつくり、長さ三尺ほどの帯を附着する。

第五〇六三號　明細書

出願　明治三十四年七月三十一日
特許　明治三十四年十二月二十三日

洗垢器

本發明ハ金屬製ノ圓筒ヲ作リ之レニ挿入スヘキ一面ヲ垢摩リトナシ一面ニ木又ハ竹製ノ髪垢取櫛ヲ嵌入シ垢摩リノ裏板ニ五個ノ孔ヲ穿チ線金ヲ屈曲シテ兩面ニ現出セシメ此上ニ石鹼ヲ入レ置クヘクナシタルモノト又底部ノ一面ヲ刷子トナシ兩端ヲ鬪着シテ回轉スヘクナシ他ノ兩端ニ孔ヲ穿チタルモノト圓筒ノ側面ニ中間ニ環狀ヲナシ一端ヲ定着シ他ノ一端ヲ折曲シテ彈片トナシタル構造ヨリ成ル洗垢器ニ係リ其目的トスル所ハ小形ニシテ藏置ニ便ナルノミナラス石鹼入代用トシテ他ニ三個ノ便用ヲナスニアリ

別紙圖面中第一圖ハ本器ノ全體圖ニシテ第二圖ハ垢摩リノ一面ヲ拔キ其裏面ヲ現ハシ第三圖ハ同洗滌器ヲ示シ第四圖ハ刷子ノ機構ヲ示シタルモノニシテ圖中同一ノ符號アルハ同一ノ部分ヲ指スモノトス

本器ハ金屬製楕圓形ノ筒(い)ヲ造リ側面ニ中間ニ輪(ろ)ヲナシ一端ヲ筒面ニ定着シ他ノ一端ヲ折曲シテ筒面ノ孔ニ臨ミ彈力ヲ有スル金具(は)ヲ具ヘ又一面ヲ刷子(に)ニナシ一面ヲ平面トナシタル底ヲ造リ兩側ヲ筒(い)ニ回轉スヘク鬪着シ他ノ兩側ニ孔(ほ)ヲ穿チ置キ何レニ回轉スルモ平準ヲナシタル片彈力ヲ有スル金具(は)ノ一端カ此孔(ほ)ニ嵌合シテ止マルヘクナシ別ニ筒(い)ニ挿入スヘキ淺キ筒(へ)ヲ造リ一面ニハ糸瓜又ハ海綿等ヲ服綸毛織物ニシテ呉呂服地トモ云フ以下皆同シ)ニテ包ミタル垢摩リ(と)ヲ裝置シ裏面ハ五個ノ孔ヲ穿チ中央ノ孔ニ線金ヲ以テ製シタル金具(第三圖)ヲ回旋スヘク挿入シ葵狀ヲナセルモノヲ表面ニ出シタル中板(ち)ヲ以テ押ヘ又木又ハ竹ヲ以テ成シタル圓形ノ頭垢採器(り)ヲ挿入ス而シテ常ニ中板(ち)ノ上ニ石鹼ヲ藏置スルモノナリ

本器ヲ使用スルニハ石鹼ヲ置キタル儘湯ヲ灑キ垢摩リ(と)ニテ身體ヲ摩擦スルトキハ石鹼ハ中板(ち)ノ表面ニアル葵狀ノ線金ニテ磨滅シ液ハ五個ノ孔ヨリ出テヽ垢摩リ(と)ノ表面ニ出テヽ一擧兩便ヲ得ルナリ且垢摩リ(と)ノ内部ニ停滯セシモノハ石鹼ヲ採リ出シ湯ヲ注キツヽ葵狀ノ金具ヲ回旋セハ下面ニアル長刀狀モ共ニ内部ヲ回旋シテ不潔物ヲ搔キ除キ流失セシムルヿヲ得ルナリ又頭髪ヲ洗滌セントスルトキハ垢摩リ(と)ノ方ヲ筒(い)内ニ押シ込ミテ

発明の目的

小型であり、石けんいれの代用にもなる。

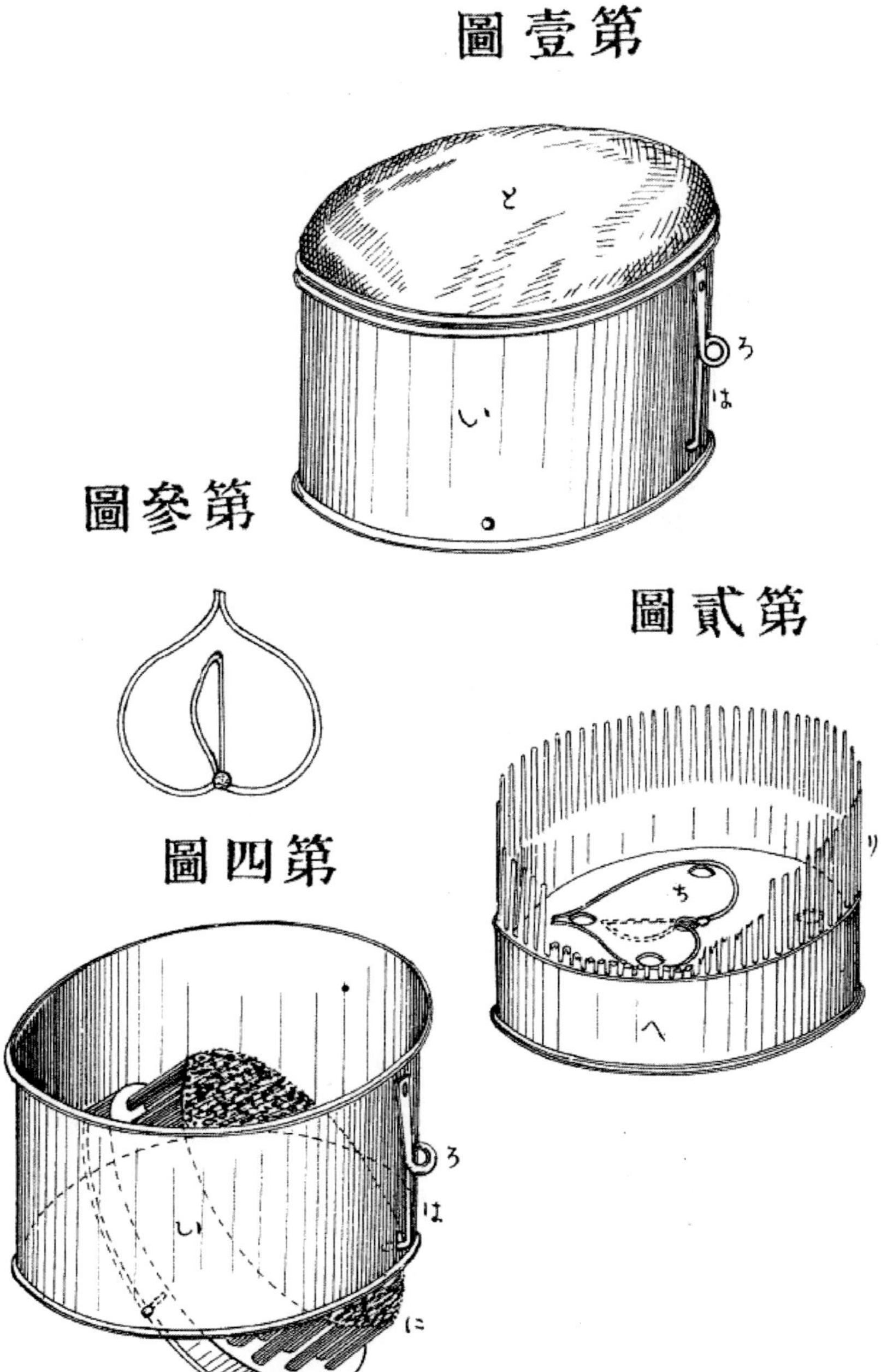

発明のポイント

金属製の円筒をつくり、これに挿入する一面を垢すりとし、一面に木または竹製の髪垢とり櫛をはめ入れ、裏面には5個の穴を穿ち、線金を屈曲して両面に現出させ、その上を石けん入れにする。

第六九七三號　明細書

出願　明治三十六年八月三日
特許　明治三十六年十二月二十四日

からだ洗

此發明ハ皿金ノ下面ニ刷毛ヲ環狀ニ列植シタル刷毛板ヲ裝附シ上面ニ伸縮自在ナル管柄ヲ固着シテ成ルからだ洗ニ係リ其目的トスル所ハ身体ニ害ナカラシメ且ツ觸感ヲ軟カナラシメテ全身ノ垢ヲ容易ニ完全ニ洗除シ得ヘカラシムルニ在リ

別紙圖面ハ本器ノ構造ヲ示スモノニシテ即チ其第一圖ハ管柄ヲ伸ハシタル全体ノ側面圖第二圖ハ管柄ヲ收メタル全体ノ下面圖第三圖ハ同其一部ヲ切缺シタル上面圖ナリ而シテ是等諸圖ニ於ケル同一ノ符號ハ同一ノ部分ヲ示スモノトス

本器ハ前側ニ齒形ヲ設ケタル皿金(イ)ノ板面ニ孔穿(ロ)ヲ穿チ是ニ環狀ニ植毛シタル刷毛板(ハ)ヲ其鈎(ニ)ニ依テ掛止スヘク嵌裝シ皿金(イ)ノ上面ニハ伸縮ヲ自在ニ連節シタル管柄(ホ)ヲ横金(ヘ)(ヘ)ニ依テ其中央ニ固着シ又該管柄(ホ)ノ一端ナル連接管ヲ伸出セシムヘキ口ニハ口扉(ト)ヲ突鋲(チ)ニ依テ開閉自在ニ裝着シタルモノナリ

本器ヲ使用スルニ當リ手ノ充分達シ得ヘキ部分ヲ洗フ場合ハ管柄(ホ)ヲ縮疊シ手掌及ヒ母指ヲ管柄(ホ)ニ掛ケ他ノ四指ヲ皿金ノ一側ニ鈎持シ其刷毛ニ石鹼ヲ潤着セシメ以テ普通手拭ヲ用フルト等シク使用シ又背部ノ如キ手ノ達セサル部分ヲ洗ハンニハ管柄ヲ充分引伸シ其先端ヲ把持シテ自在ニ擦洗ス可ク尙ホ最モ除垢シ難キ足掌等ヲ洗フニハ刷毛板(ハ)ヲ取外シ皿金(イ)ノ前側ナル齒形ニ依テ擦除スルモノトス

本器ハ前文ニ詳記スル如ク管柄(ホ)ハ伸縮自在ナルカ故ニ伸長シテ背部ヲ自在ニ洗ヒ得ヘカラシムルノミナラス縮疊シテ使用スル場合又把持シ易カラシメ尙ホ刷毛板(ハ)ハ特ニ環狀ニ植毛シタルヲ以テ刷毛ノ横倒亂雜スルノ患ヒナク終始立毛シテ垢除ヲ完全ニシ且ツ永久ニ耐ヘシムルヲ得而カノミナラス觸感垢擦手拭等ト異ナリ軟カニシテ毛孔ノ垢ヲ清除シ得而カモ石鹼ヲ消費スルコト僅少ニシテ能ク全身ヲ洗ヒ得ルモノトス

特許法ニ依リ予等カ本發明ニ於ケル特許ヲ請求スル範圍ヲ左ニ揭ク

発明の目的

身体に害なく、感触を軟らかく、全身の垢を容易に完全に洗浄することができる。

第壹圖

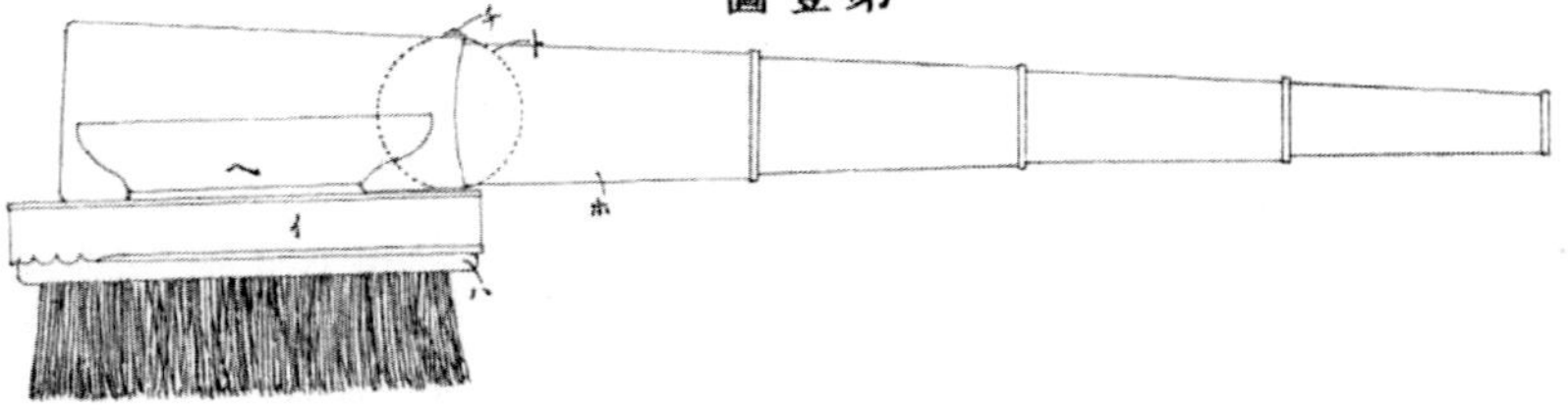

第貳圖

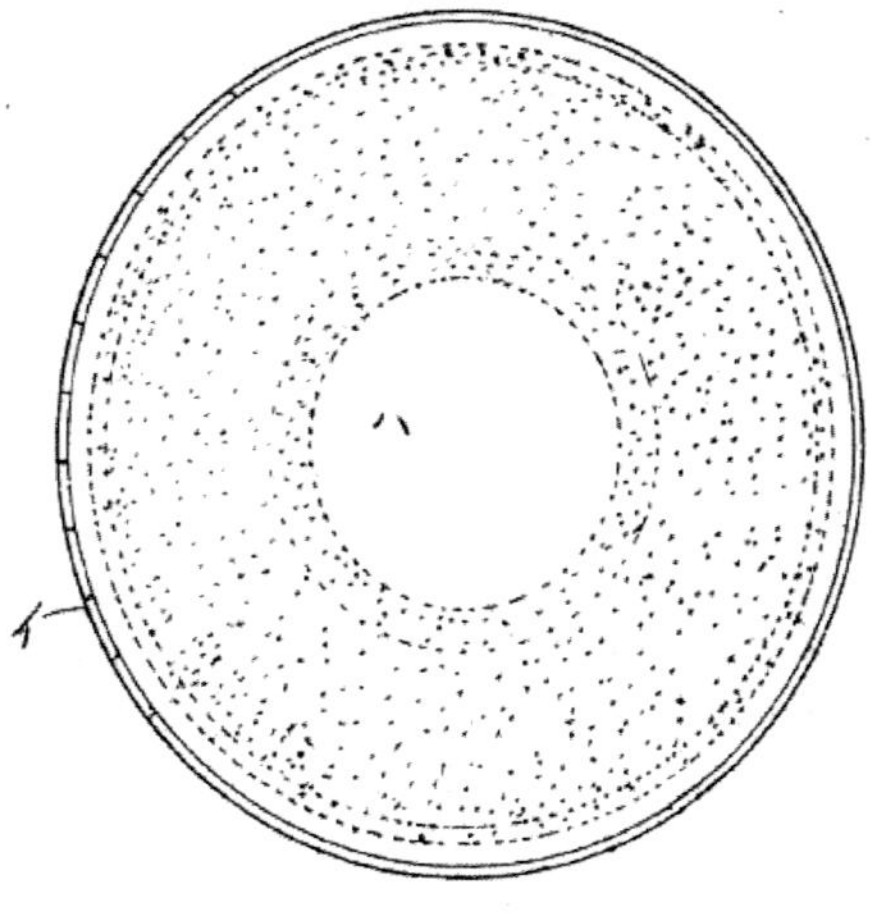

第參圖

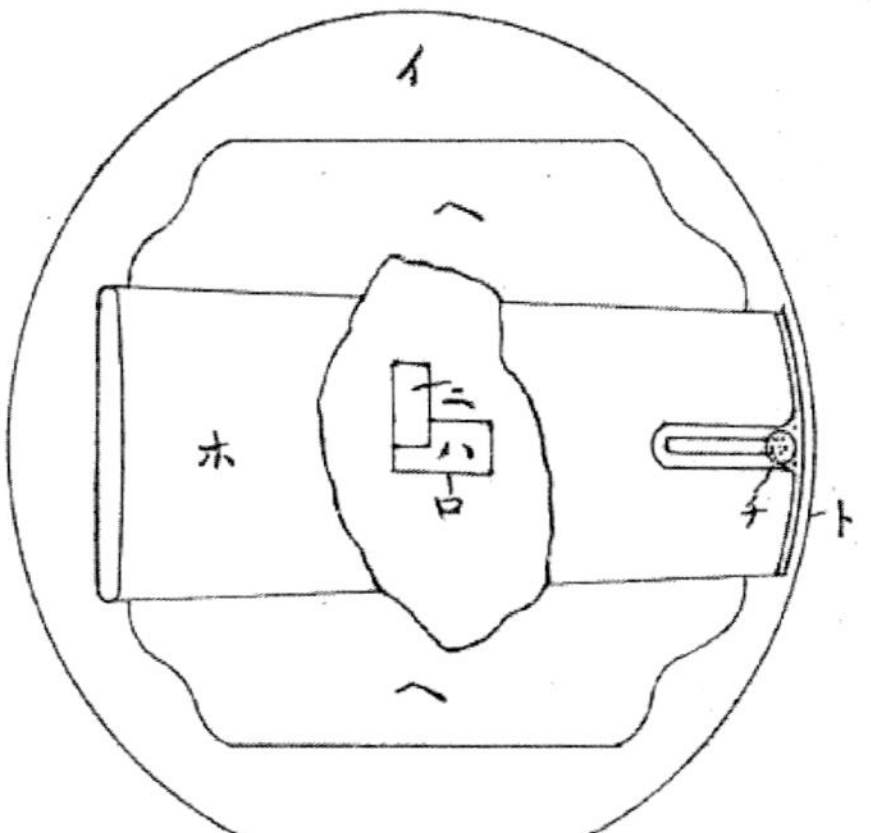

発明のポイント

皿金の下面に刷毛を環状に列植した刷毛板を装附し、上面に伸縮自在な管柄を固着する。

第一六六四一號　第百十一類

出願　明治四十二年五月十八日
特許　明治四十二年七月五日

廣島縣安藝郡警固屋町大字鍋濱海岸道二十九番地　井上捆之助

垢摩機

本發明ハ丸形ノ垢摩ヲ廻轉セシメツヽ任意ニ昇降セシムヘキ裝置ニ係リ其ノ目的トスル處ハ人體ノ手指ノ達セサル箇處ヲモ他人ノ力ヲ藉ラス心地ヨク充分ニ垢ヲ摩リ落スニ在リ

別紙圖面ニ於テ第壹圖ハ本機ノ縦斷正面圖第貳圖ハ側面圖ニシテ全圖面中同一符號ハ全一部分ヲ示ス

丸形ナル胴(1)ハ軸(2)ニ固定シ斜出セル軸受杆(3)ニテ支ヘラル軸(2)ノ一端ニ縄車(4)ヲ固定ス垂直ナル昇降杆(5)ハ軸受杆(3)ト一體ニシテ把手杆(6)ニ依リテ機壁(7)ノ滑面(8)ノ間ヲ自由ニ昇降スルコトヲ得随テ垢摩胴(1)モ亦昇降スルモノトス縄車(9)ハ機壁(7)ニ挿入セル軸ノ上ニ空廻スルヲ得縄車(10)ハ其ノ軸ヨリ重錘(11)ヲ釣下シ垢摩胴ノ昇降ニ應シテ昇降シ縄ノ張力ヲ一定ニ保ツ縄車(12)及ヒ(13)ハ機壁(7)ニ挿入セル軸ノ上ニ空轉シ得ヘク縄車(14)ト節動輪(16)トハ曲柄軸(15)ニ固定セラレ接續杆(17)ハ蹈板(18)ヲ曲柄軸(15)ニ連結ス支杆(19)ハ軸受杆(3)ニ取リ附ケ水桶(20)ヲ支ヘ活嘴(21)ハ水桶(20)ニ取リ附ケ垢摩胴(1)ノ表面ニ水ヲ注下シ蓋(22)ハ支杆(19)ニ取リ附ケ垢摩胴(1)ヲ蔽ヒ水ノ散亂スルヲ防ク縄(25)ハ其ノ一端ヲ昇降杆(5)ニ結ヒ附ケ縄車(23)ニ掛リテ重錘(24)ヲ釣リ下ケテ昇降杆ヲ常ニ引キ上ケ垢摩胴ト平均ヲ保ツ又垢摩胴(1)ハ其ノ一部ノ箇處ヲ切斷シテ示セル如ク轂(イ)螺旋撥條(ロ)ハ任意ノ材料ヨリ成ル刷子(ハ)ニ依リ構造セラルヽモノトス

本機ヲ使用スルニハ垢摩胴(1)ヲ背面トシテ立チ蹈板(18)ヲ蹈ムトキハ接續杆(17)ニ依リテ曲柄軸(15)ヲ廻轉ス然ルトキハ圖ニ示ス各縄車ニ掛ケラレタル縄帶ニ依リテ軸(2)ヲ廻轉シ随テ垢摩胴(1)ヲ廻轉セシム故ニ此ノ垢擦胴ノ外周ニ人體ノ皮膚ヲ接スレハ垢ヲ摩リ落スヲ得ヘシ此ノ時ニ把手杆(6)ヲ上下スレハ垢摩胴ハ上下シツヽ廻轉ス或ハ一定ノ箇所ニテ自由ニ廻轉セシムルコトヲ得ヘク垢摩胴ハ重錘ニテ平均セルヲ以テ小供ト雖モ輕ク昇降セシメ得ヘク

十一

発明の目的

手が届かない場所も他人の力を借りずに心地よく十分に垢をすりができる。

第壹圖

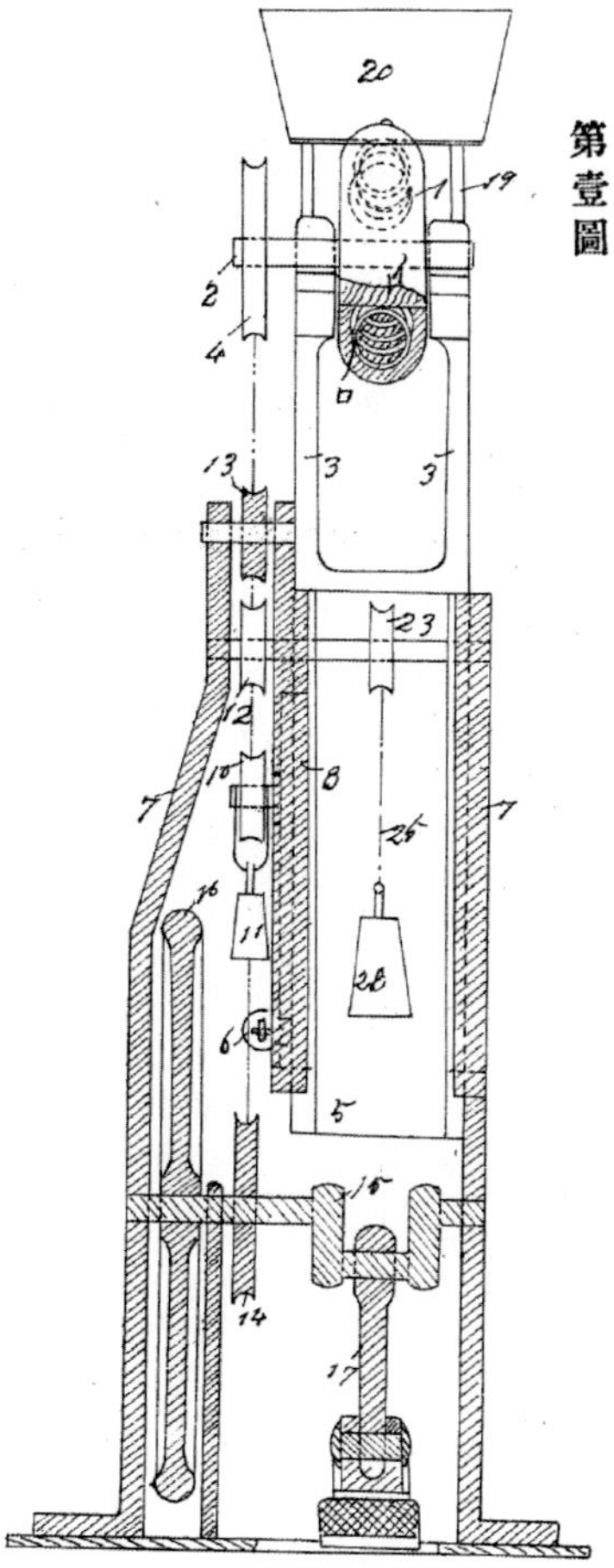

第貳圖

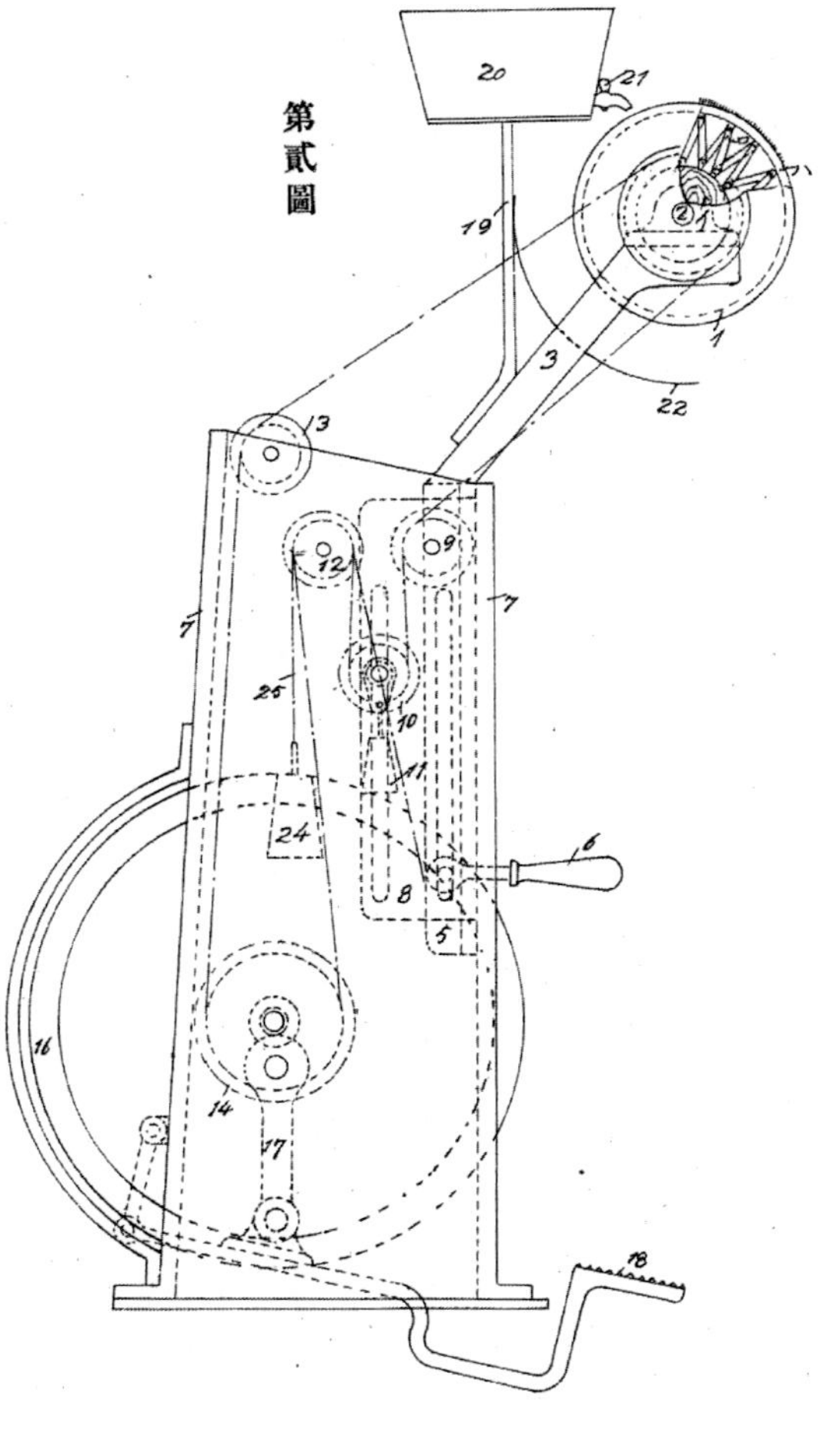

発明のポイント

丸形の垢すりを回転させつつ任意に昇降させる装置にする。

特許第一九〇六六號

第百十一類

出願　明治四十三年七月六日
特許　明治四十三年十二月二十七日

大阪市東區廣小路町十九番地
特許權者(發明者)　眞野鷹一
兵庫縣出石郡出石町ノ内八木町十九番屋敷
特許權者(發明者)　中村鶴吉

明細書

垢擦機

發明ノ性質及ヒ目的ノ要領

本發明ハ臺上ニ備フル把手ノ聯動ニヨリ摺溝ニ沿ヒテ上下ニ移動シ且ツ身體ノ凹凸ニ應シテ適度ニ壓着シ得ヘクナシタル擦子ヲ具フル垢擦機ニ係リ其ノ目的トスル所ハ他ノ力ヲ藉ラス自ラ背部ヲ任意ニ且ツ完全ニ捺擦シテ容易ニ脂垢ヲ除去セシメントスルニ在リ

圖面ノ略解

別紙圖面ニ於テ本發明ノ構造ヲ現ス其ノ第一圖ハ全體ノ斜見圖、第二圖ハ第一圖ノ背面圖、第三圖ハ縦斷面圖、第四圖ハ報鈴部分ノ側面圖ニシテ圖中ノ同符號ハ同一部分ヲ示スモノナリ

發明ノ詳細ナル説明

本發明ハ臺版(イ)上ニ支柱(ロ)(ロ)ヲ樹立シ後部ノ支柱(ロ)(ロ)ノ中間ニハ支柱(ノ)ヲ樹立ス支柱(ロ)(ロ)ノ上部ニ平版(ハ)

発明の目的

他人の力を借りずに自らの背中を任意に、完全に摩擦して垢を落とすことができる。

第一圖

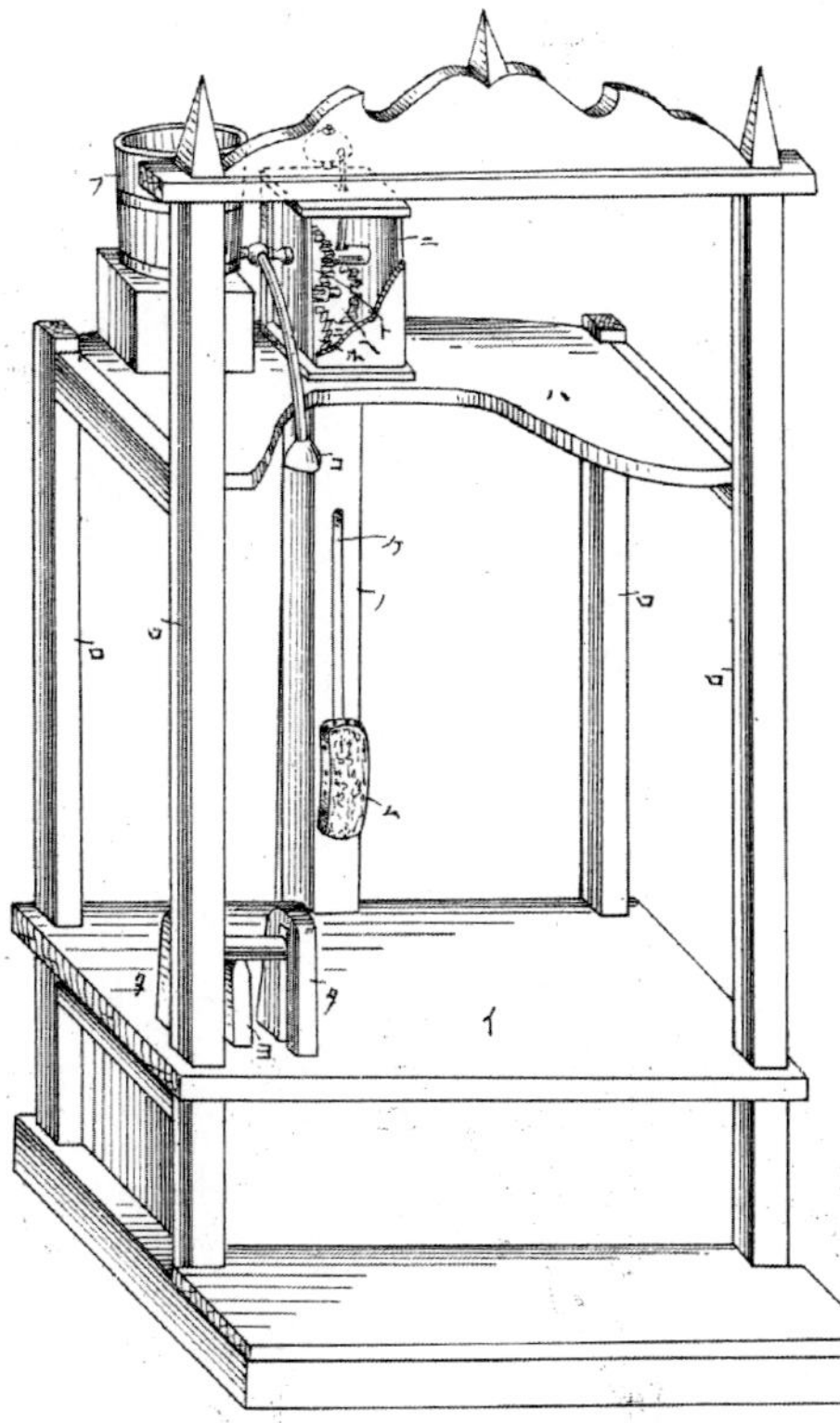

第二圖

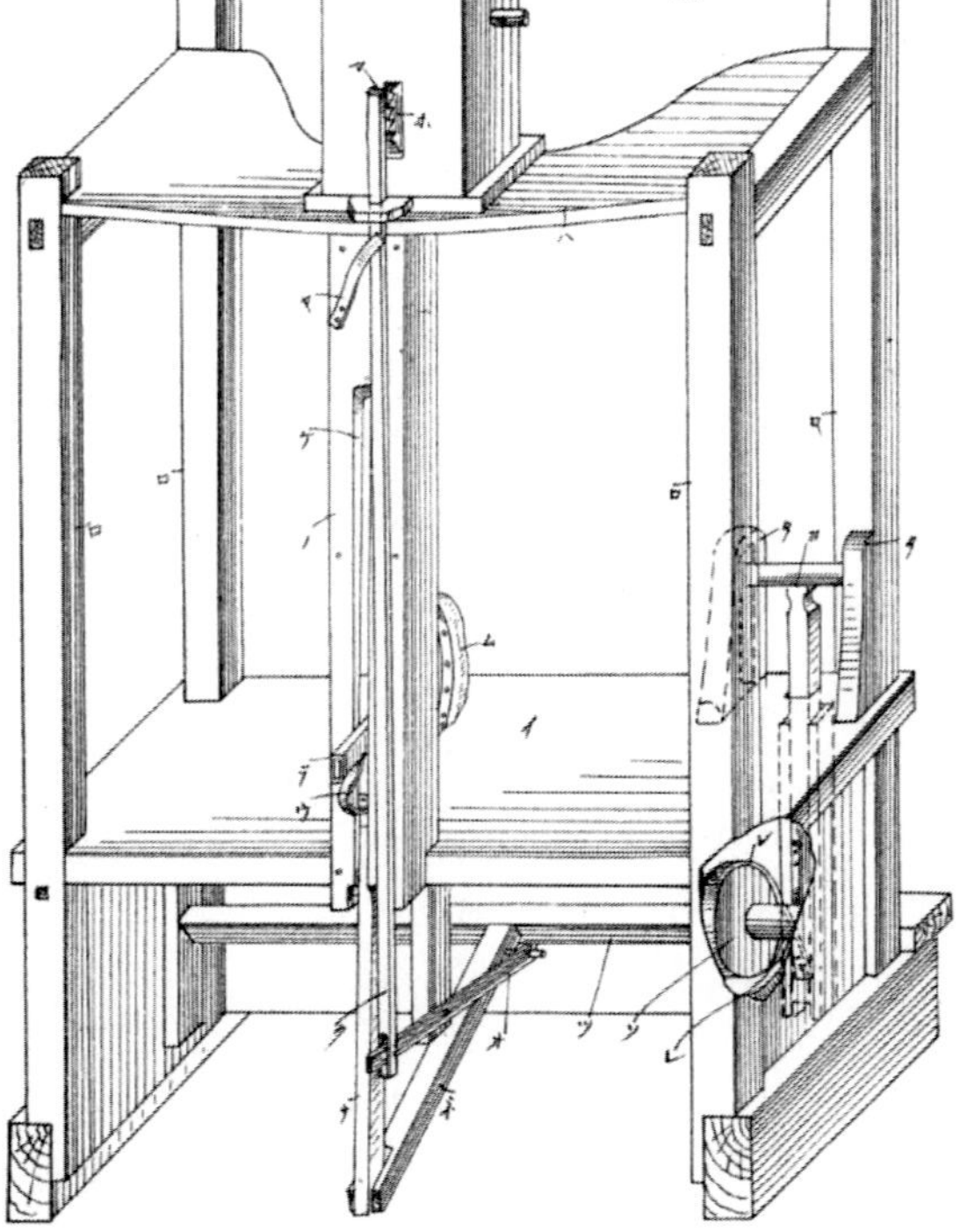

第三圖

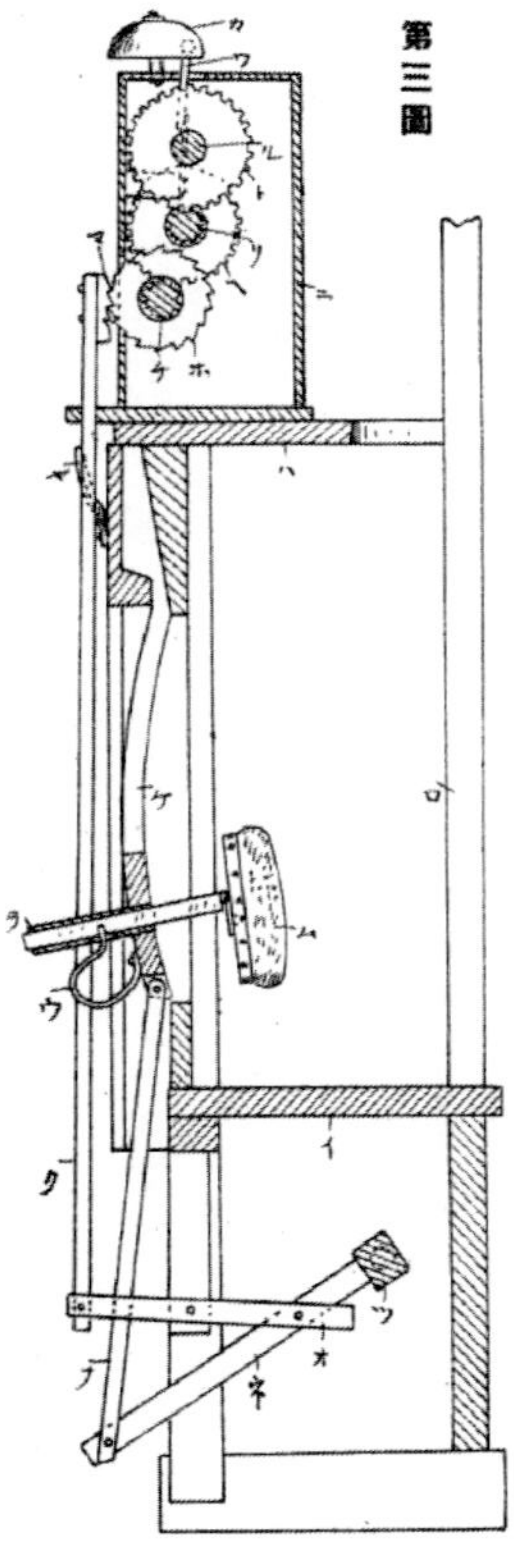

第四圖

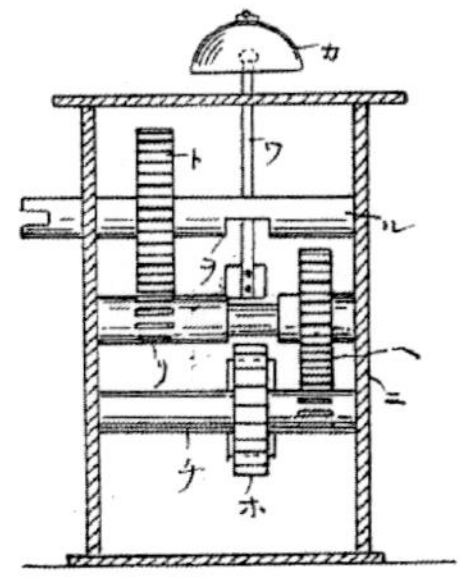

発明のポイント

台上の取っ手の摺動により摺溝に添って上下に移動し、体の凸凹に応じて適度に圧着する擦子を具える。

特許第二七四七二號

第九十一類

出願　大正四年一月九日
特許　大正四年三月三十日

兵庫縣多可郡松井庄村ノ內福原村二百八十六番地
特許權者(發明者)　石塚喜作

明細書

洗身用凍蒟蒻製造法

發明ノ性質及ヒ目的ノ要領

本發明ハ顏面身體等ヲ洗滌スル爲メニ使用スル充分厚ミアル凍蒟蒻ヲ製造スルニ當タリ厚ミアルモノヲ充分內部マテ凍ラス爲メニ數多並列セル型內ニ蒟蒻ヲ塡充シテ一定大サノ蒟蒻片ヲ型成シ其型ノ儘兩面ヲ金網又ハ冷氣ノ自由ニ侵透シ得ラルヘキ材料ニテ覆ヒ挾サミ蒟蒻片ノ廣キ兩面ヲシテ遺憾ナク冷氣ニ接觸セシメ得ヘキ爲メ兩面ヲ挾サミタル儘各片ヲ立テ、冷氣中ニ放置シ以テ內部マテ充分ニ凍結セシムヘクナス所ノ洗身用凍蒟蒻製造法ニ係リ其目的トスル所ハ洗身用トシテ取扱ヒニ便ナル程度ニ充分厚ミアル(五分乃至二寸ノ厚ミアル)凍蒟蒻ヲシテ內部マテ充分ニ凍ラシ以テ洗身效果ヲ完全ナラシムヘクナスニアリ

圖面ノ略解

別紙圖面ハ本發明ヲ實施スルニ最モ便利ナル一例ヲ示ス

發明ノ詳細ナル說明

発明の目的

洗身用として取扱いが便利である。

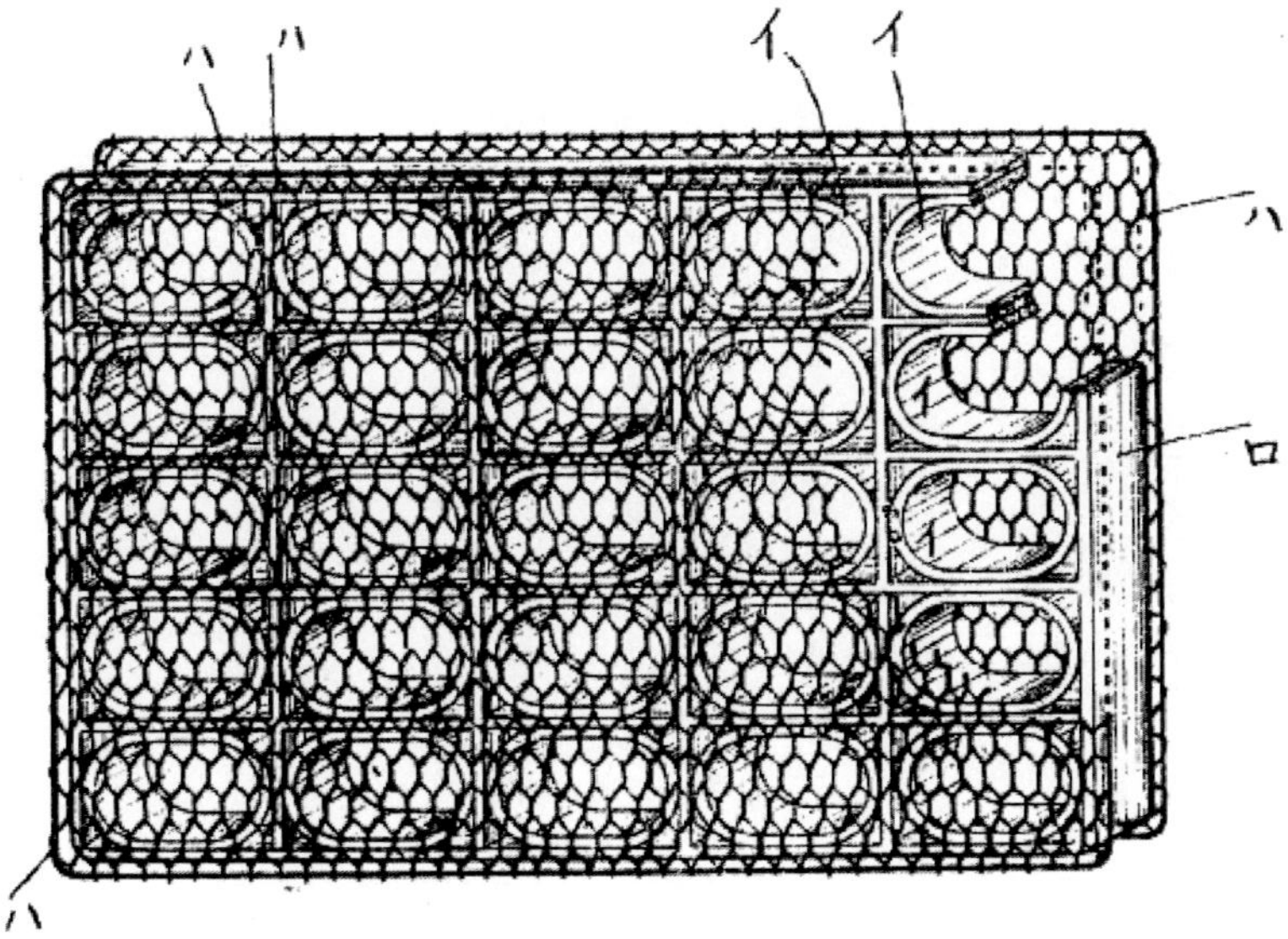

発明のポイント

顔面や身体を洗浄するために使用する十分に厚みのある凍蒟蒻を製造するに当たり、厚みある物を十分内部まで凍らす為に数多並列した型内に蒟蒻を充填して一定の大きさの蒟蒻片を形成する。

特許第七七九八三號

〔昭和三年公告第一二四〇號〕

第四十三類　一一、垢擦

出願　昭和二年四月九日
公告　昭和三年四月二十日
特許　昭和三年九月一日

京都府紀伊郡伏見町字御駕籠第百三十九番地
特許權者（發明者）　吉田直吉

明細書

自動縱擦洗背機

發明ノ性質及目的ノ要領

本發明ハ其先端ニ手拭乃至ハ垢擦布ヲ挿挾ミタル擦竿ヲ上下ニ往復運動ヲナシツツ漸次下降セシメル装置ニ係リ其目的トスル所ハ手ニテ完全ニ洗ヒ得サル背部ヲ任意ニ洗擦シテ完全ニ洗背ノ目的ヲ達セシムルニ在リ尚擦竿ノ先端ハ護謨製ニシテ各自所有ノ手拭乃至ハ垢擦布ヲ挿挾ムモノナレハ本機ヲ錢湯ニ使用スルニ皮膚病傳染等ノ憂絶對ニナク衛生上毫モ有害ナラス

圖面ノ略解

第一圖ハ本洗背機ノ上面正面及側面一部ノ外圍ヲ除キテ之ヲ斜ニ見下シタル圖ニシテ其組立構造ヲ示ス處ノモノナリ第二圖ハ本装置一部ノ正面圖第三圖ハ其側面圖第四圖ハ其平面圖ヲ示スモノニシテ特ニ第三圖ニ於テハ截斷面ヲ用ヒテ本装置主要部ノ構造ヲ示スト共ニ各部分相互ノ關係ヲ明示セリ

發明ノ詳細ナル說明

第一圖ニ於テ①ハ鐵板ヲ以テ作リタル本装置ノ外圍ニシテ②ハ鐵枠ナリ③ハ二本宛對稱ニ配置セシメタル鐵柱ニシテ此ノ鐵柱ニハ一條ノ溝ヲ穿テリ④ハ鐵柱③ノ上下ニ取付ケラレタル軸承ナリ⑤ハ底部鐵枠②ノ中央ニ固定セル軸承ニシテ軸⑥ヲ支フ⑦ハ軸⑥ノ中央ニ垂直ニ取付ケラレタル鐵腕ナリ⑧ハ鐵腕⑦ノ上部ニ其一端ヲ「ボルト」ニヨリ連結サレタル引竿ニシテ其他端ハ本装置ノ外部ニ出テ曲柄ニ連結ス而シテ此ノ曲柄ハ「モーター」ニ連結セル減速装置ニ連結スルモノナリ⑨ハ軸⑥ノ左右ニ取付ケラレタル竿ニシテ其兩端ハ二分サ

発明の目的

銭湯で使用すると皮膚病や伝染病の心配がなく衛生上有害でない。

第一圖

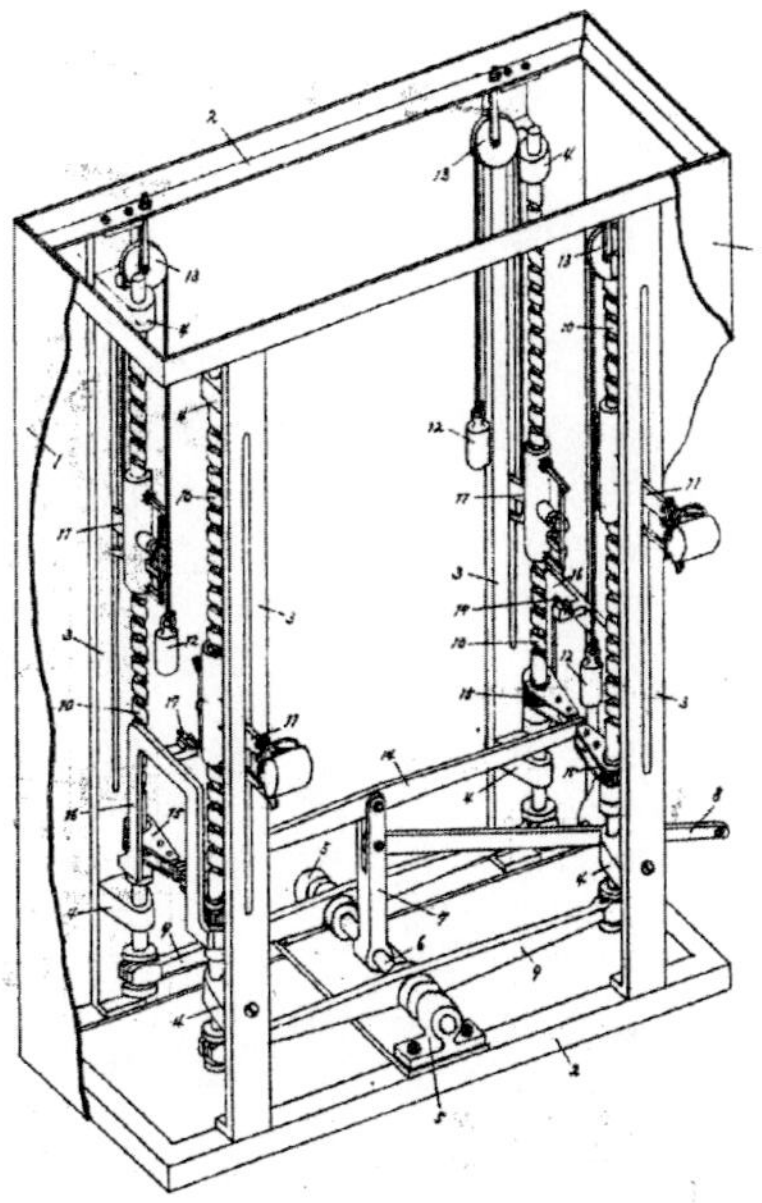

第二圖

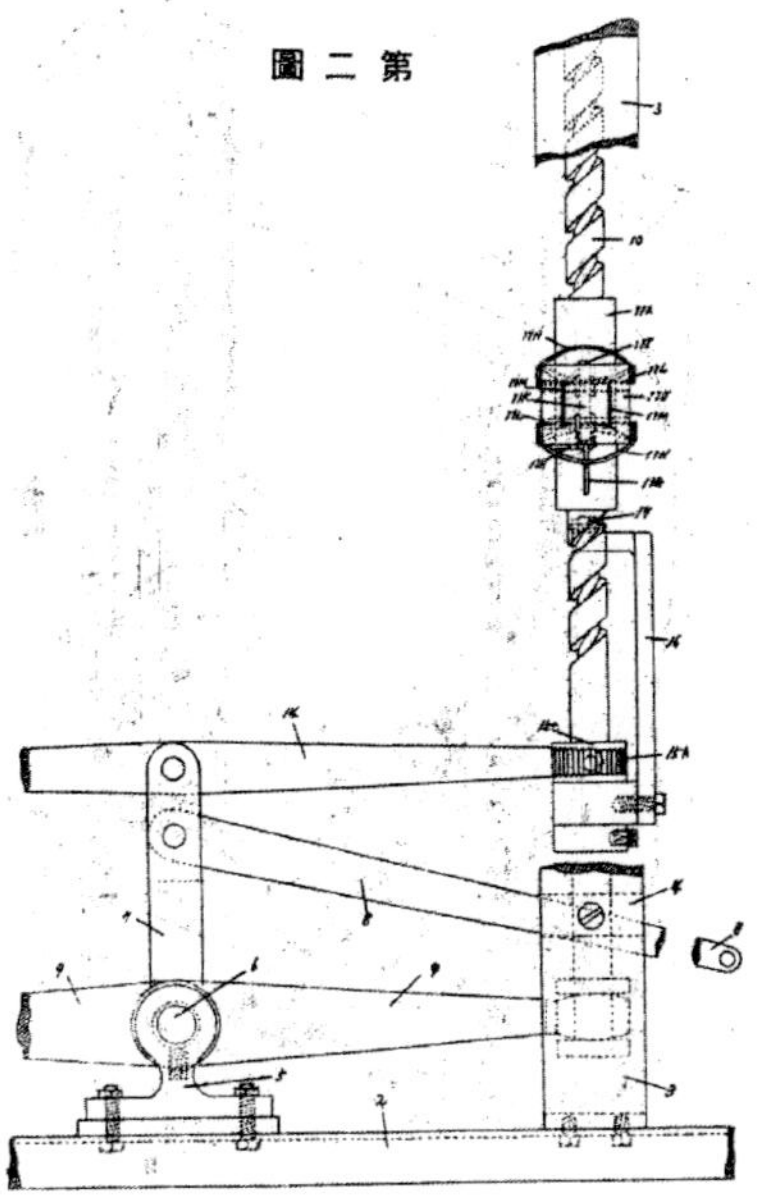

第三圖

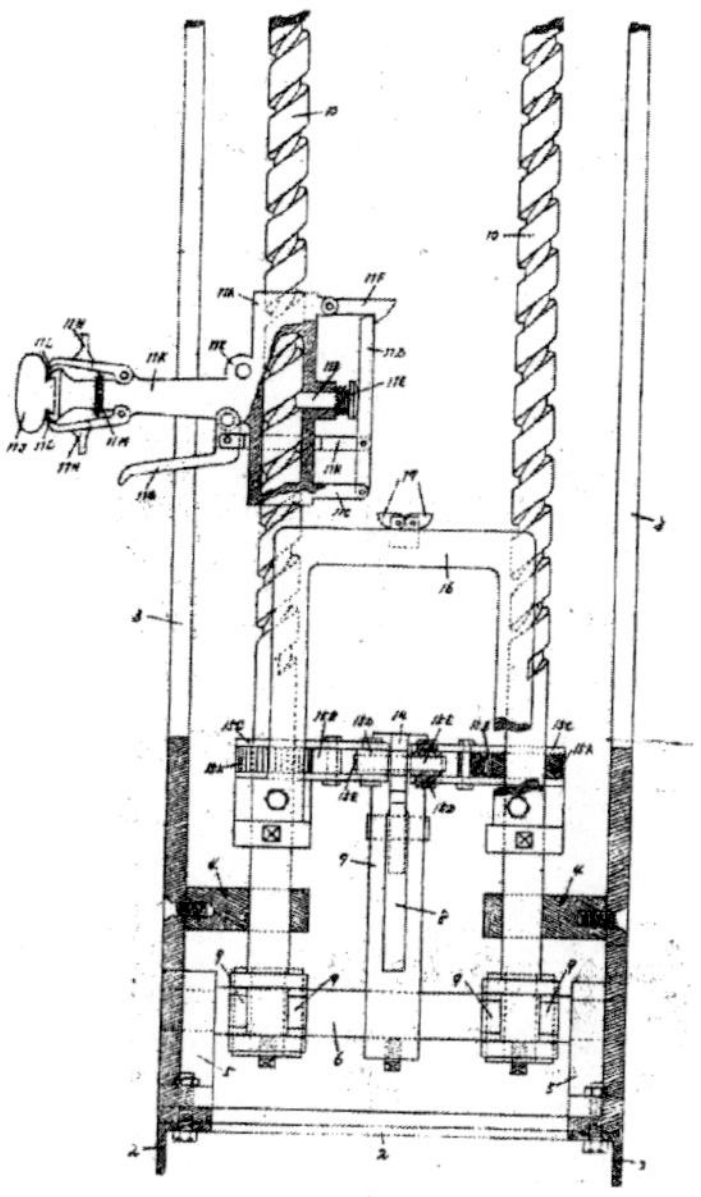

第四圖

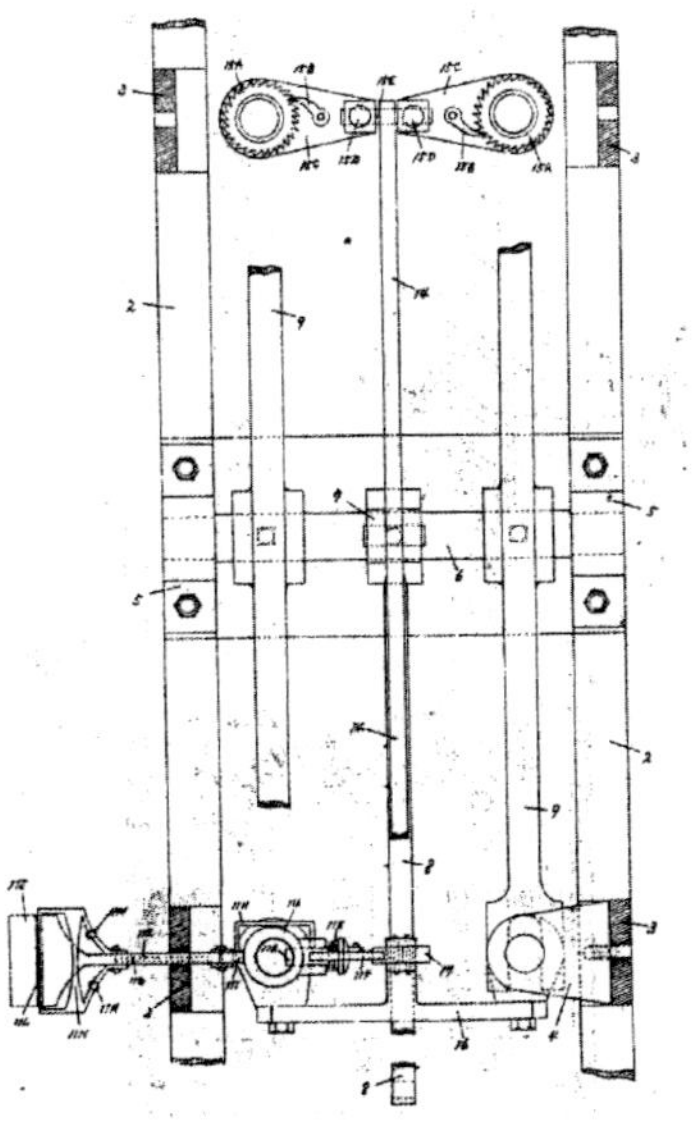

発明のポイント

先端に手ぬぐいまたは垢すり布を挟んだ擦竿が上下に往復運動しつつ、漸次下降する装置にする。

(昭和九年二月二日發行)

特許第一〇四四三五號

〔昭和八年公告第三〇八二號〕

第四十三類　一一、垢擦

出願　昭和七年九月十八日
公告　昭和八年七月二十一日
特許　昭和九年一月十二日

千葉縣東葛飾郡市川町眞間九十七番地
特許權者(發明者)　高宮一士
朝鮮江原道通川郡踏錢面舊邑里二九二番地
特許權者(發明者)　高倍千

明細書

「ヴァイブレーター」付淨洗機ノ改良

發明ノ性質及目的ノ要領

本發明ハ各自所要ノ垢擦具ヲ挾子ニ挾着シ絕緣ノ完全ナル場所ニ設置シタル電動機又ハ密閉シタル電動機ヨリ動力ヲ可撓軸ニテ移動軸ニ傳ヘ該移動軸ノ動力ヲ把手ヲ握リ縮メルコトニヨリ定軸ニ傳導シ把手ヲ緩メ離スコトニヨリ移動軸ハ舊態ニ戻リ定軸ノ廻轉ハ停止スル樣ニナシ定軸ノ廻轉ヲ一對ノ歪齒輪ニ依ツテ主軸ニ傳導シ主軸ト挾子トノ間ニ偏心子ヲ付ケ外ス事ニヨリ垢擦具ヲシテ廣狹二樣ノ摩擦面ヲ摩擦シ得ベクナシ更ニ二樣ノ水槽ヲ設ケ導水管ニテ導引シ自動塞止弁ニテ任意ノ流體ヲ任意ニ噴出スル樣ニナシタルコトニ依リ垢擦作用ヲ行ヒ又主軸ノ廻轉ヲ利用シテ主軸ノ突起片ト振動桿ノ突起片トノ齧ミ外シヲ急速ニ行ハシメ振動桿ニ於テ微少ニシテ且ツ多數ノ廻數ノ直線往復運動ヲ起サシメ以テ振動化シ按摩作用ヲ行ハシムル樣ナシ動力ノ傳動及休止ノ二樣流體ヲ供給及休止ヲ握柄ヲ手ニシテ指頭ノ作用ニヨリ遂行スル樣ニナシタル「ヴァイブレーター」付淨洗機ノ改良ニ係リ其目的トスル所ハ溫湯ノ噴射ト機械的ノ適當ナル摩擦ニ依ツテ皮膚面ニ適當ナル刺戟ヲ與フル事ニヨリ快感ヲ覺エシメツツ皮膚ノ血行ヲ旺盛ナラシメ皮膚細胞ノ發育ト增殖ヲ計リ新陳代謝ノ促進ヲナサシメントシ且「ヴァイブレーター」ハ浴場ニ於テ操作極メテ容易ニシテ最モ效果アル按摩ヲ得ントスルニアリ尙入浴受濫シタル身體ニ溫湯ヲ噴出シ保溫シツツ按摩作業ヲ機械的ニ行ヒ快感ヲ覺エシメ疲勞ヲ囘復シ特ニ不具者又ハ負傷者ノ整型等ニ於テ

発明の目的

温湯の噴射と機械的な摩擦により皮膚綿に適当な刺激をあたえることで快感を覚えさせ、皮膚の血行を旺盛にして新陳代謝を促進させる。

第一圖

第二圖

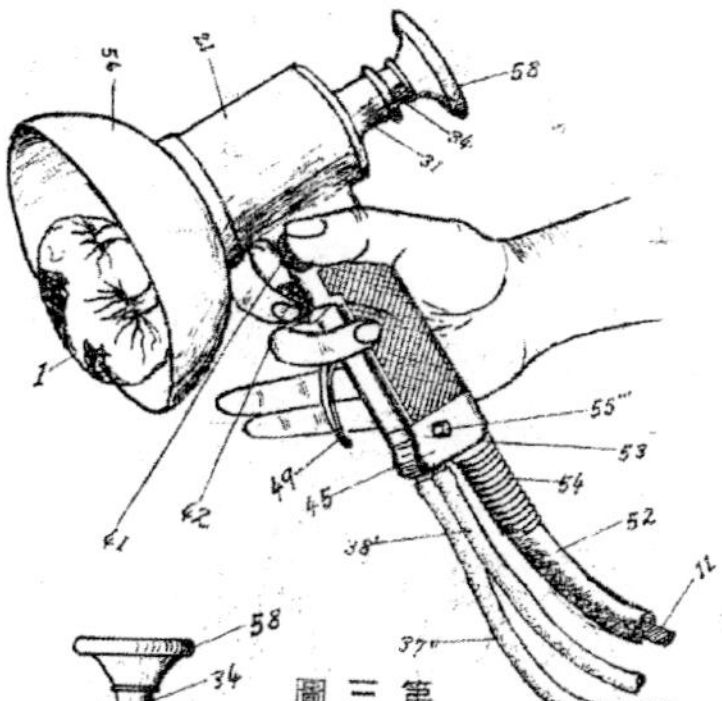

第三圖

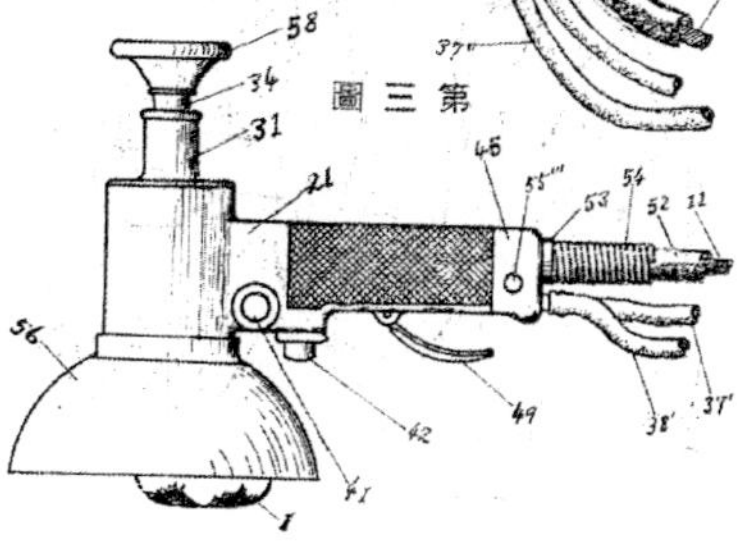

第四圖

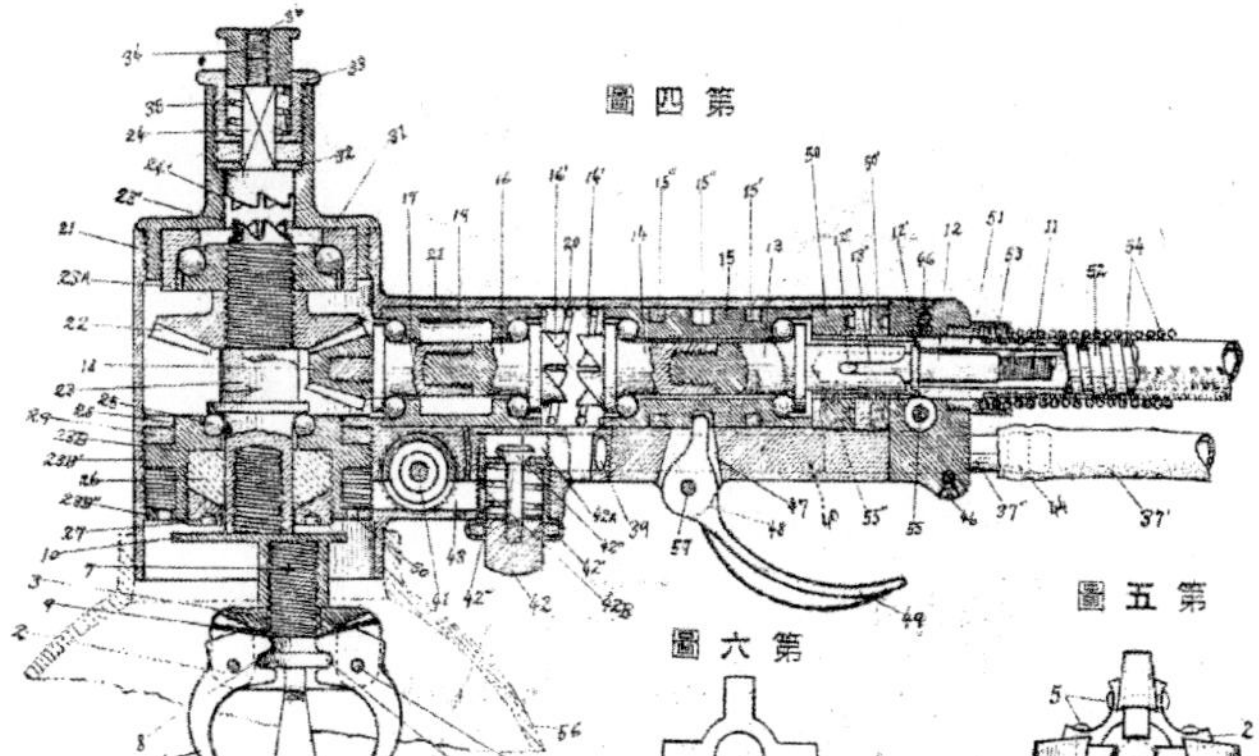

第五圖

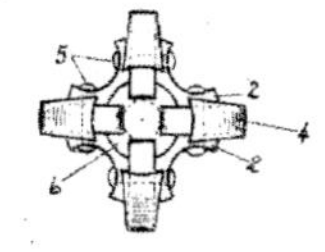

第六圖

第七圖

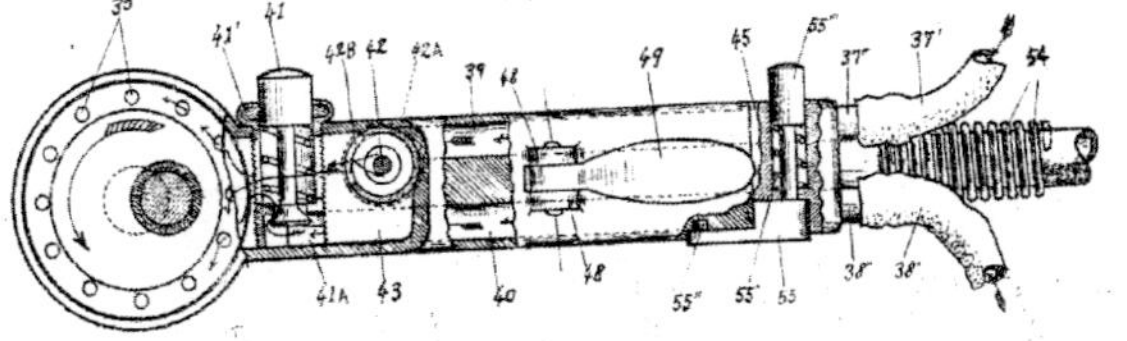

第八圖

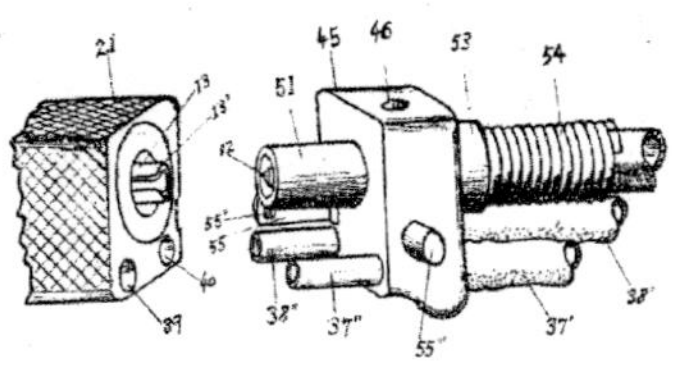

発明のポイント

各自所要の垢すり具を挟み、電動機により動力を軸に伝え摩擦する。水槽を設けて導水管で導引し、任意の流体を任意に噴射するようにする。

(昭和十年二月二十日特許局發行)

特許第一〇九三九七號

第四十三類　一一、垢擦

出願　昭和六年一月三十一日
公告　昭和九年五月二十三日
特許　昭和十年一月二十九日

〔昭和九年公告第一九九〇號〕

群馬縣多野郡鬼石町百番地ノ一
特許權者(發明者)　加藤幸平
代理人　辨理士　八木橋豐

明細書

浴場用流シ機

發明ノ性質及目的ノ要領

本發明ハ彈機ニヨリ前方ニ牽引セシメタル杆ノ後部ヲ左右方向ニ往復動スル枠ニ又該杆前部ハ上下方向ニ往復動スル枠ニ挿通シテ水平方向ト上下方向ノ搖動ヲ同時ニ遂行セシメ以テ該杆ノ頭部ヲシテ身體表面ニ接觸ヲ保チタルママ一定範圍ヲ摺動摩擦スヘクシ上記ノ杆ノ上部ニハ左右一對ノ杆ヲ設ケテ槓杆ノ擺動ニヨリ前後方向ニ往復動ヲナスト同時ニ其ノ後部ヲ挿通セル枠カナス左右方向ノ往復動ニヨリテ左右ニ搖動セシメ以テ腕ノ上側若シクハ下側ヲ摩擦セシメ別ニ前端弧狀ヲナセル杆ヲ上下方向ニ擺動セシメ肩ヲ叩打スヘクセル裝置ニ係リ其ノ目的トスル處ハ機械的ニ流シヲ遂行セシムルニアリ

圖面ノ略解

圖面ハ本發明實施ノ一例ヲ示スモノニシテ第一圖ハ本機側面圖第二圖ハ同上一部除去正面圖第三圖ハ背部摩擦杆斜視圖第四圖ハ腕洗ヒ杆斜視圖第五圖ハ肩叩杆斜視圖トス

發明ノ詳細ナル說明

(1)ハ機框ニシテ外側ハ適當ニ被覆シテ内部ノ機構ヲ隱蔽スルモノトス(2)(2')ハ同樣ニ作動スル上下二對ノ背部摩擦杆ニシテ夫々鎹(3)(3')ニヨリ槓杆(4)(4')ニ任意方向ニ搖動スヘク吊架又ハ支持セラル而シテ上記槓杆(4)(4')ハ夫々架臺(5)(5')ニ樞着サレ前後ニ搖動スルコトヲ得

発明の目的

肩を叩くと共に、流しの前後には石けんや温湯が注下され、最後には人体に接触した部分は消毒剤で自動的に消毒する。

第一圖

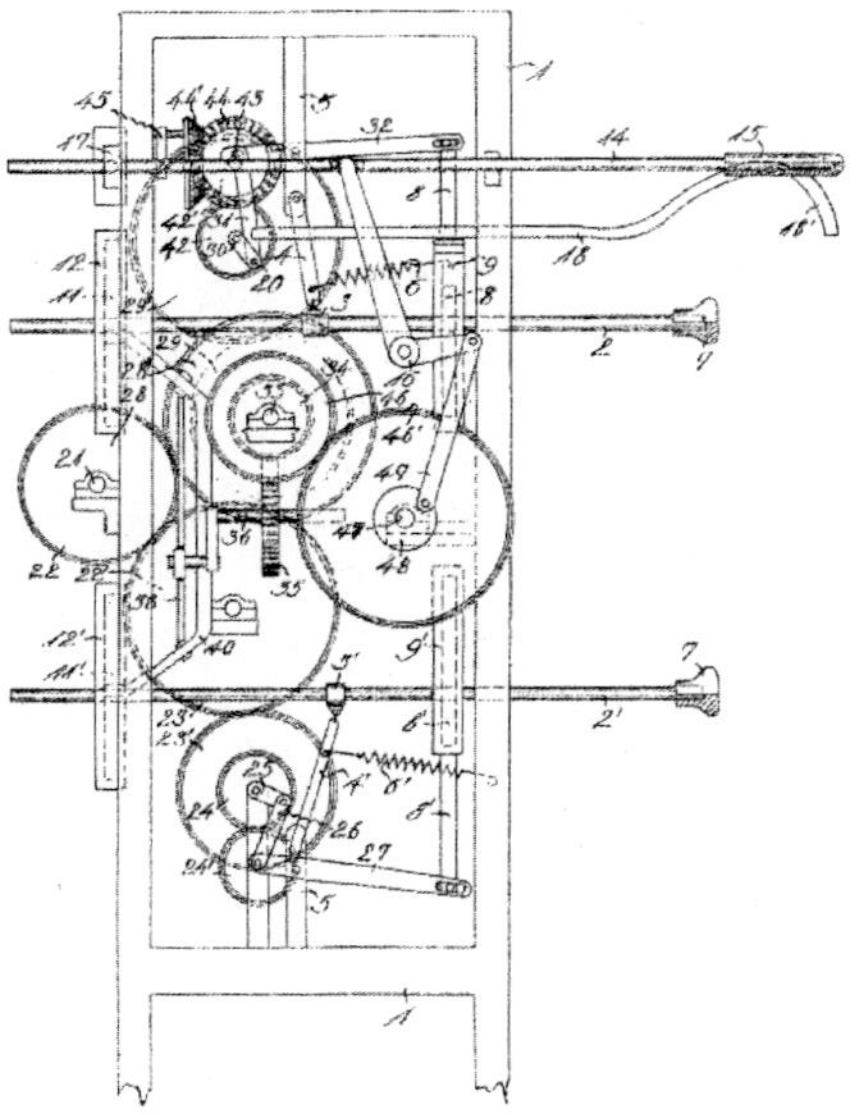

第二圖

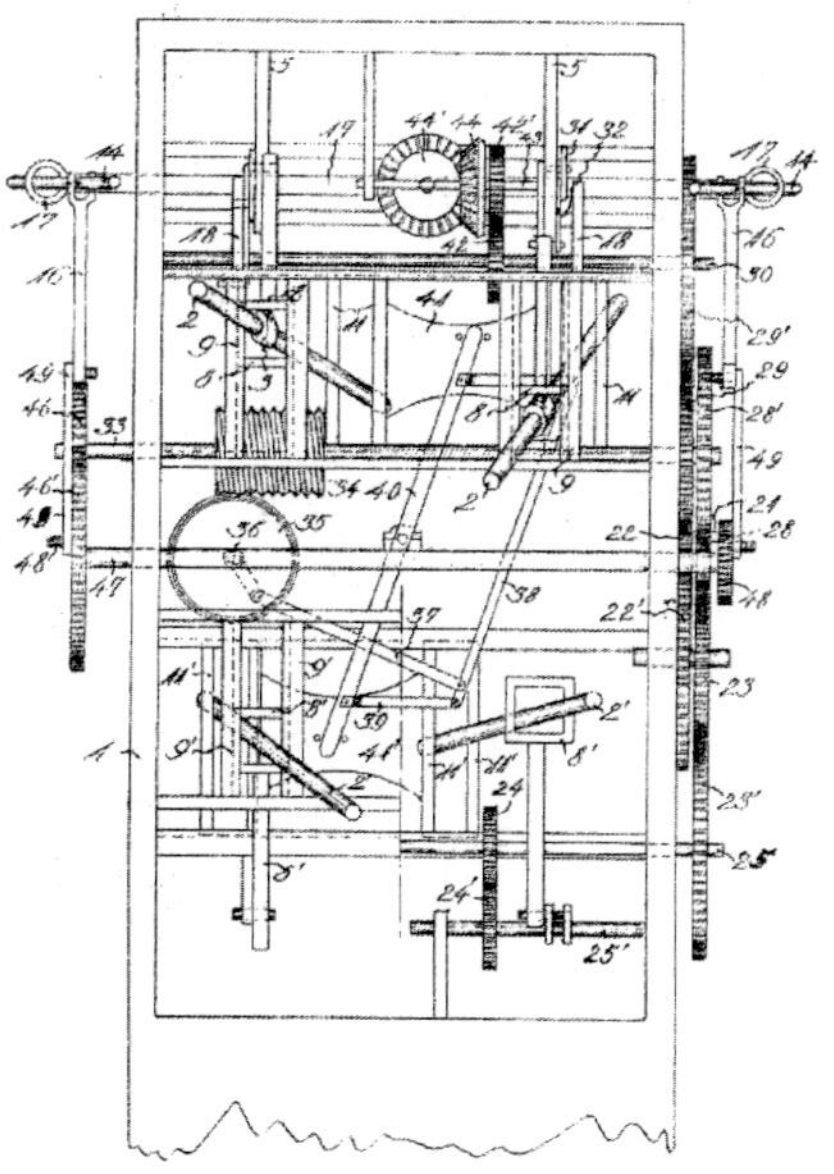

第三圖

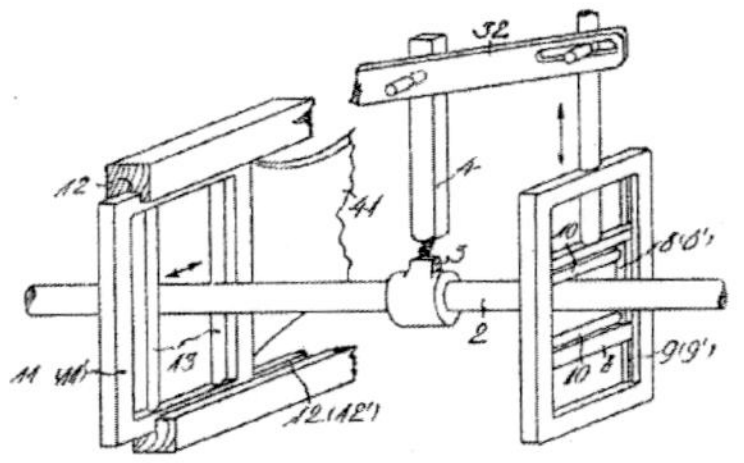

第四圖

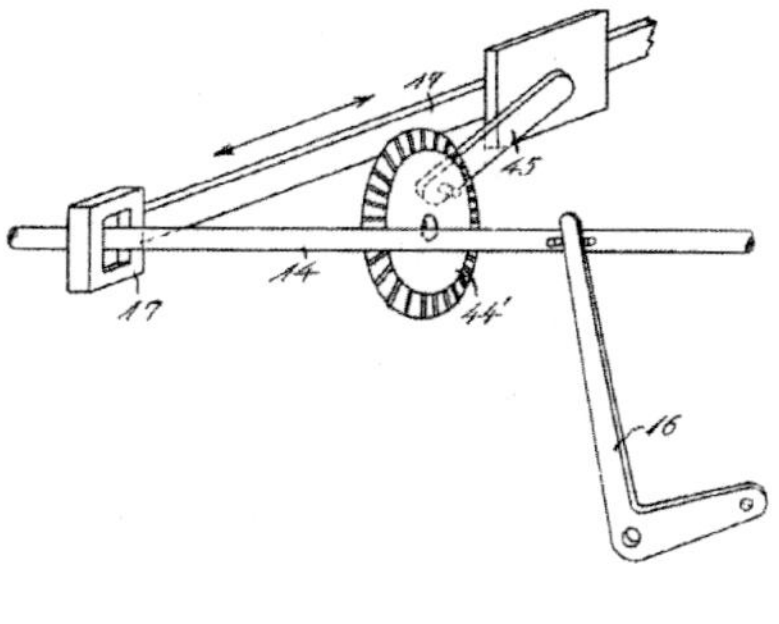

第五圖

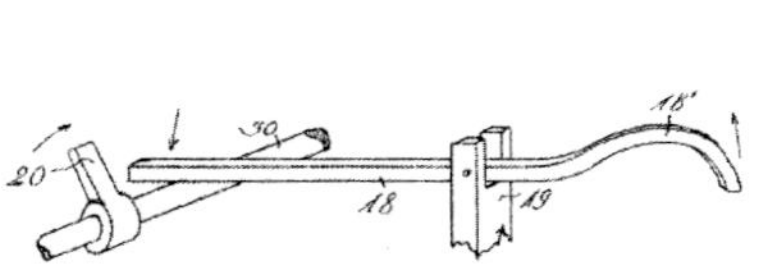

発明のポイント

弾機により前方に牽引した杵の後部を左右方向に往復運動する杵に、杵前部は上下方向に往復動する杵に挿通して水平方向と上下方向の揺動を同時に遂行させる。

第5章　お国柄があらわれる食器洗い洗浄機

アメリカ　チェーンの回転でパドルによる水かけ

特許第31100号は大正5年出願のアメリカ・イリノイ州からの発明です。細長いプランターのような皿洗い器です。二段構造の上段にある籠（9）の中に皿が針金で支えられています。面白いのは下段です。第3図をご覧ください。下段は水槽（6）になっており、長手方向に延びた断面四角形の軸が通っています。この軸は水槽の外からハンドル（20）とチェーンで回すことができます。

第三圖

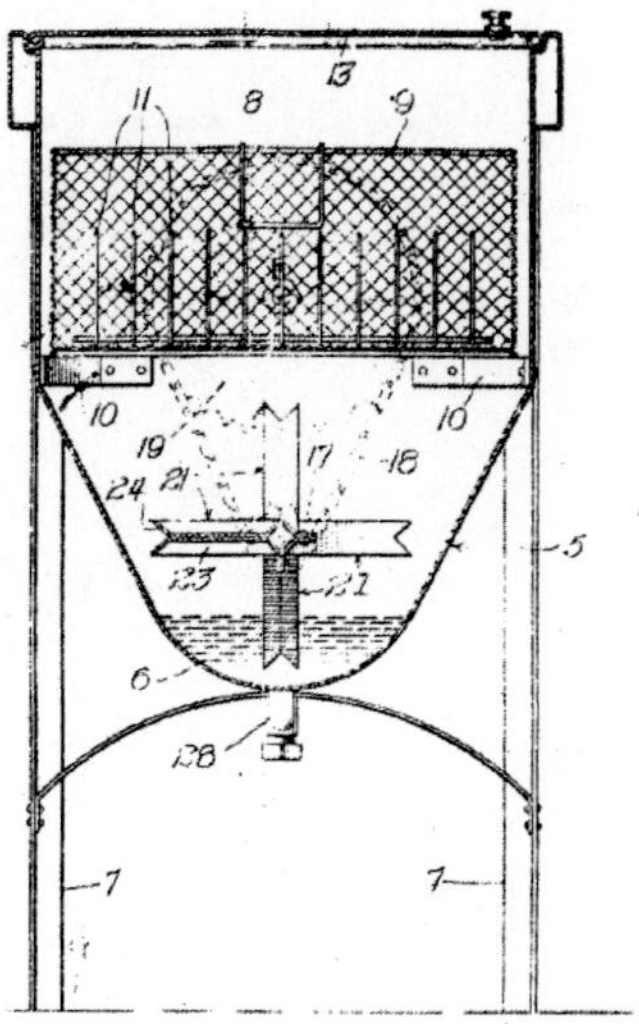

特許第31100号

第四圖

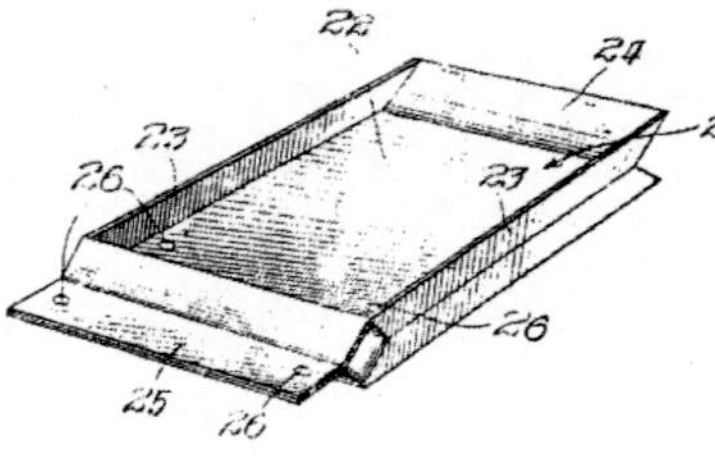

ところで、なぜこの軸の断面を四角形にしたのでしょか？第4図をご覧ください。そのカギはパドル（21）です。まさに"水かき"です。パドルの形は言ってみれば弁当箱のような形です。弁当箱の一端に断面四角形の軸が通る穴が設けてあります。プランターの下段に設けられた断面四角形の軸と、その軸に取り付けられるパドルがこの発明のカギです。ちなみに、パドルは図をご覧になるとわかりますが90度で互い違いに取り付けられています。

ハンドルを回してみましょう。チェーンによって軸が回転し、パドルは勢いよく水を跳ね上げます。掻き上げるという方が発明者の感覚に近いでしょうか。パシャパシャと小気味良く水が皿にかかります。この時代、アメリカではどのような食事をしていたのでしょうか。パシャパシャパシャという水できれいに洗い流せる皿の上にはパン屑がのっていたのでしょうか。

日本　歯車の回転で皿を挟んで洗浄

特許第69661号は大正14年出願の東京・麹町からの発明です。半円形の温水槽（1）の中にアーム（13）にセットした皿を、振り子運動のようにじゃぶじゃぶと振り洗いする機械です。面白いのは皿の取り付け方です。特許図面第1図をご覧ください。まだアームにセットされたばかりの皿が、図の上の方に白い円で描かれています。ワイパーのようなものは皿を挟むので挟板（26）と呼んでいます。ワイパーブレードとなる部分にはスポンジゴムや布などのソフト材が良いそうです。

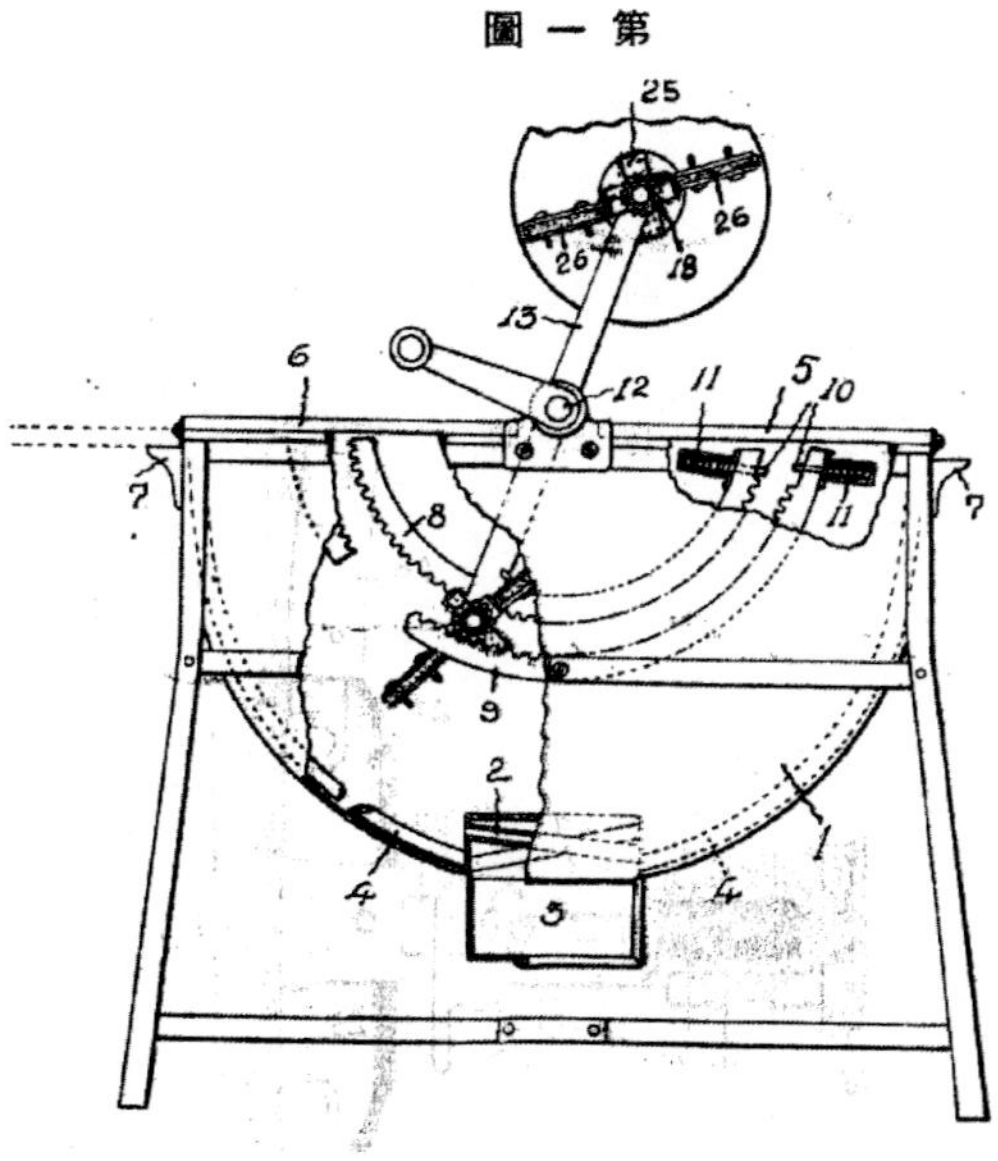

特許第69661号

本発明の知恵は、ハンドルを握ってアームを動かして皿を水槽に入れると、半月状の歯車（8、9）が働き、ワイパーが皿の表裏でくるくると回る仕組みです。しかも、皿の表裏で回るワイパーの回転方向が互いに反転方向だという点に発明者の洒落た工夫が感じられます。歯車の回転の妙にニヤリとしたくなる発明です。ワイパーがぐるぐると皿の表面で反転運動をするということは、皿もくすぐったく笑っていそうです。

イギリス　皿をジグザグに配置して熱水を流下

特許第３８８１１号は大正９年出願のイギリスロンドンからの発明です。ホテルや料理店で使う食器洗いです。少し見にくいですが特許図面第２図の側面図をご覧ください。上方のコーヒーカップの下に丸い管（９、10）が見えるでしょうか。これが熱水を噴射するパイプです。

第二圖

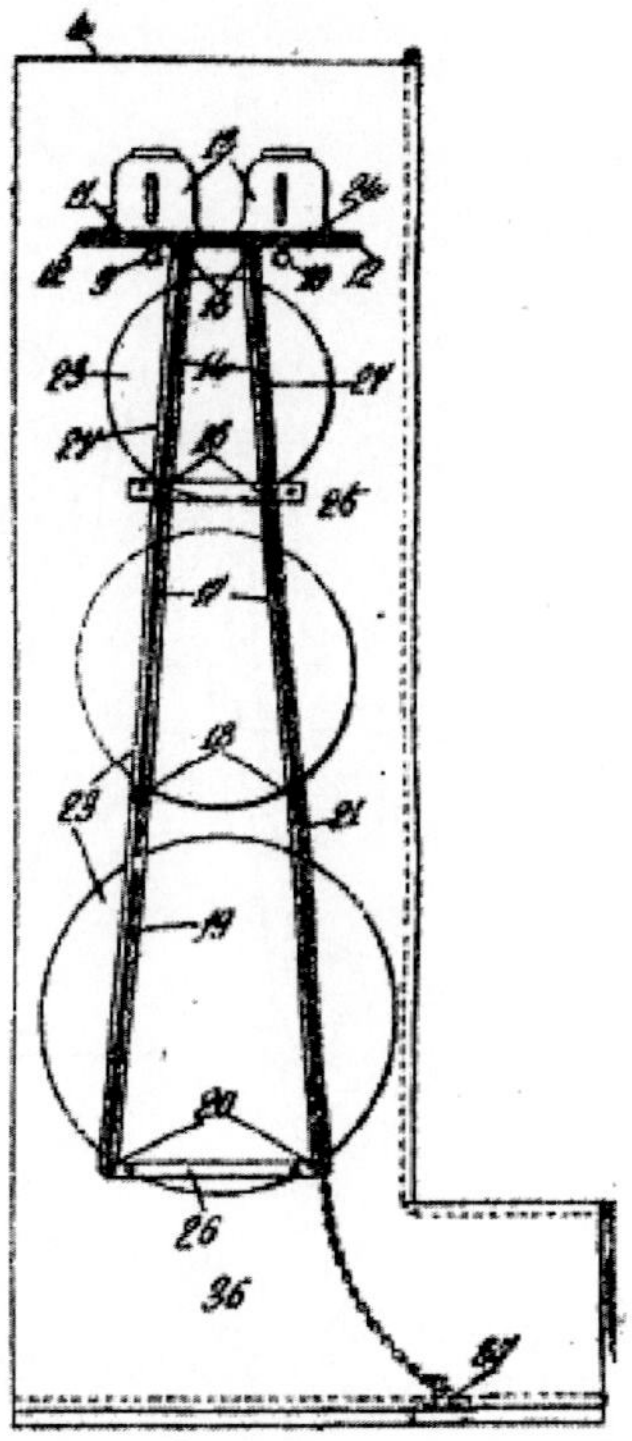

特許第38811号

本発明の特徴は、お皿を立てて並べる支えにあります。針金を上段で右に傾けた場合は、その下の中段では左に傾け、皿をジグザグに段々配置することで巧く熱水を流す構造です。しかも、皿を洗った熱水は下の熱水溜り（36）にたまるので、この部分にナイフ、フォークおよびスプーンを置くことができます。

明細書の詳細には「本装置をそなうるときは日常使用せらるる食器および料理道具は短時間にて有効に洗掃せられ、かくして時間および労力を節約することを得るのみならず普通洗掃による食器の破損を大いに減殺することを得べし」とあります。自然流下式の食器洗掃器です。

フランス　水の有効活用と乾燥まで自動化

特許第７２１１４号はフランス・セイヌからの発明です。トンネル移動式の連続洗浄の皿洗浄機です。汚れた食器は皿かご（６）に収めて台車に載せ、第４図の左側からトンネルの内部に送り込みます。トンネルの内部数か所では多孔管（51、52など）から洗浄水が噴射され、皿が洗浄されます。洗い終わった皿は右方向に搬送されます。

圖四第

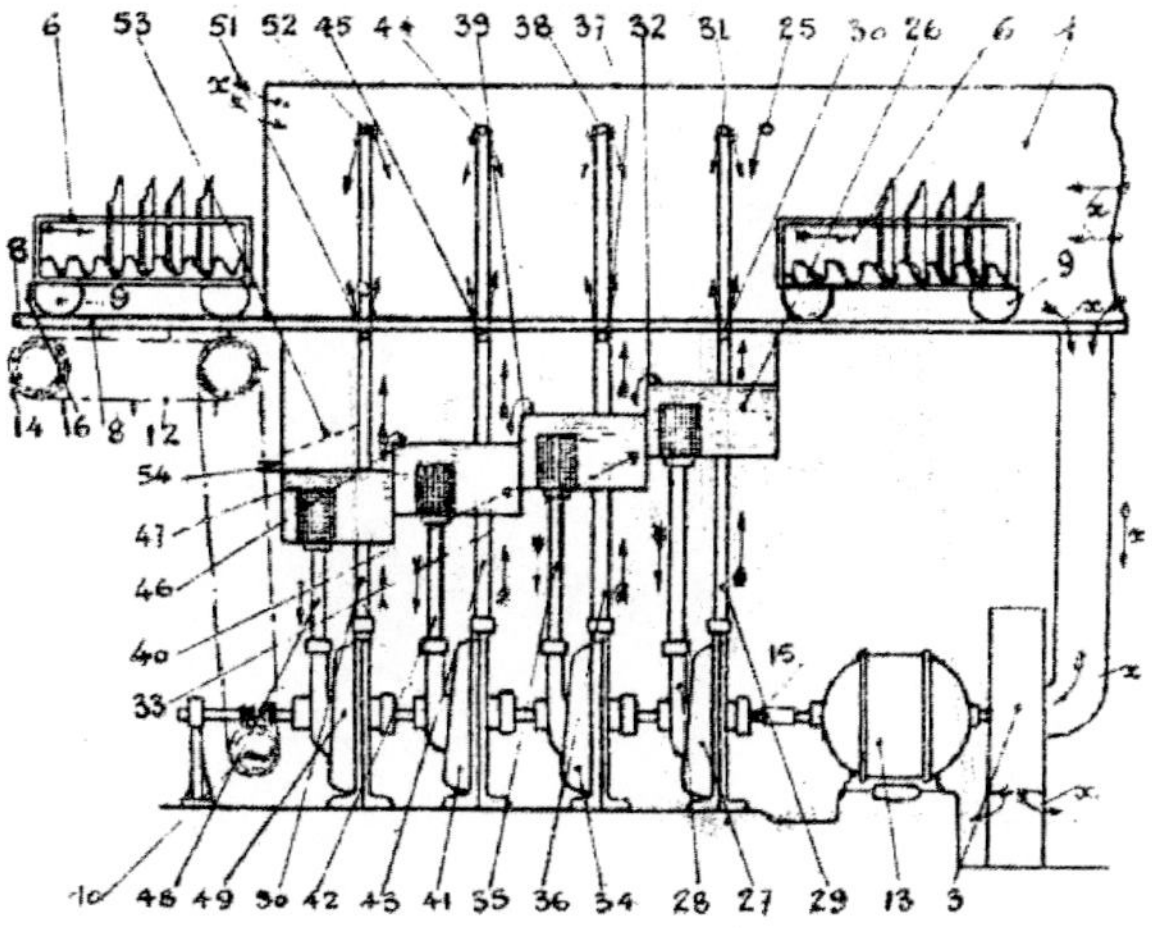

特許第72114号

本発明の面白いところは、トンネルに送り込まれる皿の洗浄に、はじめは汚れた低温の水を使い、洗いが進むごとにきれいな水を使うように工夫しているところです。そのからくりは、洗浄水を回収する水槽の段違い構造にあります。最後は高温の清水で完全にきれいに洗い、消毒して送風機で乾燥させ、自動的に使用位置に運搬します。しかも、乾燥に際してガスや臭気をお皿に与えないという理想的な自動皿洗装置です。

特許第三一一〇〇號

第百十一類

出願 大正五年十月十七日
特許 大正六年五月十九日

亞米利加合衆國イリノイス州クック郡市俄古市ウェスト、ヴァンビューレン、ストリート三十七番
發明者 ウヰリアム、ヱー、カーソン

亞米利加合衆國イリノイス州クック郡市俄古市オールドコロニー、ビルヂング
特許權者 キッチェン、サーヴヰス、コムパニー

明細書

洗皿機

發明ノ性質及ヒ目的ノ要領

本發明ハ水洗セラルヘキ物品ニ水ヲ强送スル所ノ數箇ノ散水器ヲ具ヘ其各器ハ中空部竝ニ傾斜セル側邊ヲ具ヘ散水器ノ回轉ニ伴フ遠心力ニテ水ヲ飛散スル構造ニ於テ各散水器ハ其回轉軸ノ軸線ノ上下ニ共ニ密着セラルヘキ二箇ノ合成部分ヲ有シ各散水器ヲ順次九十度ノ差ヲ以テ軸ニ取付ケタル洗皿機ノ構造ニ係リ其目的トスル所ハ構造完全ニシテ確實ナル働ヲナス洗皿機ヲ得ントスルニアリ

圖面ノ略解

添付圖面中第一圖ハ本機ノ垂直斷面第二圖ハ第一圖ノ(2)―(2)線上ノ水平斷面ニシテ籠ヲ除キタル者第三圖ハ第一圖ノ(3)―(3)線上ノ横斷面第四圖ハ散水器ノ配景詳細圖ナリ

発明の目的

構造を完全にして確実に皿を洗う。

第一圖

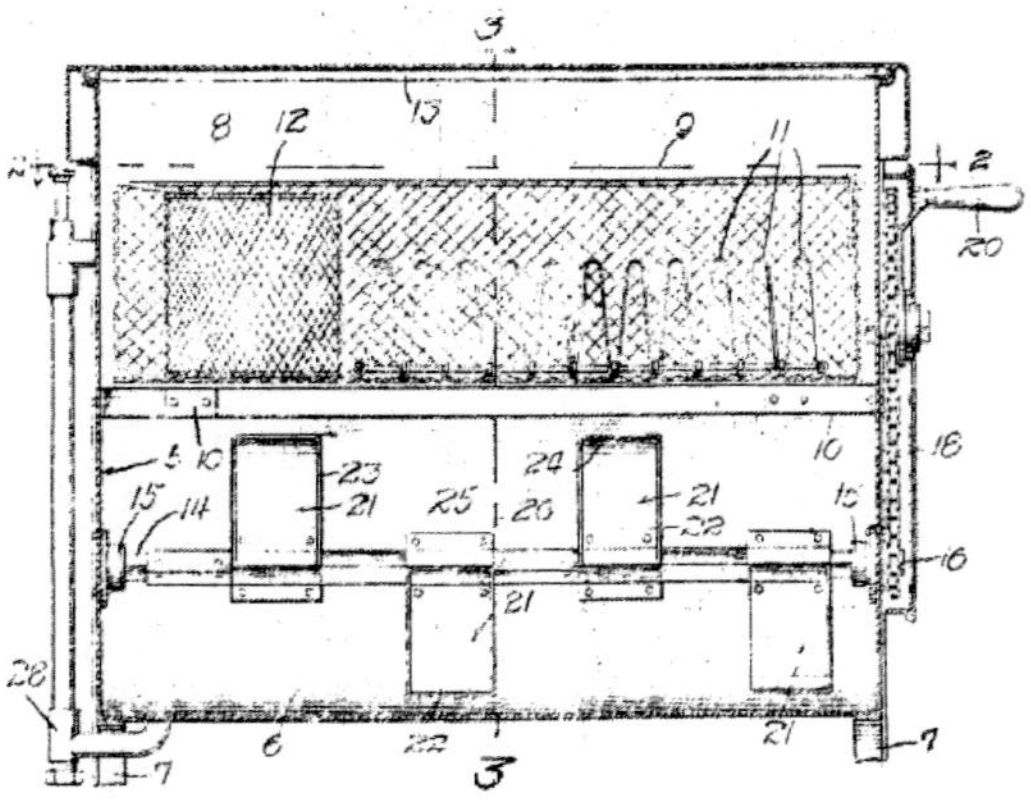

第二圖

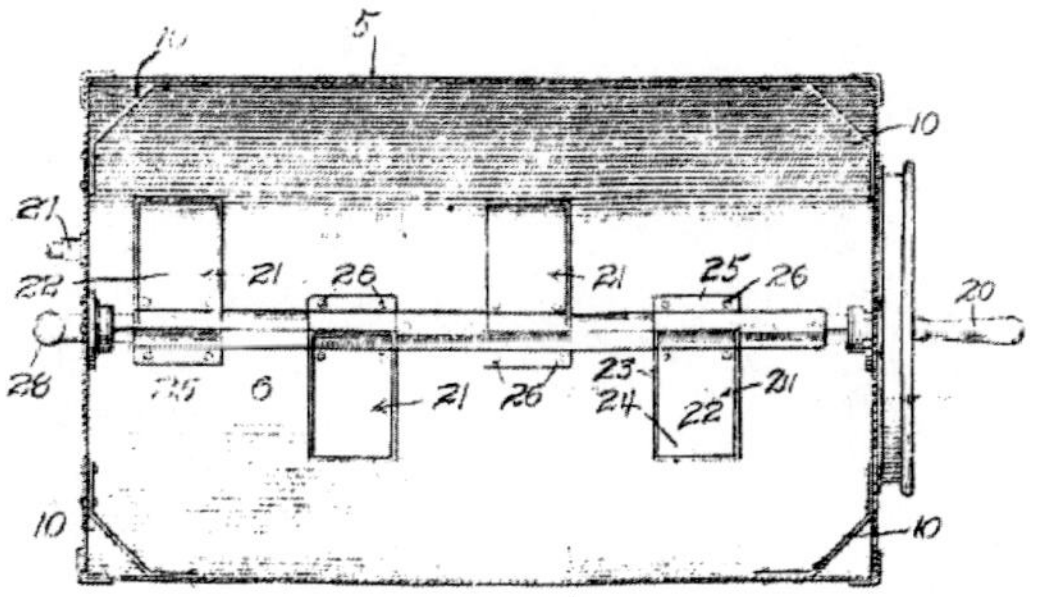

第三圖

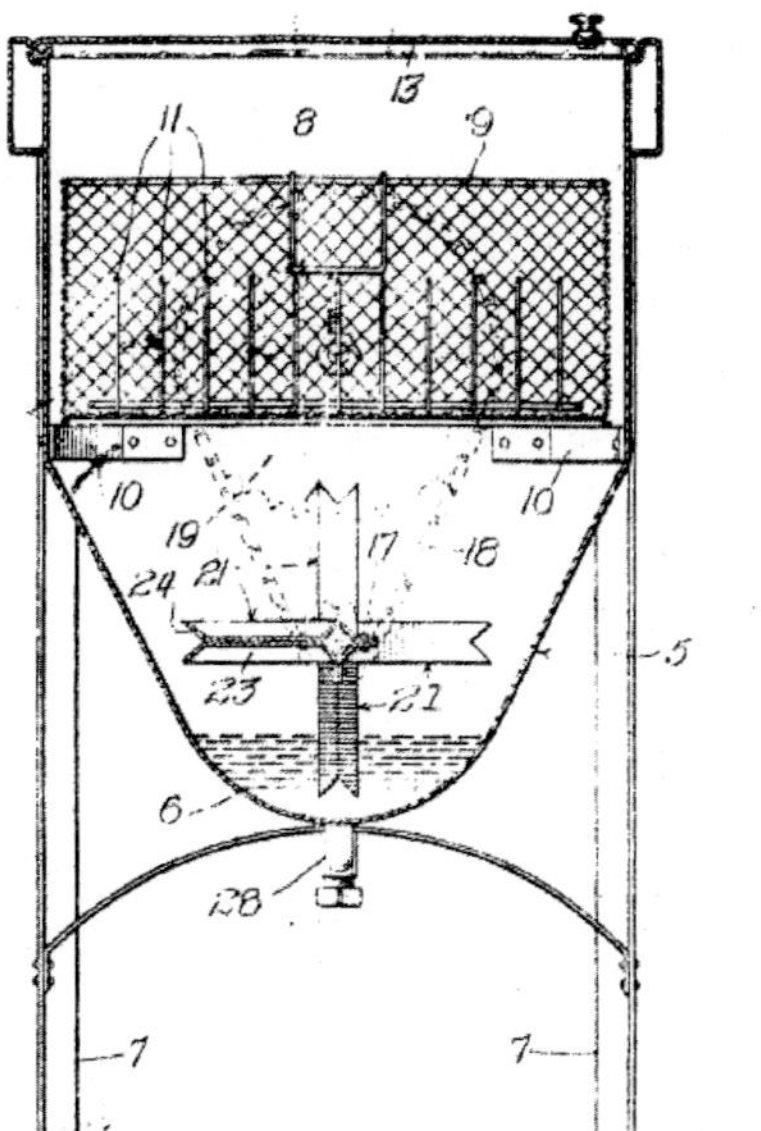

第四圖

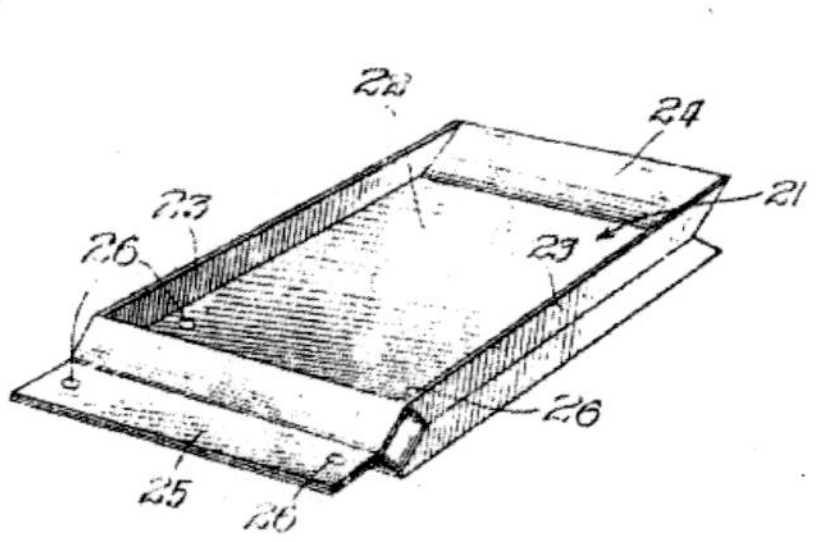

発明のポイント

水洗する物品に水を強送し、数個の散水器を備え、各部は中空部位に傾斜する側辺を具え、散水器の回転に伴う遠心力で水を飛散する構造にする。

特許第三八八一一號

第百十一類

出願　大正九年六月二十五日
特許　大正十年六月　四　日

英吉利國倫敦市ノース、マスウェル、ヒル、グランドパレード、マンションス二番
特許權者(發明者)　ウィリアム、ジョン、ニクソン、マン

明細書

食器洗掃器

發明ノ性質及ヒ目的ノ要領

本發明ハ横面ヲ圓錐斷面狀ニ裝設セラレタル段付ノ棚ヲ具ヘ此棚ノ上部ノ水平支持材ヲ格子形又ハ樋狀トナシ各棚ヲ部分的ニ區劃セシムルタメノ各ノ針金ヲ適當ナル傾斜位置ニ配置セシメタル所ノ棚函ヨリ成リ棚ノ上部ノ上記水平支持材ノ下邊ニ數多ノ小孔ヲ具ヘタル熱水管ヲ取付ケタル所ノ食器洗掃器ニ係リ其目的トスル所ハ完全ニシテ有效ナル食器洗掃器ヲ得ルニアリ

圖面ノ略解

添付圖面第一圖ハ本裝置ノ內部ノ前面第二圖及第三圖ハ各別ニ本裝置ノ横斷面及平面ヲ示ス

發明ノ詳細ナル說明

圖面ニ於テ(4)ハ本裝置ヲ構成セル棚函ニシテ種々ノ食器等ノ支持材ナリ第二圖ニ示セル(9)(10)ハ本裝置ノ內部ニ熱水ヲ噴射セシメ分配スル所ノ管ヲ示ス而テ上置ノ支持材(5)ハ格子形又ハ樋形ニ造ラレ之レヲ構成セル數

発明の目的

完全で有数な食器洗掃器を得ることができる。

第一圖

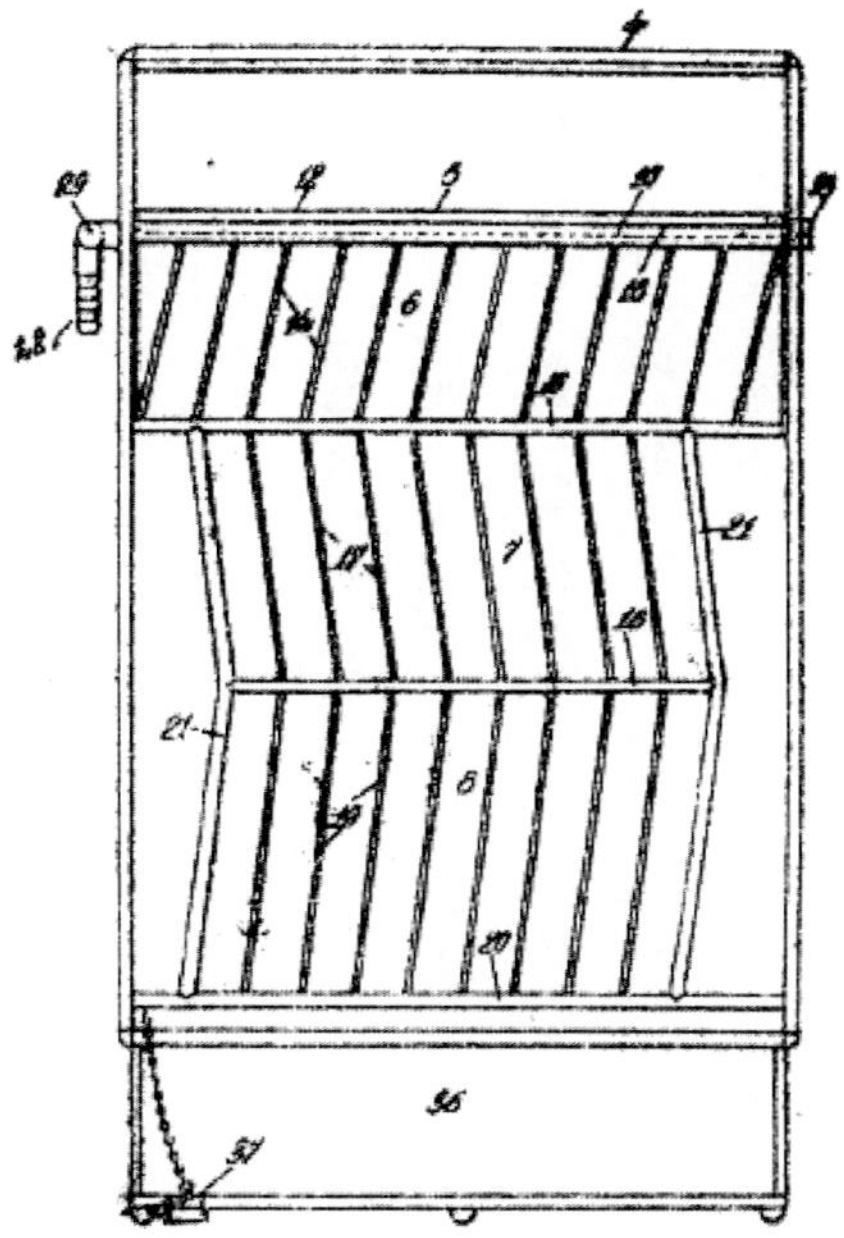

第二圖

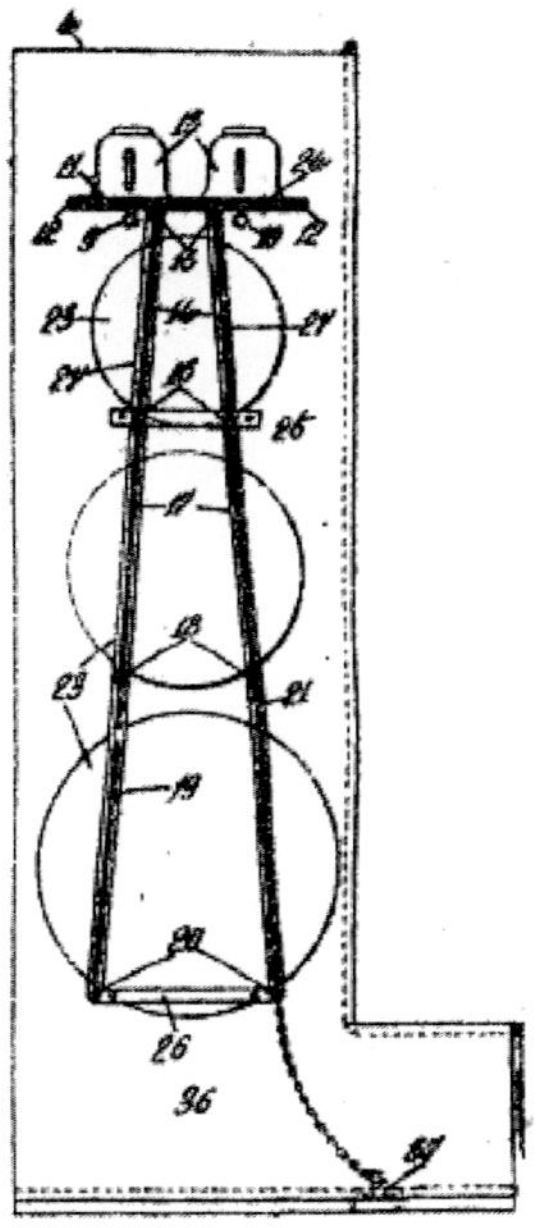

第三圖

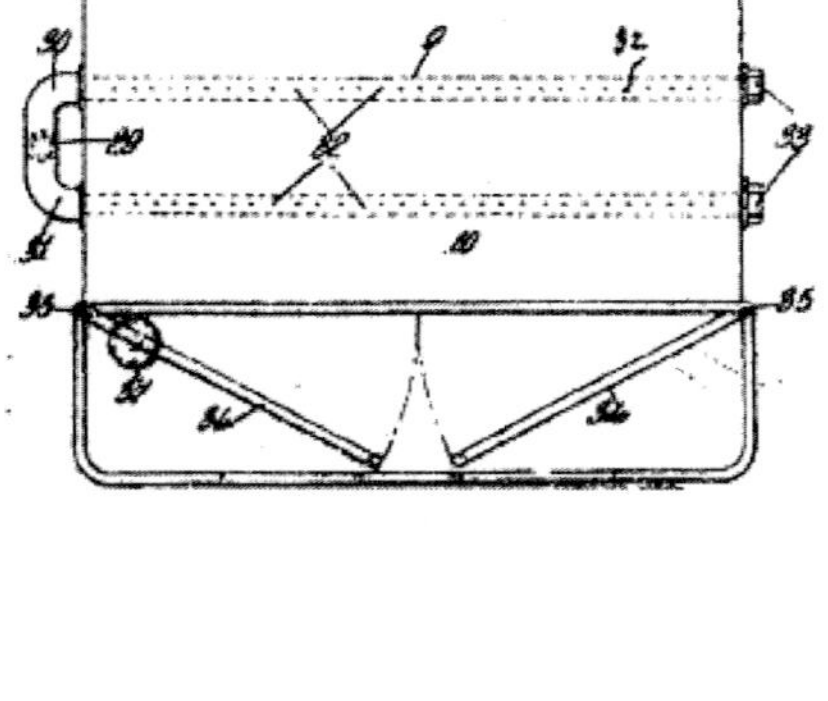

発明のポイント

横面を円錐断面状に装設した段付きの棚を具え、棚の上部の水平支持材（５）を格子形または樋状とし、各棚を部分的に区画するために針金を適当な傾斜位置に配置し、水平支持材の下辺に数多の小孔を具えた熱水管を取り付ける。

特許第四五〇二四號

〔公告番號　第四六五號〕

第四十三類

出願　大正十一年八月五日
公告　大正十一年十二月二十四日
特許　大正十二年三月二十四日

亞米利加合衆國紐育州ウェストチェスター市
發明者　ヘンリ、レイモンド、マーセルス

亞米利加合衆國紐育州ウェストチェスター市
特許權者　ヘルバート、エドウィン　マーセルス

右代理人　辨理士　草場九十九

明細書

洗滌機

發明ノ性質及ヒ目的ノ要領

本發明ハ皿其他ヲ洗滌スル機械ノ改良ニ係リ廻轉投射器ヲ設ケ其ノ噴射嘴子ノ一部ハ投射器カ廻轉スルトキ洗滌水ヲ後方ニ噴射セシムル樣廻轉軸ニ對シ後方ニ傾斜セシメラレ他ノ嘴子ハ前方ニ噴射セシムヘク廻轉軸ニ對シ傾斜セシメラレ洗滌水噴射ノ合成反動力率カ投射器ニ回轉運動ヲ起サシムル樣軸ヨリノ距離ヲ決定シ以テ投射器ノ直上ニ配置セル洗滌物ノ全表面ニ對シ石鹼湯其他ノ洗滌液ヲ強ク噴射セシメテ洗滌スヘクナシタル構造ヨリ成リ其ノ目的トスル所ハ皿其他ノ洗滌物ノ全表面ニ一度ニ洗滌水ヲ噴射セシメ得ル能率高キ此種洗滌機ヲ得ントスルニ在リ

圖面ノ略解

第一圖ハ本發明洗滌機ノ槽ヲ截斷シテ內部ノ機構ヲ示シタル圖第二圖ハ第一圖ノ位置ヨリ九十度廻轉シタル投射器ノ噴射狀態ヲ示ス

発明の目的

皿の全表面に一度に洗浄水を噴射させることができるので能率が高く洗浄することができる。

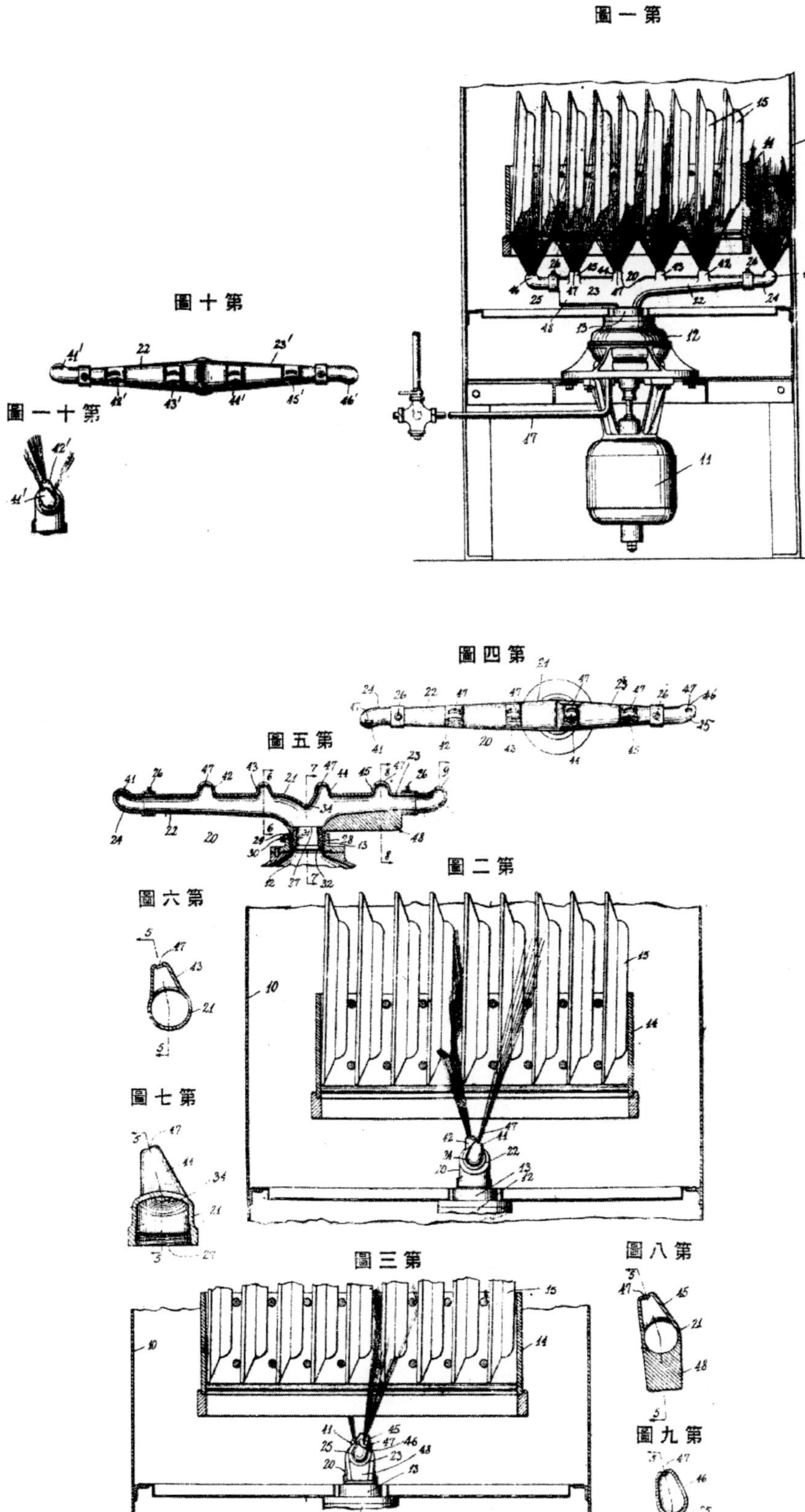

発明のポイント

回転投射器を設け、噴射嘴子（さいし）の一部は投射器が回転する時は洗浄水を後方に噴射させるように回転軸に対して後方に傾斜させ、他の嘴子は前方に噴射させるように回転軸に対して傾斜させる。

特許第六九六六一號

〔大正十五年公告第八七二六號〕

第四十三類　四、樽壺洗器

出願　大正十四年十月六日
公告　大正十五年五月十四日
特許　大正十五年十月六日

東京市麹町區上六番町五番地
特許權者(發明者)　廣瀬松五郎
代理人　辨理士　小野喜惣治
外一名

明細書

自働皿洗機

發明ノ性質及目的ノ要領

本發明ハ底部ニ數多ノ水管ヲ設ケタル火室ヲ具備セル水槽中ニ一方ハ内周ニ他方ハ外周ニ齒ヲ設ケタル二個ノ半圓狀齒輪ヲ相對向シテ設ケ該齒輪ノ中心ニ位スル水槽上ニハ手働若クハ機械的傳動ニ依テ廻轉スヘカラシメタル廻轉軸ヲ架設シテ之ニ四個ノ肘ヲ對向シテ定着シ該肘ニハ更ニ各々小齒輪ヲ有スル皿挾洗器ヲ廻轉自在ニ設ケテ皿ヲ兩面ヨリ挾持スヘク構成スルト共ニ各皿挾洗器ノ小齒輪ヲハ各各二個ノ半圓狀齒輪ニ齧合シテ皿挾持器ヲ互ニ反對ノ方向ニ廻轉スルコトヲ特徴トスル自働皿洗機ニ係リ其ノ目的トスル所ハ迂遠ナル手洗ヲ廢シ機械的ニ迅速清淨ニ皿ヲ洗ハントスルニ在リ

圖面ノ略解

第一圖ハ本發明ニ係ル自働皿洗機ノ所々ヲ切缺シ内部ヲ見タル正面圖第二圖ハ同シク平面圖第三圖ハ皿挾洗器ノ一部分ヲ切缺セル擴大正面圖ナリ

發明ノ詳細ナル說明

水槽(1)ハ其ノ底部ニ多數ノ水管(2)ヲ設ケタル火室(3)ヲ設ケ該火室内ニ瓦斯「バーナー」ヲ入レテ水槽中ノ水ヲ迅速ニ煮沸スヘクナシ又火

発明の目的

機械的に迅速に皿を洗うことができる。

第一圖

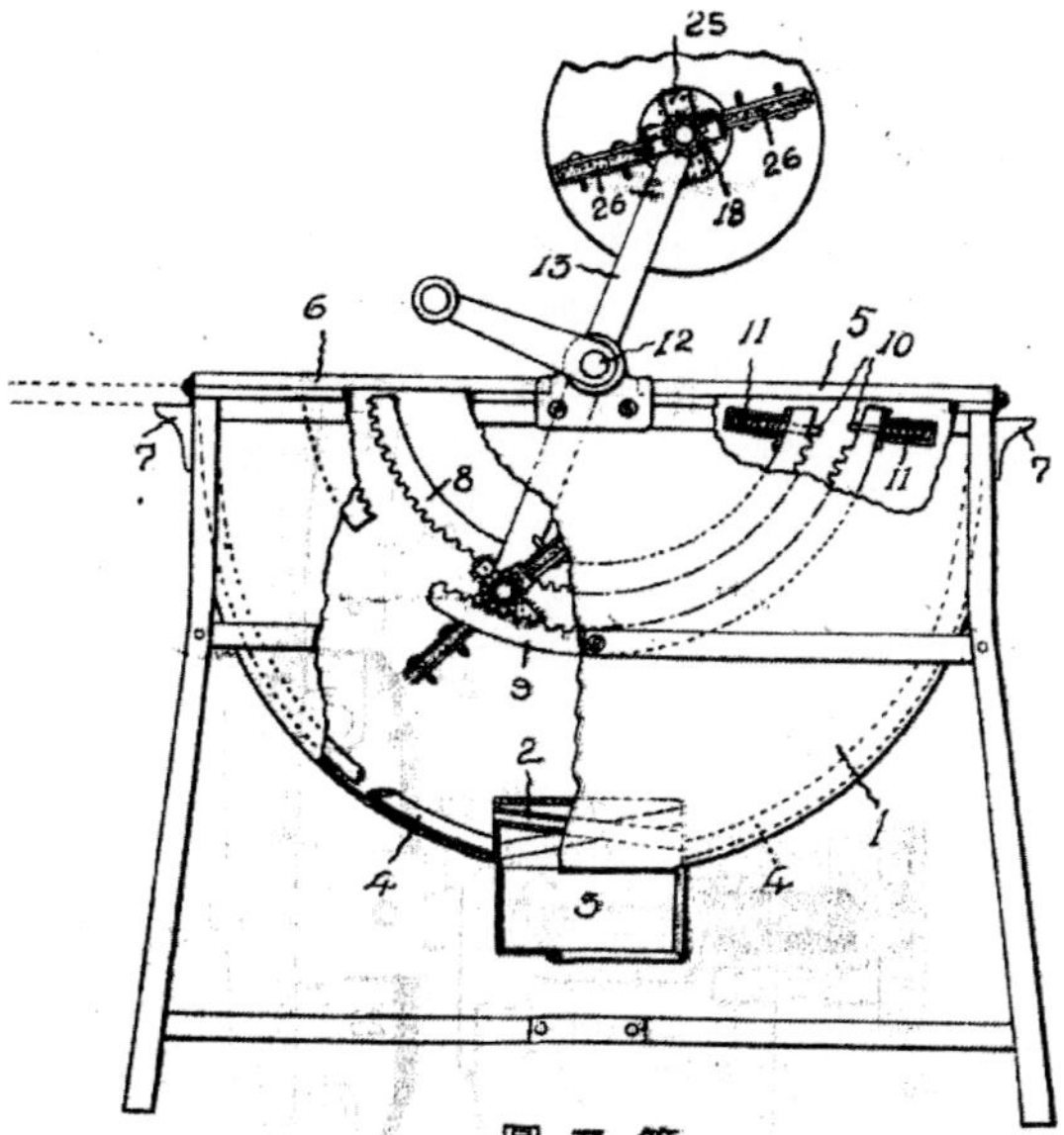

第二圖

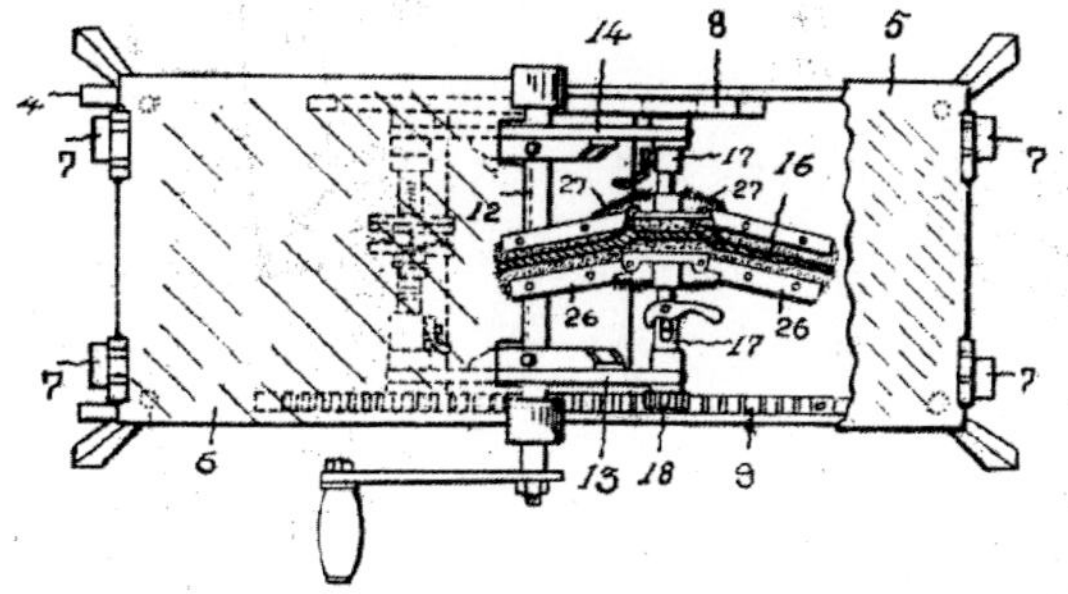

第三圖

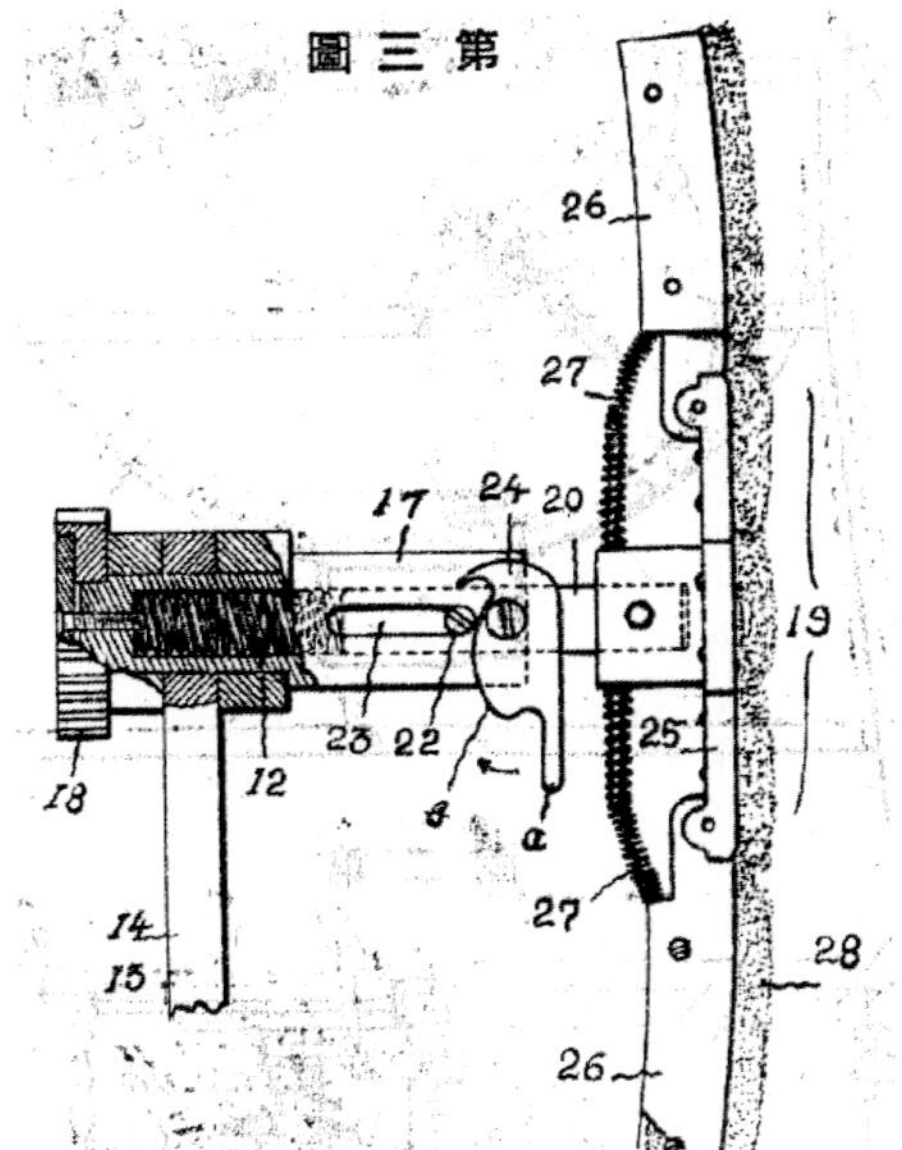

発明のポイント

底部に数多の水管を設けた火室を具備した水槽中に、一方は内周に、他方は外周に歯を設けた二個の半円状歯輪を相対向して設け、歯輪の中心に位置する水槽上には手動または機械的伝動により回転させる回転軸を架設する。

特許第七二二一四號

（昭和二年公告第七四五號）

第四十三類　四、樽壺洗器

出願　大正十三年三月一日
公告　昭和二年三月九日
特許　昭和二年六月一日

佛蘭西國セイヌ、エ、オワズ縣ベルヴヱー
ガニリエ、ル、デユ、マレシアル一番
特許權者（發明者）　ジユール、ルイ、ブレトン
代理人　辨理士　中松盛雄

明細書

皿洗滌機ノ改良

發明ノ性質及目的ノ要領

本發明ハ無端鎖帶ヲ以テ眞直ナル隧道ヲ通シテ移動セシメラルル如ク配置シタル皿籠ト該隧道ヨリ空氣ヲ吸入スヘキ送風機ト階段狀ニ配置セラレテ夫々別々ノ遠心喞筒ニ供給スヘキ數個ノ供給水槽トヨリ成リ前記喞筒ヲシテ前記皿籠ノ通路内ノ數點ニ於テ水流ヲ噴出セシメ以テ洗滌水ヲ前記ノ皿籠ノ進行方向ト反對方向ニ循環セシムヘクナシタル皿洗裝置ニ係リ其目的トスル所ハ最初汚レタル低温ノ水ヲ以テ洗滌シ最後ニ高温ノ清水ヲ以テ之ヲ完全ニ濯キ且消毒シ且送風機ニヨリテ乾燥シテ自働的ニ使用位置ニ運搬シ得ヘク然モ乾燥ニ際シテ種々ノ瓦斯又ハ臭氣ヲ洗滌皿ニ與ヘサル理想的ノ自働皿洗裝置ヲ得ルニアリ

圖面ノ略解

添附圖面ハ本發明皿洗裝置ノ一例ヲ示スモノニシテ第一圖ハ皿籠運搬機構及洗滌筒ノ底部ノ鋸歯狀配置ヲ示セル本機前部ノ縱斷面圖第二圖ハ一個ノ遠心喞筒ニヨリテ供給セラルル噴水管ノ位置ヲ示セル横斷面圖第三圖ハ本裝置ノ全體圖第四圖ハ洗滌水及空氣ノ通路ヲ線圖的ニ說明スル圖ナリ

發明ノ詳細ナル說明

発明の目的

最初は汚れた低温の水で、最後には高温の清水で完全に洗い、消毒し、送風で乾燥して自動的に使用市に運搬する。さらにガスや臭気を皿に附着させない。

第一圖

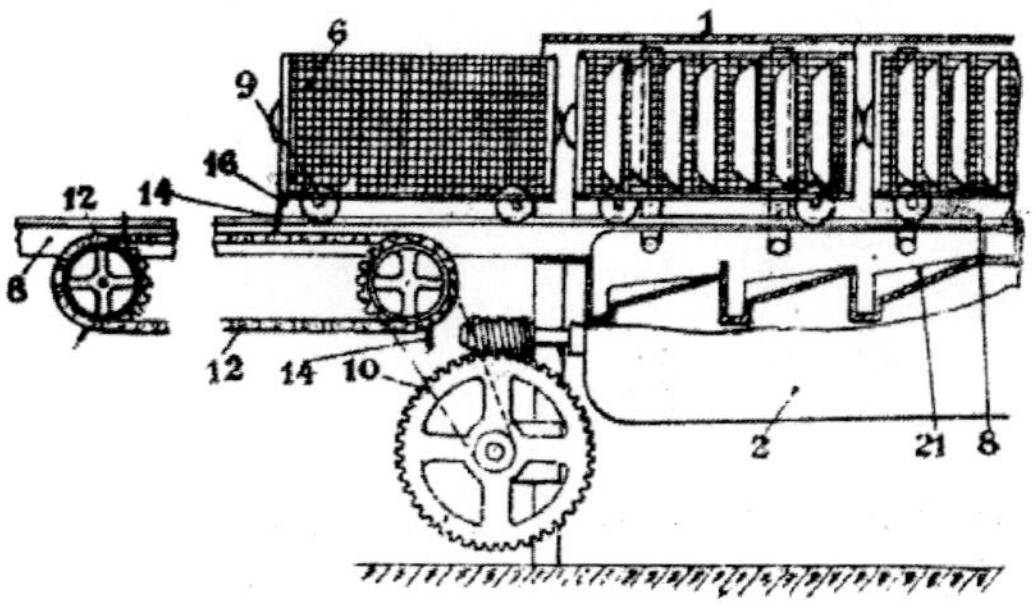

第二圖

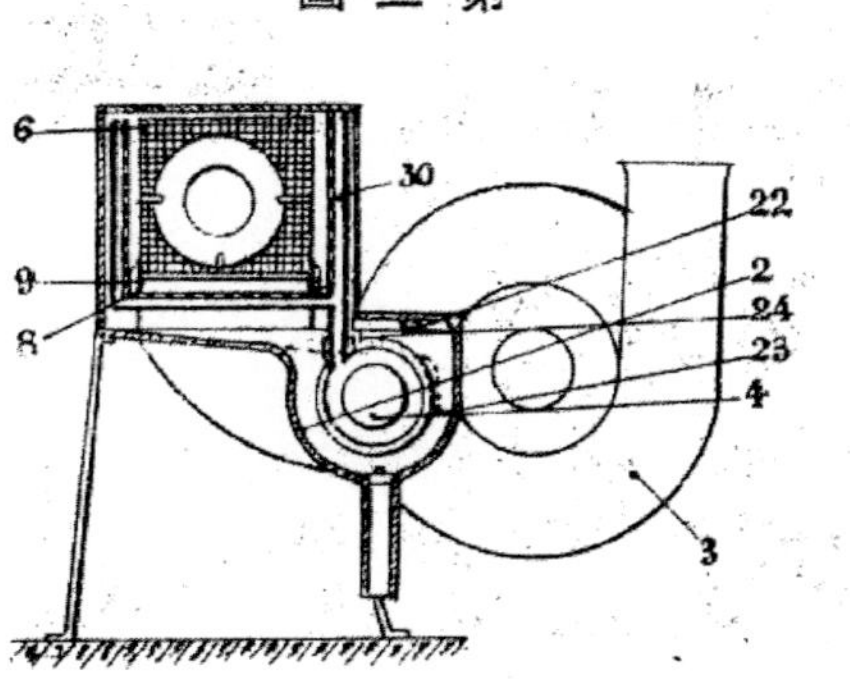

第三圖

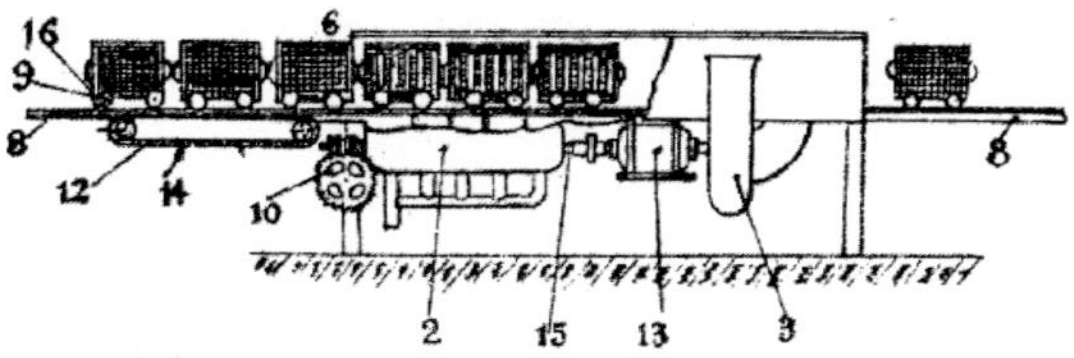

第四圖

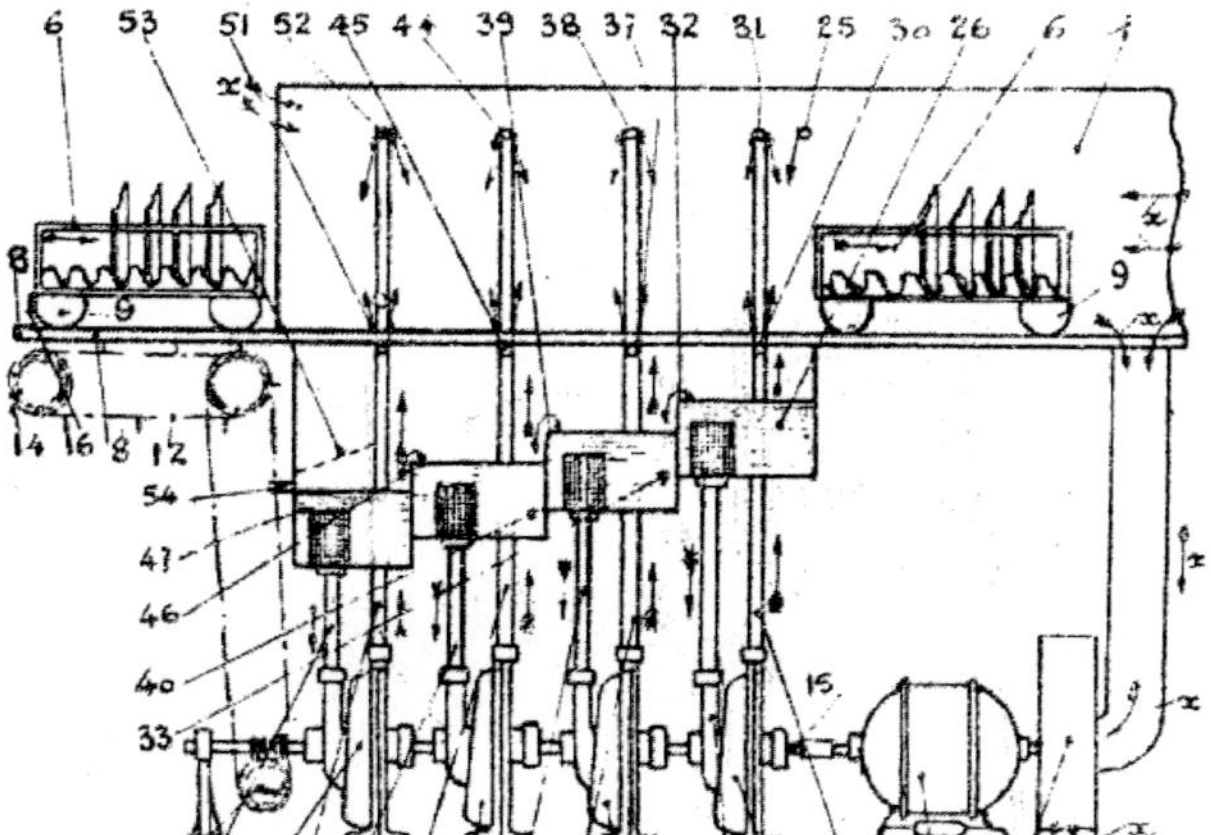

発明のポイント

皿籠と送風機と供給水槽で構成し、皿籠の通路内の数点で水流を噴射することで洗浄水を皿籠の進行方向と反対方向に循環させる。

特許第八五四六六號

〔昭和四年公告第四七〇〇號〕

第四十三類　四、樽壺洗器

出願　昭和四年四月二十三日
公告　昭和四年十一月十八日
特許　昭和五年二月十七日

東京府豐多摩郡千駄ヶ谷町原宿二百四十九番地
特許權者(發明者)　川西貞次郎
代理人　辨理士　内村達次郎　外三名

明細書

食器洗滌裝置

發明ノ性質及目的ノ要領

本發明ハ洗滌槽ノ底部ニ尖頭螺翼ヲ樹立シ底側部ト頂部トニ通孔ヲ有スル覆函ニテ被覆シ該翼ノ回轉ニヨリ洗滌槽底微粒物ヲ吸引シテ被洗物面ニ噴射スルニ適セシムヘクシ該洗滌槽上ニ清淨槽ヲ重配シ該槽ニハ攪拌翼ヲ吊設シ此等兩槽及洗滌槽上ノ空所ヲ通シテ無端給送帶ヲ圜行セシメ該帶ニハ被洗物ヲ着脱自在ニ支持セシムヘクセル裝置ヲ施シテ成ル食器洗滌裝置ニ係リ其目的トスル所ハ食器ニ附着セル洗落ニ難キ汚物ニテモ極メテ容易ニ清洗シ併セテ消毒ヲモ行ヒ得ヘク簡易ニ構成シ數多ノ食器ヲ確實ニ處理シ得セシムルニ在リ

圖面ノ略解

別紙圖面ハ本發明ヲ示ス第一圖ハ說明的線圖第二圖ハ無端帶ノ部分側面圖第三圖ハ其平面圖ナリトス而テ此等圖中同一符號ハ同一部分ヲ示スモノトス

發明ノ詳細ナル說明

本發明ハ多數ノ食器ヲ洗滌スル爲メ考案セルモノニシテ今之レヲ圖面ニ就キ說明センニ洗滌槽(1)ノ底部ニ凹窪部(2)ヲ形成シ該部底ニハ尖頭螺翼(3)ヲ樹立セシム但該翼軸(4)ハ槽外ニ突出セシメ之レニ調車(5)ヲ固着セシメ適當ニ承動シテ回轉セシムヘクス(6)ハ上記螺翼ヲ包

発明の目的

食器に附着した落としにくい汚物を容易に洗浄し、消毒もおこなう。

第一圖

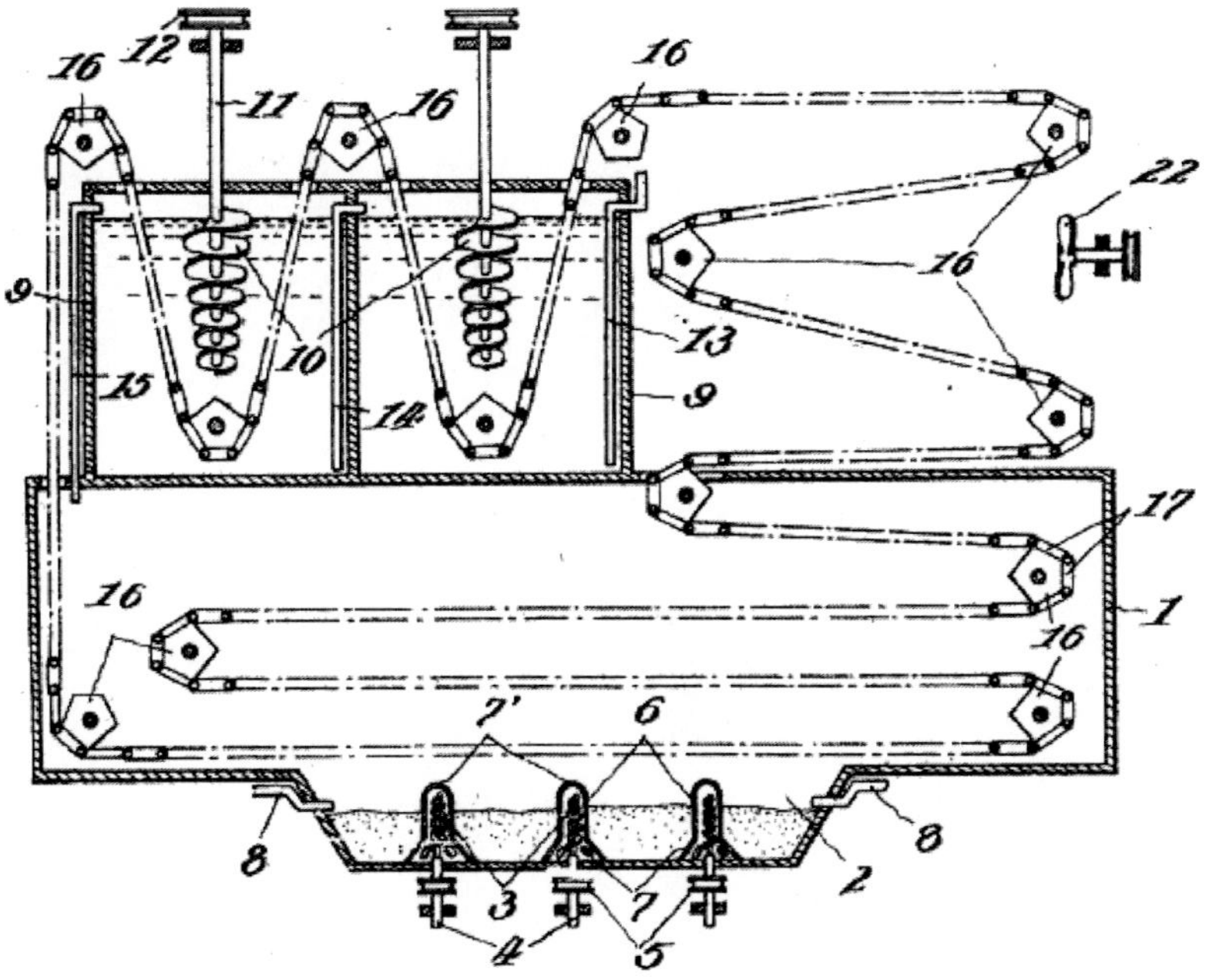

第二圖

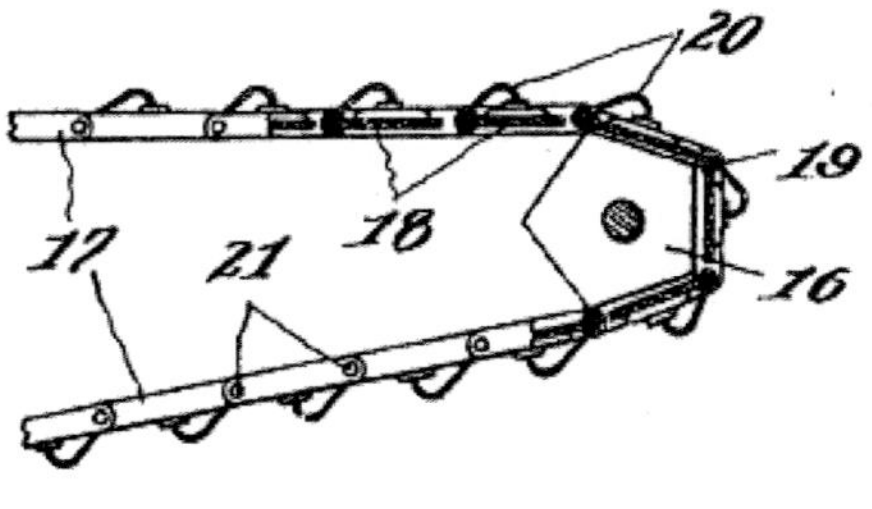

第三圖

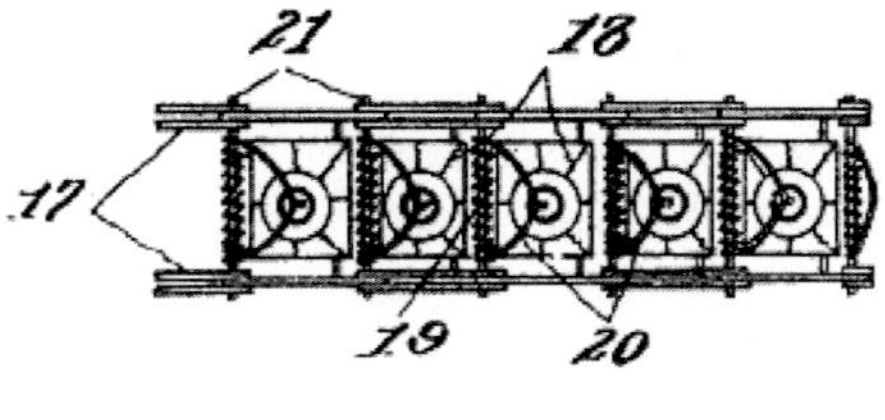

発明のポイント

洗濯槽の底部に尖頭螺翼を樹立し、底側部と頂部とに通孔を有する覆箱で被覆し、翼の回転により洗浄槽底微粒物を吸引して皿に噴射する。

特許第八五五五六號

〔昭和四年公告第四八六七號〕

第四十三類　四、緈壺洗器

出願　昭和三年五月一日
公告　昭和四年十一月二十七日
特許　昭和五年二月二十二日

北米合衆國イリノイ州シカゴ
特許權者（發明者）　ヘルマン、エフ、ヴォーシャルト
代理人　辨理士　ウオルター、オーガスタス、デハビランド　外一名

明細書

皿洗器

發明ノ性質及目的ノ要領

本發明ハ基底部ノ上端周圍ニ設クル樋樣部ニ上方頭巾狀部ノ下緣ヲ嵌合セシメテ密閉スル式ノ皿洗器ニ於テ頭布狀部ヲ二個ノ四半球部ニテ構成シ其一個ノ四半球部ヲ基底部ニ固着シ他ノ四半球部ヲ樞着鈕ニヨリ上記定置ノ四半球部ニ樞着シテ其內部ニ摺動スルヲ得セシメ定置四半球部ト可動四半球部トノ接合部ハ拔差自在式ニ夫々各四半球部ノ相對スル開口端ニ固着セル二個ノ彎曲鍔ニヨリテ不漏水狀ニ密閉スルヲ得セシメ同時ニ可動四半球部ノ下端ハ基底部上端ノ該當樋狀部ニ嵌合密閉セシメ得ル如クナシタル構造ニ係リ其ノ目的ハ液體ノ漏洩ヲ有效ニ阻止スルニアリ

圖面ノ略解

添附圖面ニ於テ第一圖ハ本改良皿洗器ノ側面圖第二圖ハ同上上部ノ切斷面圖第三圖ハ平面圖ニシテ圍匣ノ一部ヲ切斷シテ密閉裝置ヲ示シ第四圖ハ蓋扉ヲ閉鎖シタル本器上部ノ略圖第五圖ハ蓋扉ヲ開キタル同樣圖第六圖ハ密閉裝置ノ切斷分解圖第七圖ハ蓋扉ノ底部切斷分解圖ナリ

発明の目的

液体の漏れを防止する。

第一圖

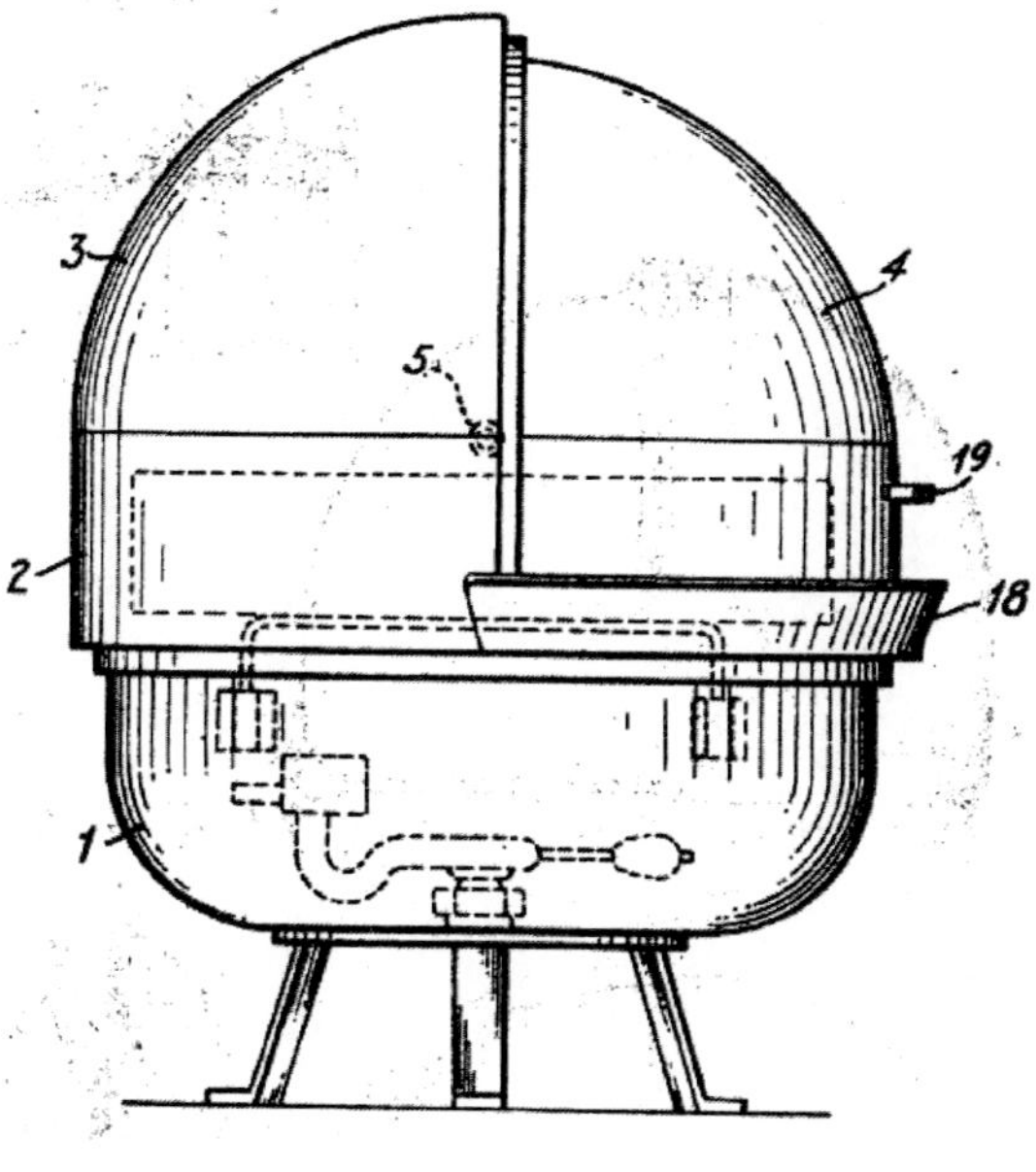

第二圖

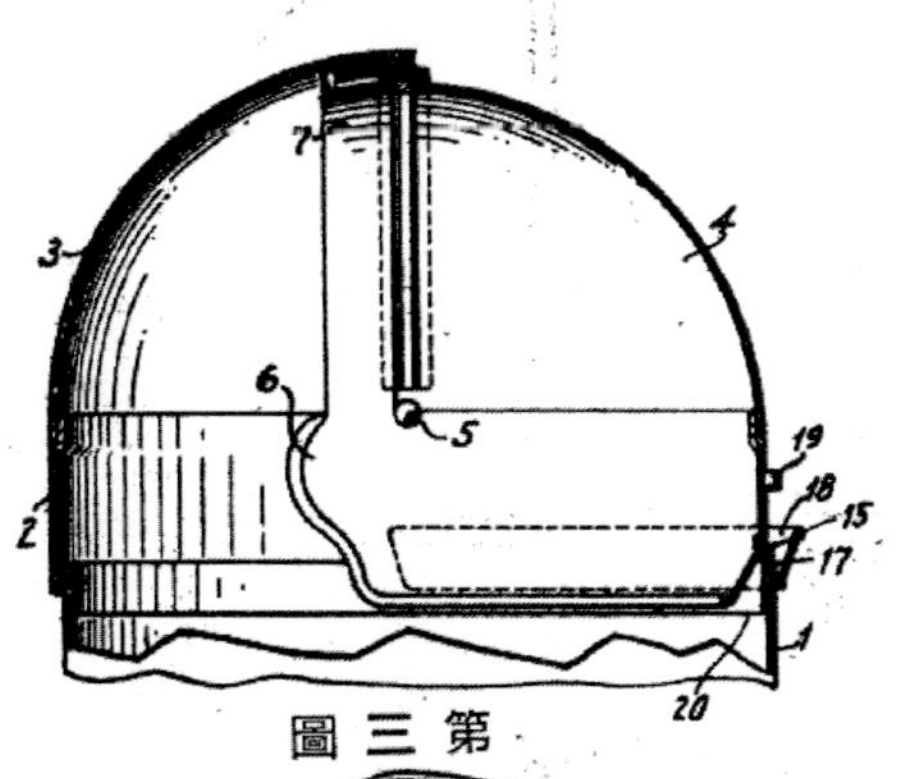

第三圖

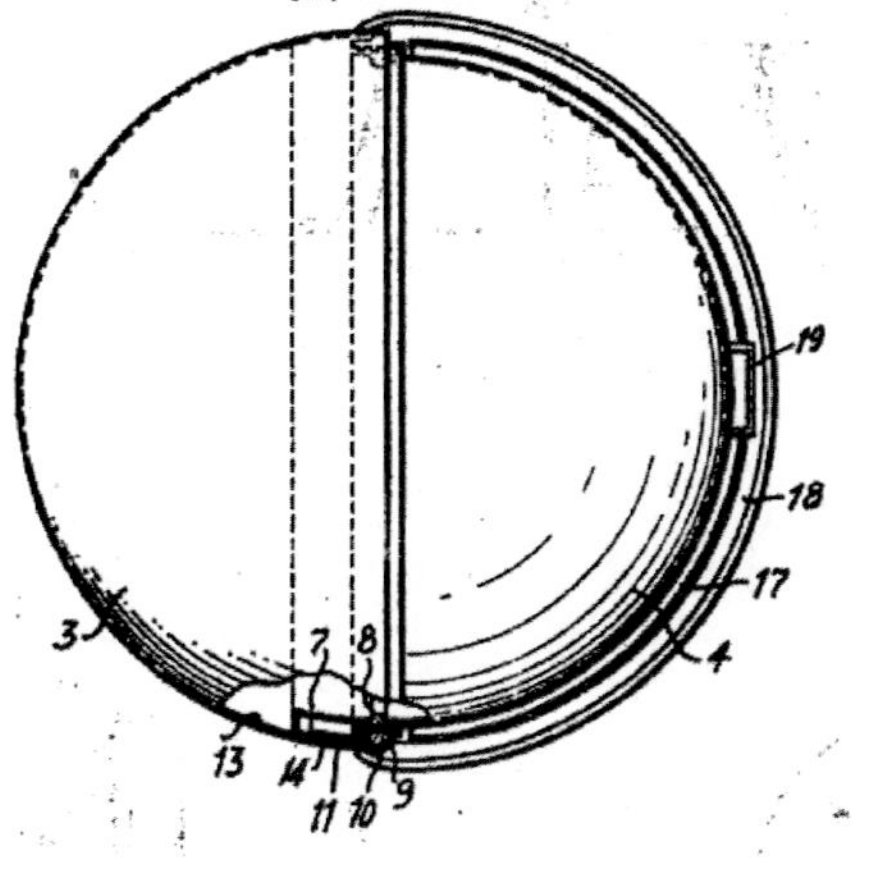

第四圖

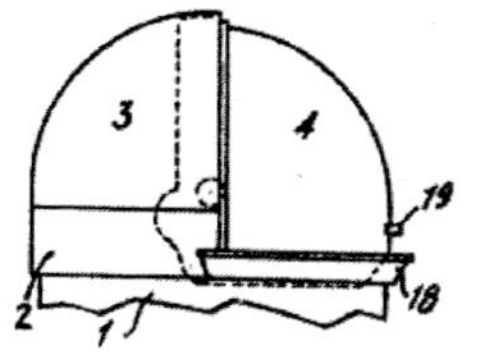

第五圖

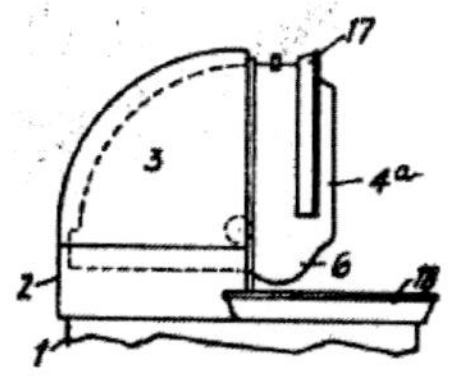

第六圖

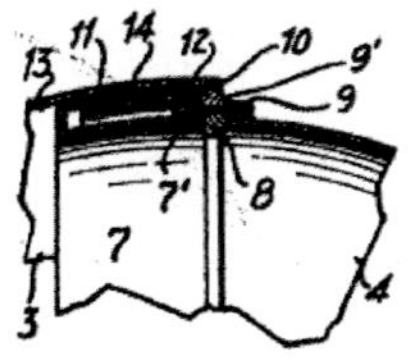

第七圖

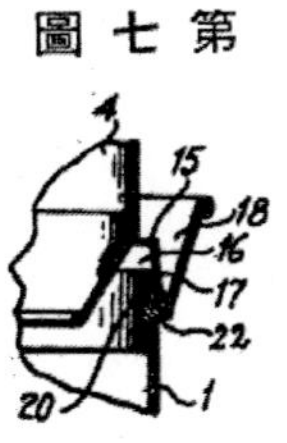

発明のポイント

底部の上端周囲に設けた樋様部に上方頭巾状部の下縁を嵌合（かんごう）して密閉する。

特許第八五九八七號

〔昭和四年公告第四一九七號〕

第四十三類　四、樽壺洗器

出願　昭和四年四月二十三日
公告　昭和四年十月十八日
特許　昭和五年三月二十四日

東京市本所區松代町一丁目二十八番地
發明者　奥山增次郎
東京市麻布區笄町六十八番地
特許權者　秋上溱一

明細書

自働食器洗滌裝置

發明ノ性質及目的ノ要領

本發明ハ湯槽ノ兩端ニ一對宛ノ齒輪ヲ裝備シ之ニ內側面ニ伸縮自在ノ挾支片ヲ有スル二條ノ無端帶連鎖ヲ掛ケ該齒輪ニ間歇的廻轉ヲ與ヘ以テ挾支片ニヨリ食器ヲ自働的ニ挾支シテ湯槽中ヲ間歇的ニ前進セシム而シテ其湯槽ノ中央部ニ絕エス廻轉シ且間歇的ニ上下ニ遊動スル數組ノ刷毛ヲ縱列ニ裝備シ之ニヨリテ食器ヲ數回ニ洗磨シ尙食器ノ表裏ニ熱湯ヲ噴射シテ洗滌シタル後自動的ニ挾支片ヨリ離脫セシムヘクナシタル自働食器洗滌裝置ニ係リ其目的トスル所ハ單時間ニ多數ノ食器ヲ自働的ニ且極メテ清潔ニ洗滌消毒シ得ル裝置ヲ得ントスルニアリ

圖面ノ略解

別紙圖面ハ本發明自働食器洗滌裝置ノ實施例ヲ示スモノニシテ第一圖ハ一部ヲ缺切シテ見タル側面圖第二圖ハ同上ノ平面圖第三圖ハ同上ノ中央斷面圖第四圖ハ本裝置ノ食器ヲ自働的ニ挾支スル部分ノ詳細ヲ示ス擴大斷面圖第五圖ハ同上ノ平面圖第六圖ハ本裝置ノ食器ヲ磨洗スル部分ヲ擴大シタル側面圖トス

發明ノ詳細ナル說明

発明の目的

短時間で多数の食器を自動的に製欠に洗浄消毒することができる。

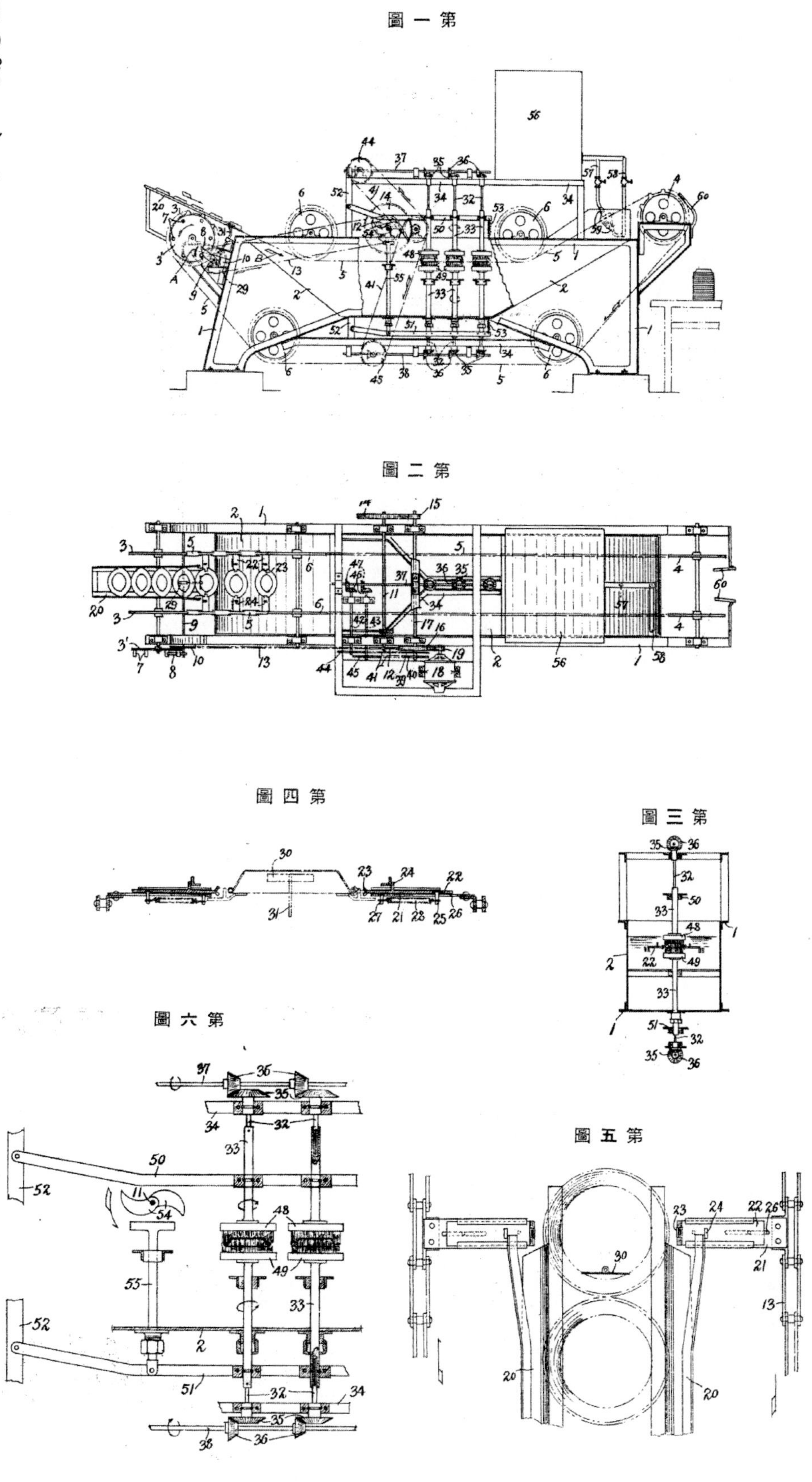

発明のポイント

浴槽の両端に一対までの歯輪を装備し、これに内側面に伸縮自在の挟支片を有する二條の無端帯連鎖をかけ、歯輪に間歇（かんけつ）的回転を与える。

特許第八八五五三號

〔昭和五年公告第一九六四號〕

第四十三類　四、樽壺洗器

出願　昭和四年十一月二十九日
公告　昭和五年五月十九日
特許　昭和五年十月一日

東京市芝區琴平町四番地
特許權者(發明者)　田村德次郎
代理人　辨理士　北村宇吉

明細書

皿洗器

發明ノ性質及目的ノ要領

本發明ハ水槽中ニ於テ推進翼ノ廻轉ニ依リ下方ヨリ吸水シ圓筒ヲ經テ上方ナル彎曲面ニ從テ水槽中ニ開口スル射水口ヨリ射水スヘクナシタル射水器ト其前面ニ於テ推進翼ノ軸ヨリ傳動セラレ緩カニ廻轉スヘクナシタル皿籠臺トヨリ成ル皿洗器ニ係リ其目的トスル所ハ皿籠臺上ノ被洗物ヲ射水ニ依リ洗滌ヲ行ヒツツ之ヲ緩カニ廻轉セシメ全周ヨリ射水ヲ行フコトニ依リ洗滌ヲ迅速且均等ニ行ハシメ良好ナル能率ヲ得ントスルニ在リ

圖面ノ略解

圖面ハ本發明器ヲ示スモノニシテ第一圖ハ一部截斷側面圖第二圖ハ其ノ(A)—(B)線ニ於ケル截斷平面圖ナリ

發明ノ詳細ナル說明

本發明實施ノ一例ヲ別紙圖面ニ付キテ說明スレハ次ノ如シ

(1)ハ射水器ニシテ下半ヲ圓筒(2)トナシ圓筒(2)ハ下方周壁ニ多數ノ吸水孔(3)ヲ穿設シ上部(4)ヲ彎曲セシメ更ニ側方ニ射水口(5)ヲ稍下向ニ開口セシメ該射水口(5)ノ斷面積ハ圓筒(2)ノ斷面積ヨリ著シク小サクシ而シテ圓筒ノ內側ニ射水器(1)頭部ニ載置セル電動機(6)ノ軸(7)ヲ垂下シ之ニ推進翼(8)及ヒ「ウオーム」(9)ヲ設ケタリ

発明の目的
緩やかに回転させて全周より射水することで洗浄を迅速かつ均等に行うことができる。

第一圖

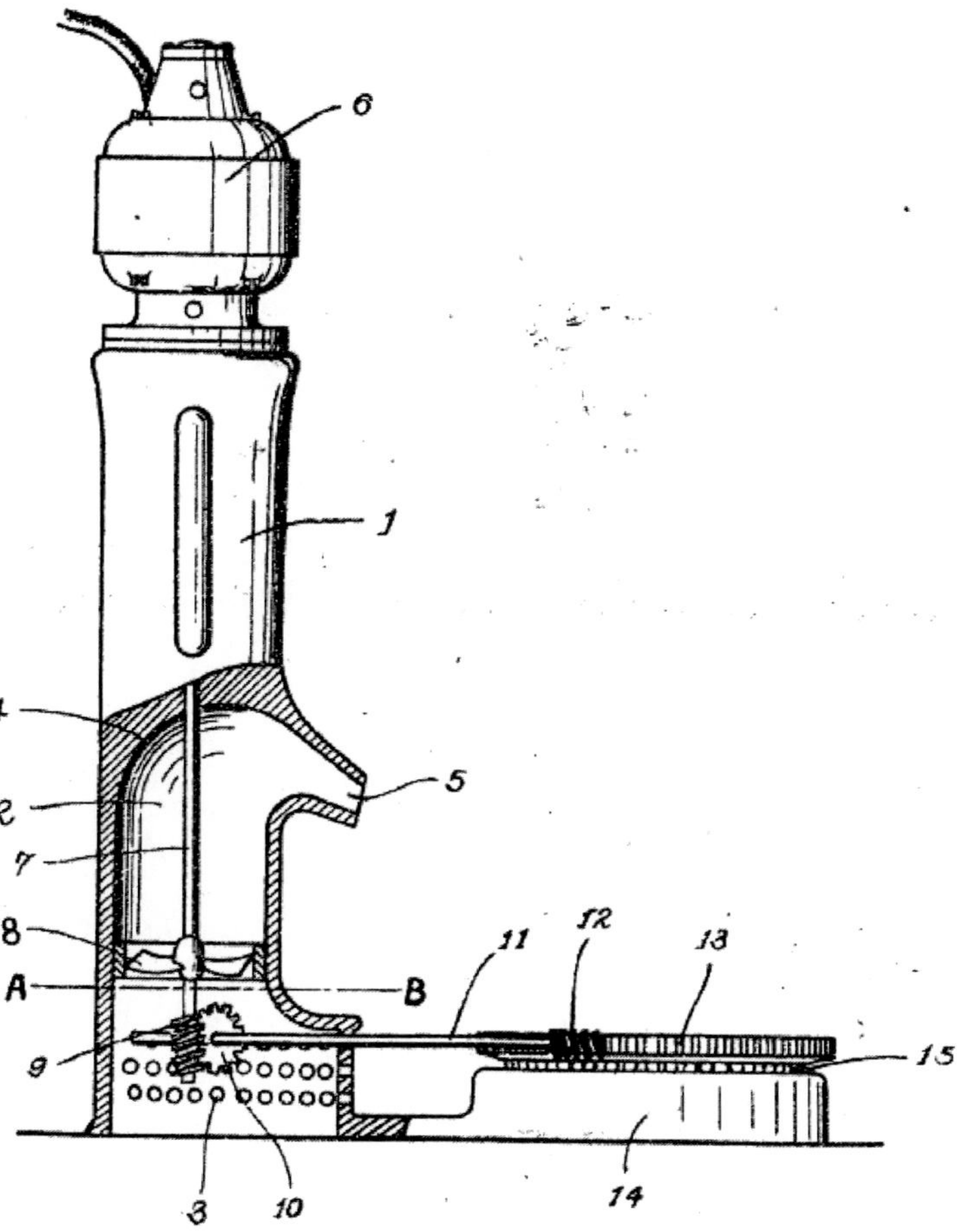

第二圖

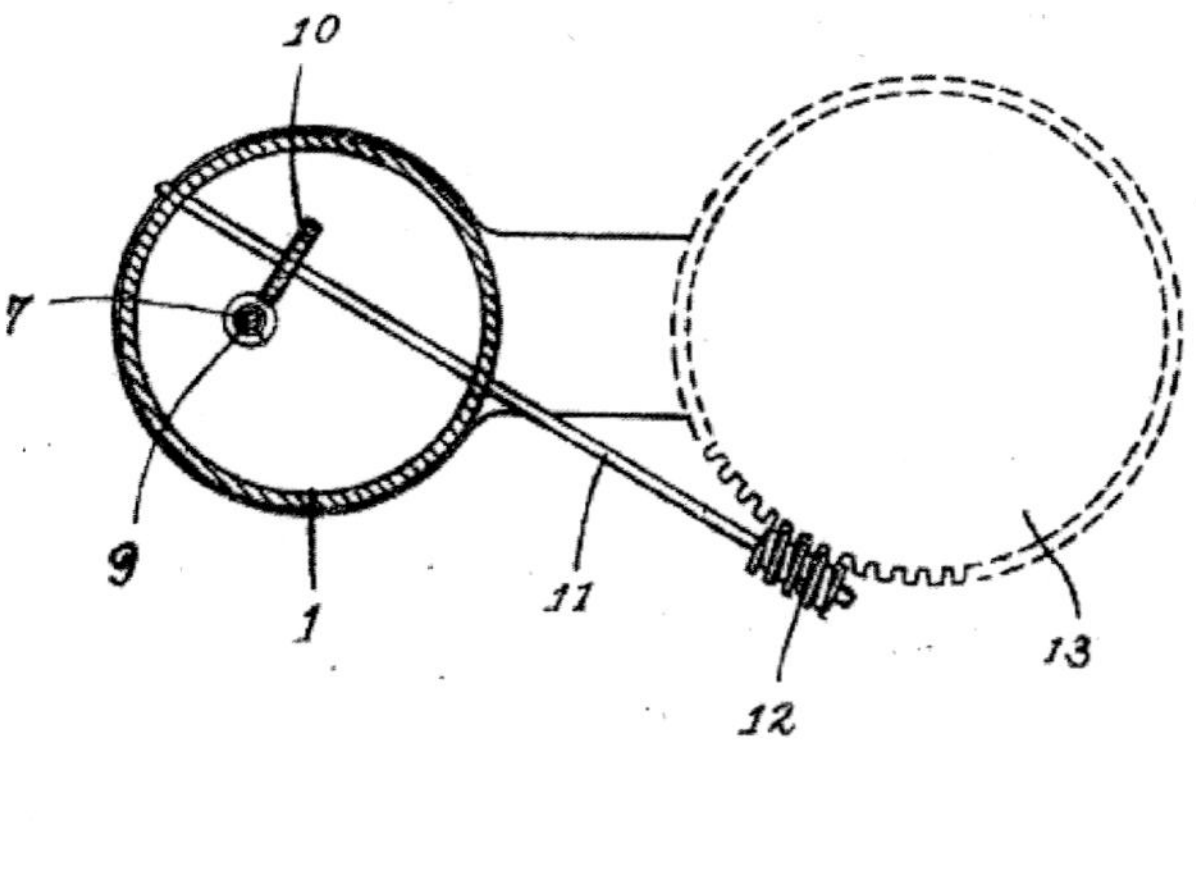

発明のポイント
水槽中に推進翼の回転により下方より吸水し、円筒を経て上方の湾曲面に従って、水槽中に開口する射水口より射水する。

特許第九〇七一二號

〔昭和五年公告第四四二八號〕

第四十三類　四、樽壺洗器

出願　昭和五年二月十三日
公告　昭和五年十一月七日
特許　昭和六年三月二十日

東京府豐多摩郡千駄ヶ谷町字原宿一三五番地
發　明　者　田　中　善　助

東京府豐多摩郡千駄ヶ谷町字原宿一七〇番地
特　許　權　者　株式會社北辰商會

代理人　辨理士　大　江　義　秀

明細書

食器洗淨器

發明ノ性質及目的ノ要領

本發明ハ喞筒ノ吐水管ヲ密閉セル洗淨室ニ導入シ其開口端ヲ該洗淨室ノ上部及下部中央ニ於テ下向又ハ上向ニ開口セシメ之ニ水平面内ニ廻轉シ得ヘク廻轉噴水管ヲ緩着シ廻轉噴水管ノ兩端ニハ互ニ相反シ且噴水管ニ直角ナル方向ヲ有スル噴水孔ヲ設ケ更ニ噴水管ノ表面ニハ垂直ニ噴射嘴口ヲ備ヘ兩端ニ於ケル噴水ノ反作用ニテ噴水管ヲ廻轉セシムルト同時ニ垂直噴射嘴口ヨリ湯水ヲ上下ニ噴射セシメ之ヲ食器ニ作用セシムヘクナシ且ツ器外ノ水槽ニ弁ヲ介シテ連結セル通水管ヲ洗淨室内ニ導キ之ニ仕上洗淨管ヲ固定連結シ其表面ニハ多孔噴水嘴口ヲ具フル仕上洗淨裝置ヲ設ケ水槽ヨリノ仕上洗淨供給水及喞筒ヨリノ供給湯水ノ切換ヘヲ一ツノ把手ニヨリテナシ得ヘクセル制御機構ヲ具備シテナル食器洗淨器ニ係リ其目的トスル所ハ食器ヲ動搖セシムル事ナク噴射湯水ヲ廻轉セシメテ食器ニ附着セル汚物ヲ洗落シ且ツ仕上洗淨ヲモナサントスルニアリ

圖面ノ略解

第一圖ハ本發明裝置ノ一部斷面ヲ示セル正面圖第二圖ハ一部斷面ヲ示セル平面圖第三圖ハ廻轉噴水管ノ正面圖ニシテ半部斷面ヲ示シ第四圖ハ廻轉噴水管ノ端部ニ於ケル噴水孔ノ一部斷面ヲ示セル平面圖ヲ示シ第五圖ハ仕上洗淨管ノ平面圖第六圖ハ仕上洗淨管ノ表面ニ裝

発明の目的

食器を動揺することなく噴射湯水を回転させて、付着した汚物を洗い落とし、仕上げ洗浄もする。

第一圖

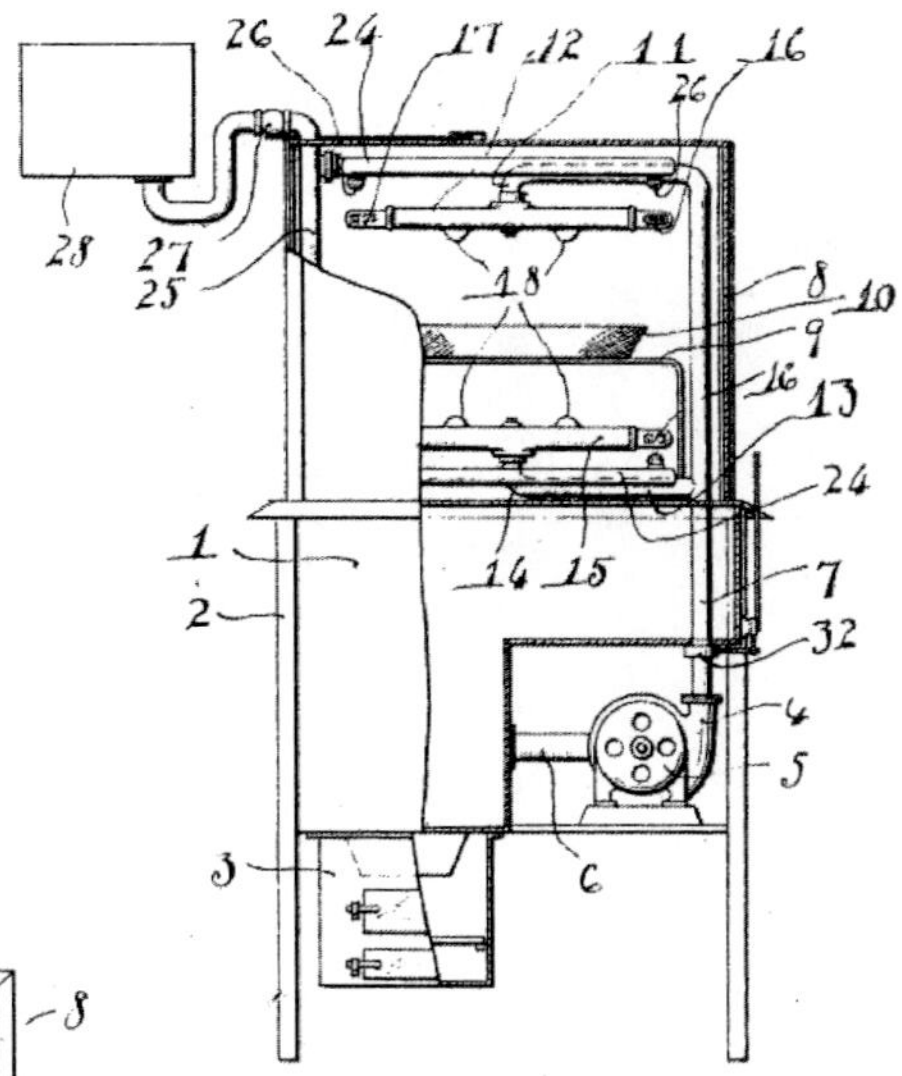

第二圖

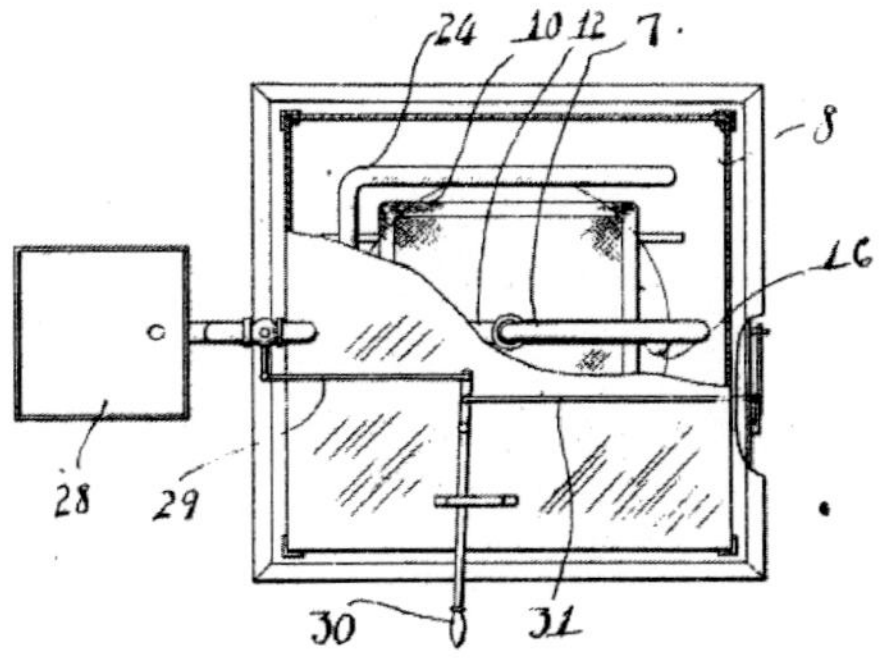

第三圖

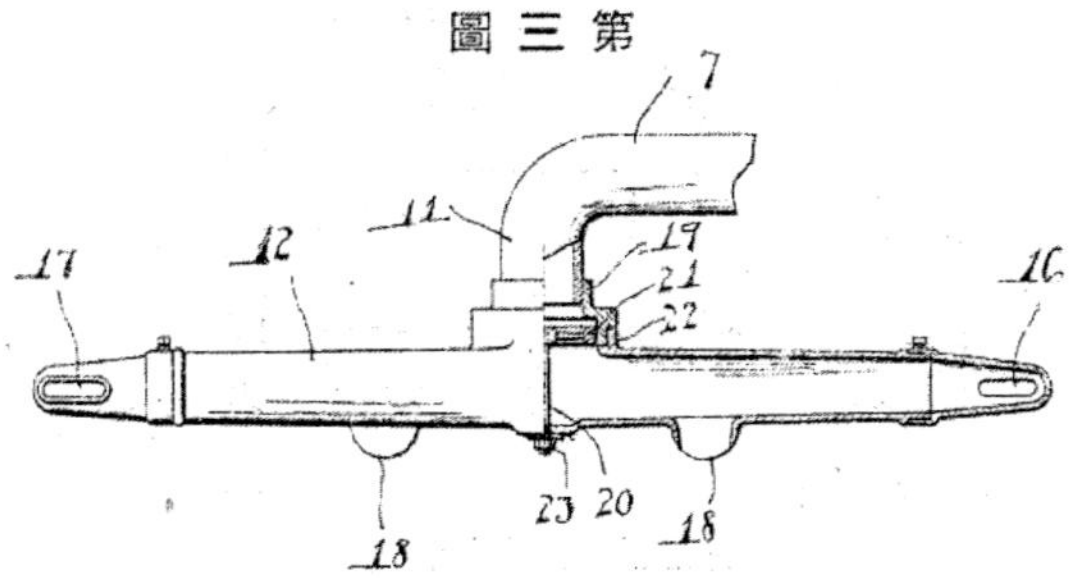

第四圖

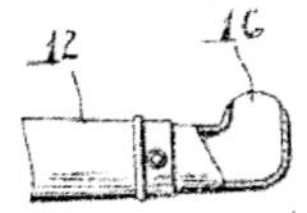

第五圖

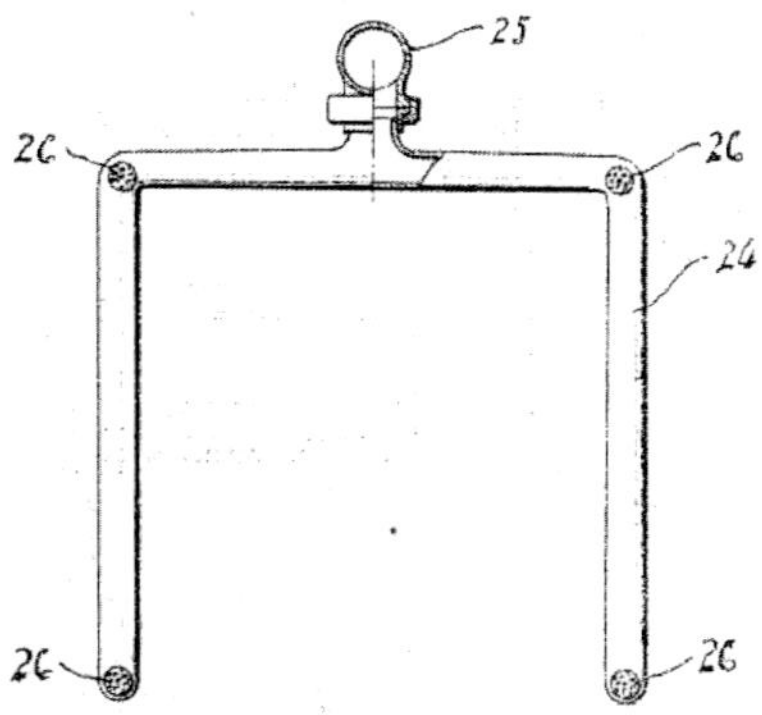

第六圖

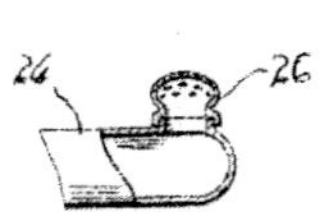

発明のポイント

吐水管を密閉した洗浄室に導入し、その開口端を洗浄室内の上部と下部中央に下向きまたは上向きに開口し、水平面内に回転するように回転噴水管を緩着する。

(昭和八年十二月十一日發行)

特許第一〇三七八九號

(昭和八年公告第三五〇四號)

第四十三類　二三、刷子及掃除具雜

出願　昭和七年十月二十六日
西暦千九百三十一年十一月二十三日優先權主張(米國出願)
公告　昭和八年八月十六日
特許　昭和八年十一月二十一日

北米合衆國イリノイス州デュページ郡グレンエリン
發明者　カール、エム、スナイダー
東京市麹町區有樂町一丁目十番地
特許權者　株式會社芝浦製作所
代理人　平野三千三

明細書

食器洗淨機

發明ノ性質及目的ノ要領

本發明ハ洗淨槽内ノ走輪ノ翼板通路ニ清淨液體ヲ噴出セシメ之ヲ走輪ニテ受ケ前記槽内ニ收容セル食器上ニ噴射セシムヘクセル食器洗淨機ニ係リ其ノ目的トスル所ハ皿等ノ食器ヲ完全ニ洗淨且清淨シ得ル食器洗淨機ヲ得ルニ在リ

圖面ノ略解

添附圖面ハ本發明ニ依ル皿洗淨機ノ大部分ヲ斷面トセル正面圖ナリ

發明ノ詳細ナル說明

本發明ハ皿等ヲ洗淨スル洗淨機ニ關スルモノニシテ特ニ皿等ノ食器ヲ充分ニ清淨シ得ル如キ狀態ニテ新鮮ナル水ノ如キ液體ヲ洗淨室ニ壓力ヲ加ヘテ導入シ得ル裝置ヲ得ントスルモノナリ

本發明ノ一實施例ニ於テハ洗淨室又ハ桶內ニ適當ナル皿等ノ食器支持棚ヲ設ケ棚ノ下ニ棚ヲ通シテ上方且外方ニ洗淨流體ヲ射出シ棚內ノ食器ニ充分ナル洗淨作用ヲ與フル樣配置セラレタル走輪ヲ設ク更ニ新鮮ナル清淨水ヲ桶內ニ導キ走輪ト接觸セシメ棚內ニ支持セラレ

発明の目的

食器を完全に洗浄する。

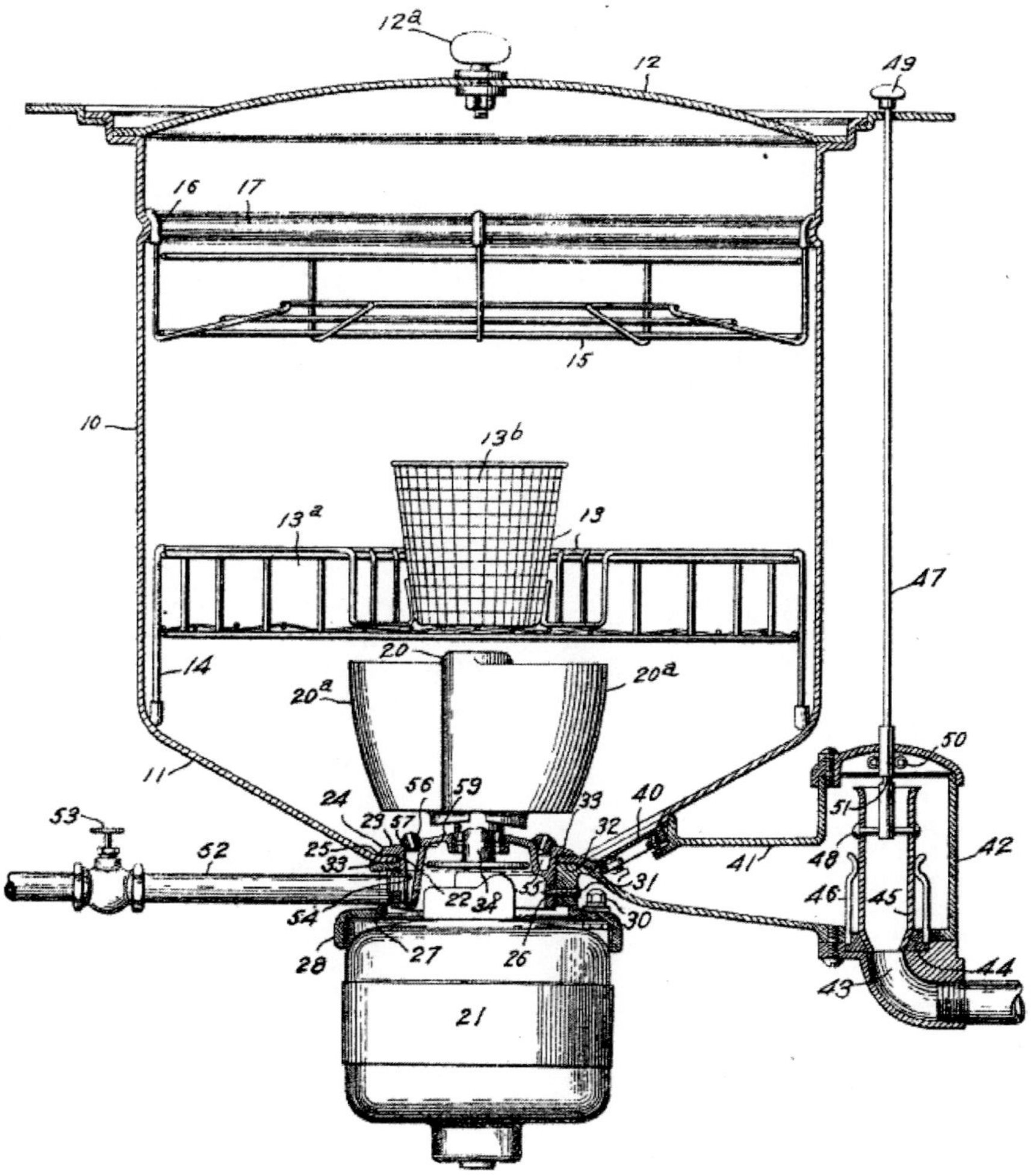

発明のポイント

洗浄槽内の走輪の翼板通路に洗浄液体を噴出させ、これを走輪に受けて、槽内に収容した食器上に噴射させる。

（昭和八年十二月十一日發行）

特許第一〇三七九〇號

〔昭和八年公告第三五〇七號〕

第四十三類　二三、刷子及掃除具雜

出願　昭和七年十一月十八日
西暦千九百三十一年十二月二十四日優先權主張〔米國出願〕
公告　昭和八年八月十六日
特許　昭和八年十一月二十一日

北米合衆國ニューヨーク州スケネクタデー郡スコテイア
發明者　ウィルバー、エル、メリル
東京市麹町區有樂町一丁目十番地
特許權者　株式會社芝浦製作所
代理人　平野三千三

明細書

皿洗淨裝置

發明ノ性質及目的ノ要領

本發明ハ桶ト該桶内ニ洗淨液體ヲ循環セシムル裝置ト該液體循環裝置ヲ動作セシムル原動機トヨリ成リ該原動機ノ動作狀態ニ應シテ桶ニ供給スル洗淨液體ヲ制御スヘクセルコトヲ特徴トスル皿洗淨裝置ニ係リ其ノ目的トスル所ハ最良能率ノ洗淨作用ヲナスヘキ豫定量ノ洗淨水ヲ供給シ得ル改良裝置ヲ具フルニアリ

圖面ノ略解

添附圖面ノ第一圖ハ本發明ヲ實施セル皿洗淨機ノ側面圖ニシテ構造ノ詳細ヲ示スタメ其ノ一部分ヲ截斷セリ第二圖ハ本發明ノ變形ノ斷片圖ナリ

發明ノ詳細ナル說明

本發明ハ皿洗淨裝置特ニ水ノ如キ洗淨液體カ洗淨室卽チ桶内ニ於テ原動機ニヨリ運轉サルル翼車ノ如キ適宜ノ動力運轉裝置ニヨリ噴射

発明の目的

最上能率の洗浄作用をし、予定量の洗浄水を供給する。

発明のポイント

桶に洗浄液体を循環させる装置と液体循環装置を動作させる原動機で構成する。原動機の動作状態に応じて桶に供給する洗浄液体を制御する。

第一圖

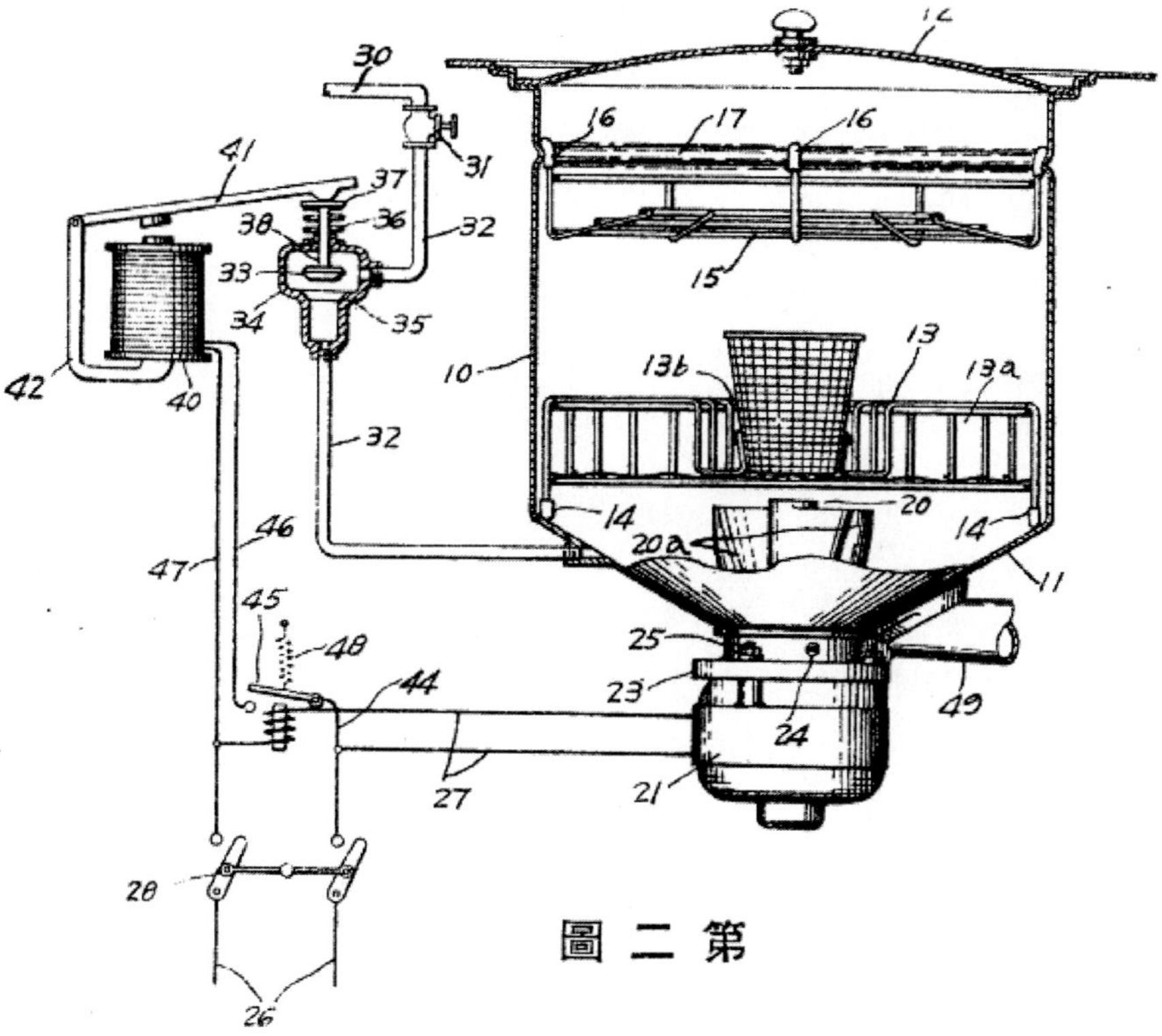

第二圖

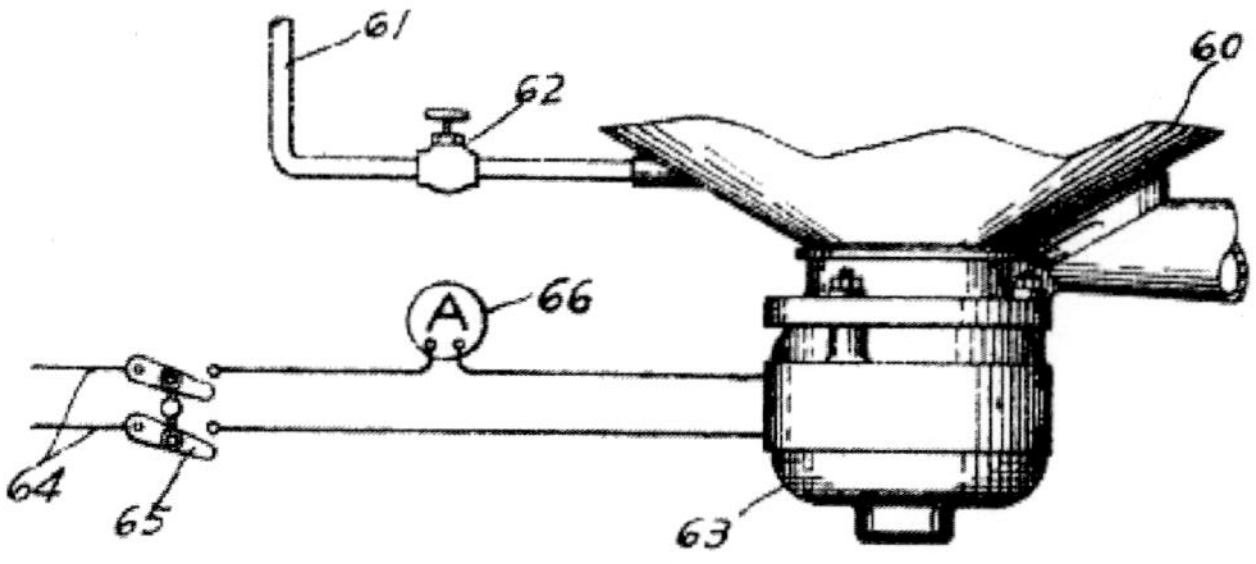

（昭和九年八月八日特許局發行）

出願 昭和八年一月九日
西暦千九百三十二年一月十六日優先權主張（米國出願）
公告 昭和九年四月十六日
特許 昭和九年七月十六日

特許第一〇六九八〇號

（昭和九年公告第一四三六號）

第四十三類 二三、刷子及掃除具雜

北米合衆國イリノイス州デユページ郡グレンエリン
發明者 カール、エム、スナイダー
北米合衆國イリノイス州クツク郡シセロ
發明者 ジエスセ、エツチ、クラーク
東京市麹町區有樂町一丁目十番地
特許權者 株式會社芝浦製作所
代理人 平野三千三

明細書

皿洗淨裝置

發明ノ性質及目的ノ要領

本發明ハ洗淨桶ト該桶ノ排水弁ト給水弁ト該桶内ノ洗淨液體ヲ循環セシムル裝置ト自働液體計量裝置ト前記排水弁給水弁循環裝置等ヲ豫定ノ順序ヲ以テ制御スル事ニヨリ豫定ノ洗淨「サイクル」ヲ遂行スル手働制御部トヨリ成リ該洗淨「サイクル」ノ豫定時期ニ於テハ前記計量裝置ヲ通シテ豫定量ノ洗淨液體ヲ桶ニ供給シソノ他ノ時期ニ於テハ計量裝置ニ關係ナク任意量ノ洗淨液體ヲ供給スヘクセル皿洗淨裝置ニ係リ其ノ目的トスル所ハ多數ノ清漱及洗滌作業ヨリナル洗淨作業ヲ單一制御部ノ操作ニヨリ比較的簡單且ツ有效ニ行ヒ得ル皿洗淨裝置ヲ得ルニアリ

圖面ノ略解

添附圖面ノ第一圖ハ本發明ヲ實施セル皿洗淨裝置ヲ示ス配景圖第二圖ハ第一圖ノ裝置ノ一部分ノ配景圖ニシテ皿洗淨桶ノ蓋ヲ開放シテ示シ第三圖ハ第一圖ノ皿洗淨裝置ノ縦斷面圖第四圖ハ第一圖ノ皿洗淨裝置ノ平面圖ニシテ構造ノ詳細ヲ示スタメ一部分截斷セリ第五圖

発明の目的
多数の洗浄作業を単一制御操作で比較的簡単かつ有数に行う。

発明のポイント
予定の順序と時刻、量で洗浄サイクルを遂行する。

第一圖

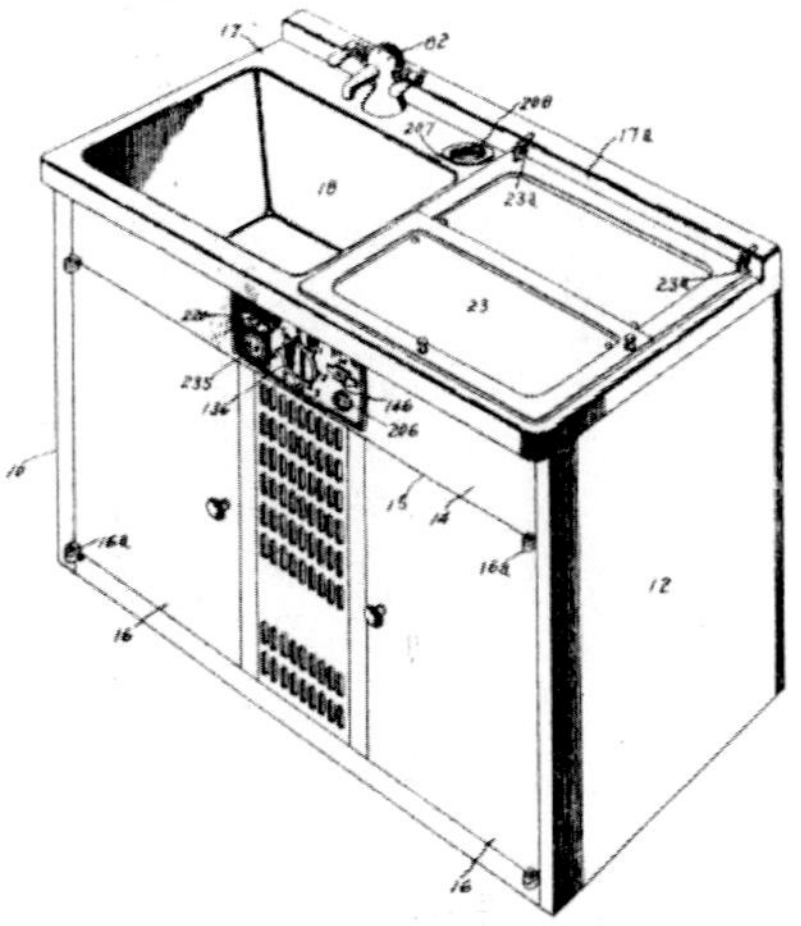

第二圖

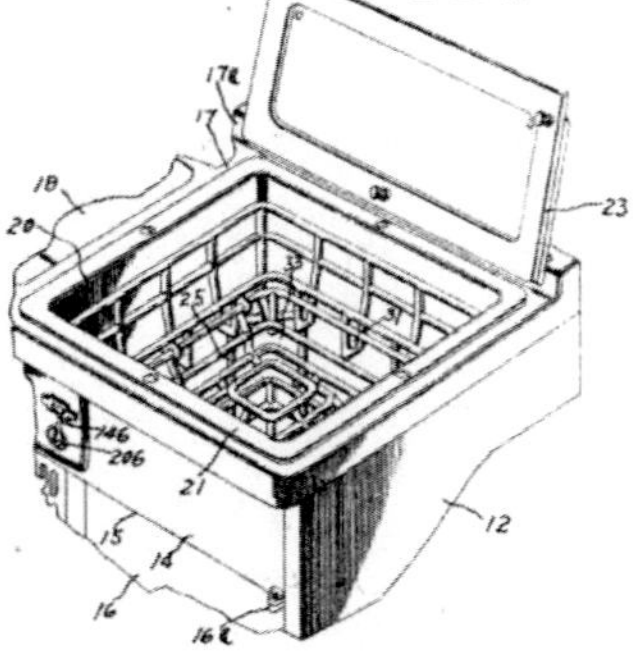

第三圖

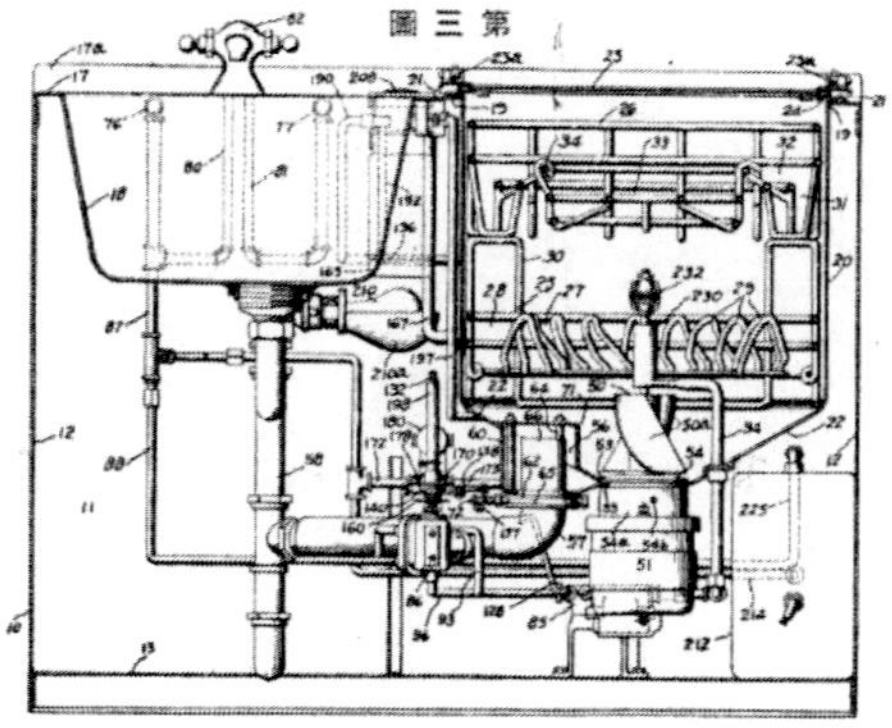

第四圖

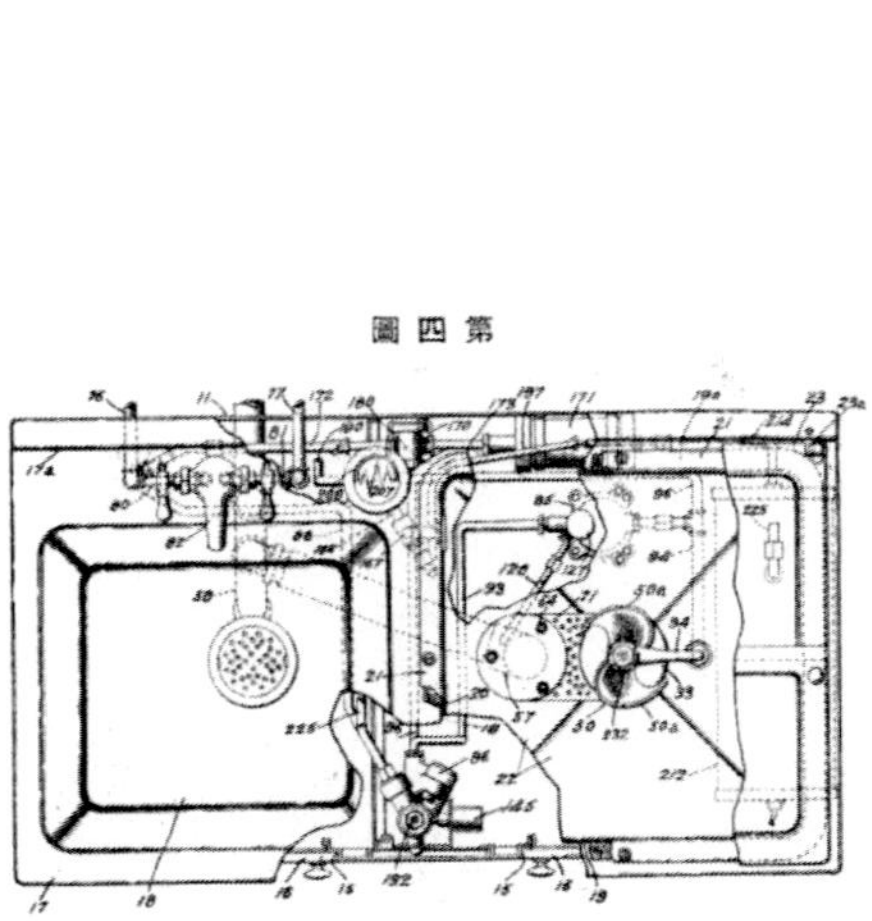

第五圖

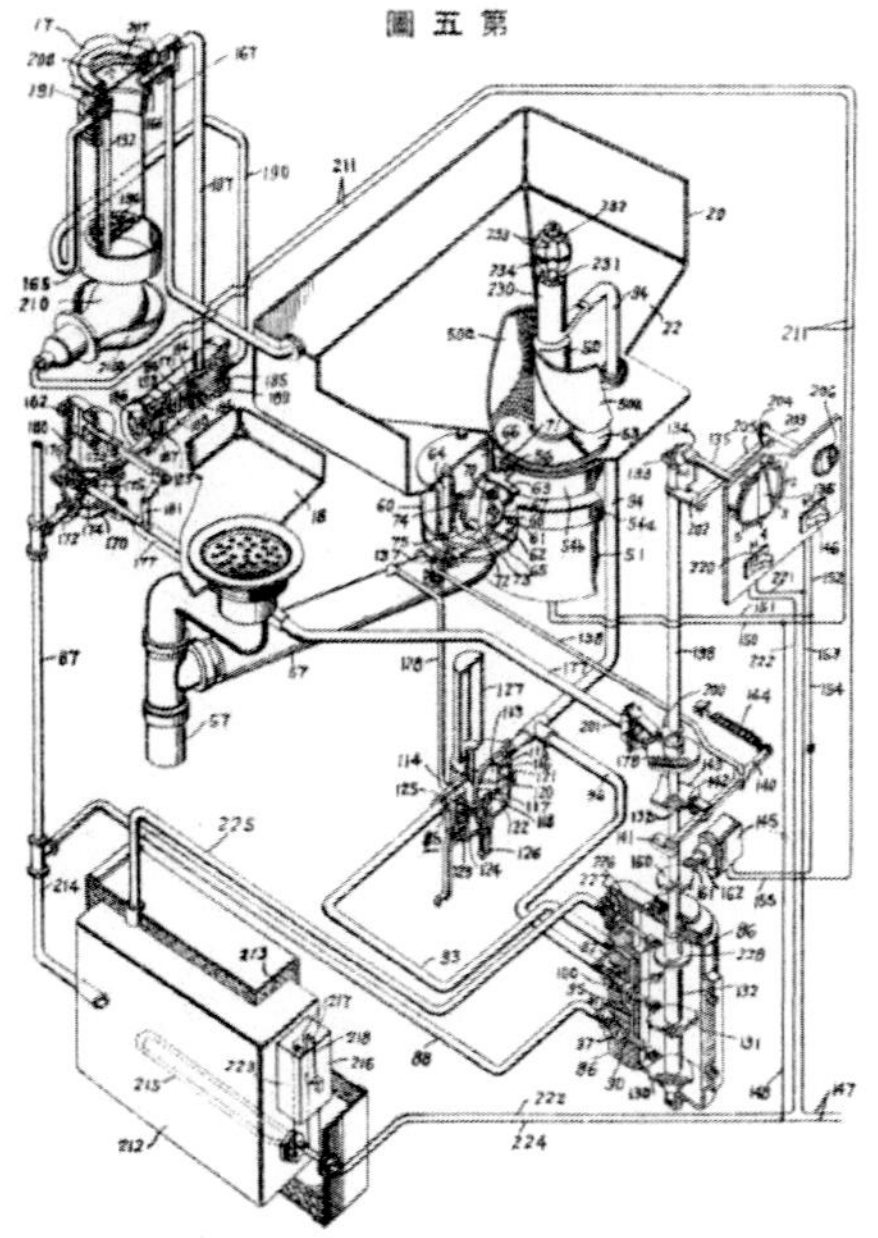

（昭和十一年六月二十二日特許局發行）

特許第一一五九六六號

〔昭和十一年公告第九九三號〕

第四十三類　二三、刷子及掃除具雜

出願　昭和十年九月十八日
公告　昭和十一年三月十一日
特許　昭和十一年五月二十九日

廣島市千田町三丁目七百十四番地ノ七
發明者　陶山吉喬
特許權者　陸軍大臣

明細書

自動食器洗滌機

發明ノ性質及目的ノ要領

本發明ハ電動機ニテ圓盤ヲ囘轉セシメ其ノ外周ニ「ブラシ」ヲ輪狀ニナラベテ取付ケ「ブラシ」ハ歯車裝置ニテ圓盤ノ囘轉ト共ニ自轉ス「ブラシ」ノ上ニ食器ヲ伏セ其ノ上ニ自動保持裝置アリ「ブラシ」ヲ逆轉セシメテ效力ヲ大ナラシムルタメ圓滑逆轉裝置ヲ設置セリ洗滌水ハ機械ノ中心ヨリ小管ニテ「ブラシ」ノ中央ヨリ噴流セシメテ食器ノ内面ヲ洗滌ス然レ共食器カ撤去位置ニ至レハ噴流ヲ自動的ニ中止セシムルト同時ニ保持作用モ終リ撤去裝置ニヨリ洗滌ヲ終リタル食器ハ金網中ニ落下セシム此時保持裝置ハ「カム」ニヨリ上方ノ位置ニアル故ニ保持部ノ「カム」ヨリ落下前ニ食器ヲ「ブラシ」ノ上ニ置ケハ保持部ハ自動的ニ其ノ上ニ落下シテ作業ヲ連續スル能力大ナル全自動機械ナリ

圖面ノ略解

第一圖ハ本發明ノ斷面圖第二圖ハ平面圖ニシテ第三圖ハ第一圖中Ⓐ—Ⓑニ於ケル斷面第四圖ハ第三圖中Ⓒ—Ⓓニ於ケル斷面第五圖ハ「ブラシ」圓滑逆轉裝置第六圖ハ減速裝置第七圖ハ食器自動撤去裝置ノ一部第八圖ハ食器保持調節裝置第九圖ハ「ブラシ」ノ自轉及洗滌水噴流裝置ノ構造ノ一部ヲ示ス

発明の目的

自動的に連続的に作業する。

第一圖

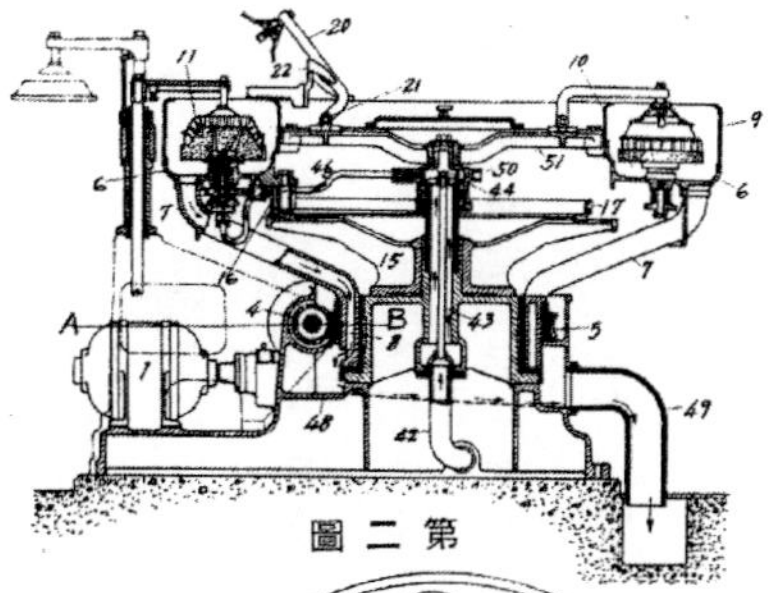

第二圖

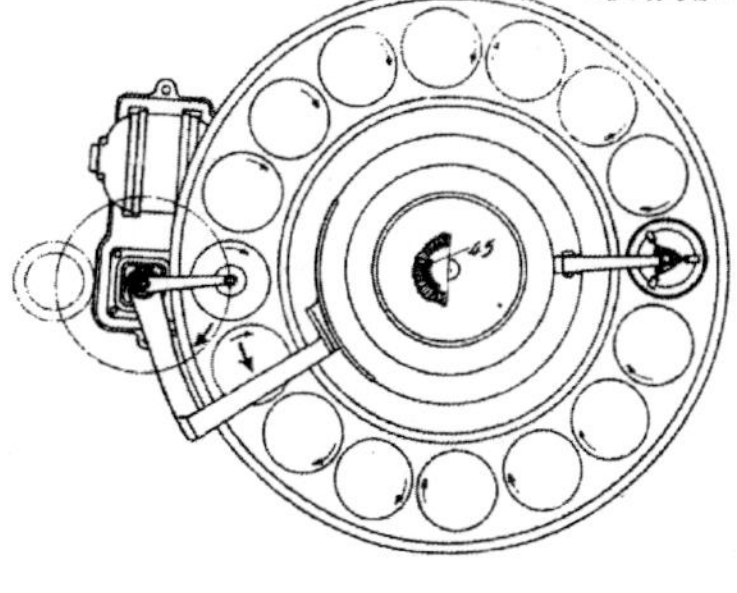

第三圖

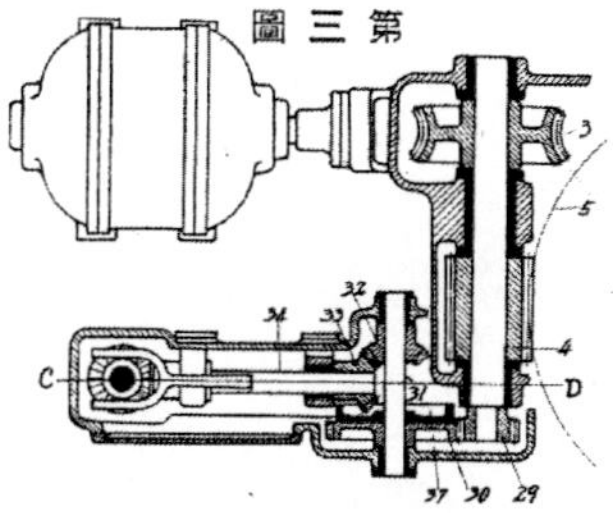

第四圖

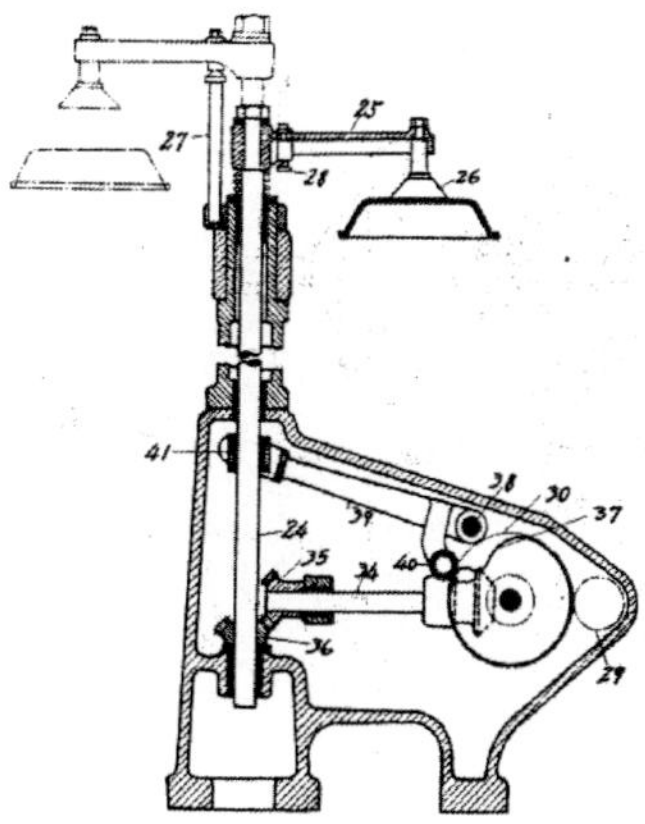

第五圖

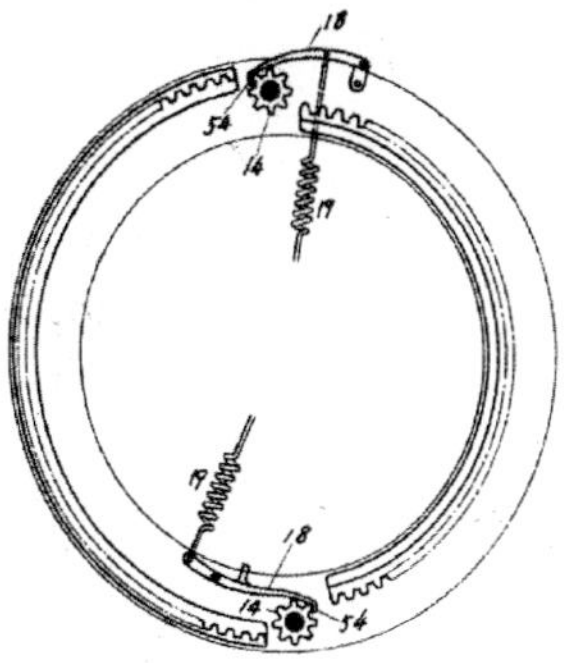

第六圖

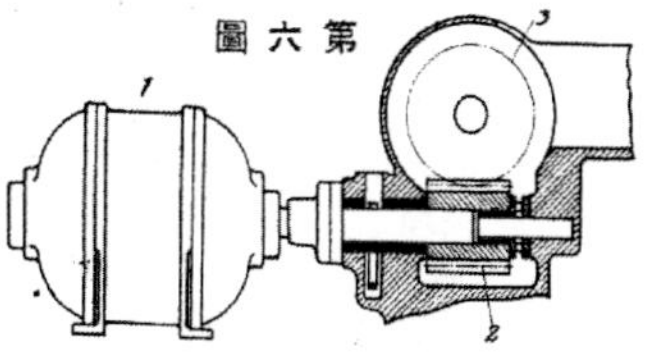

第七圖

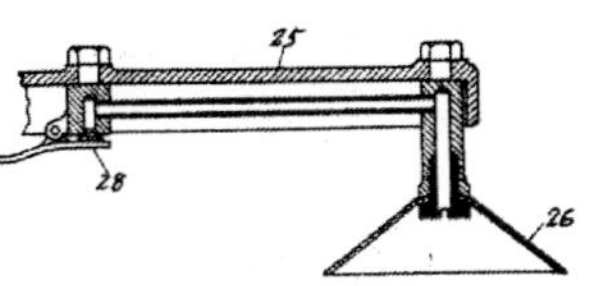

第八圖

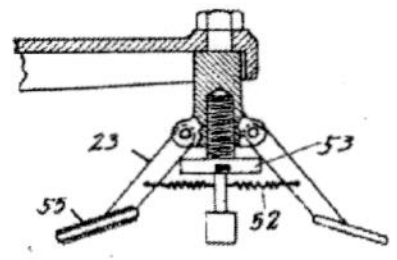

第九圖

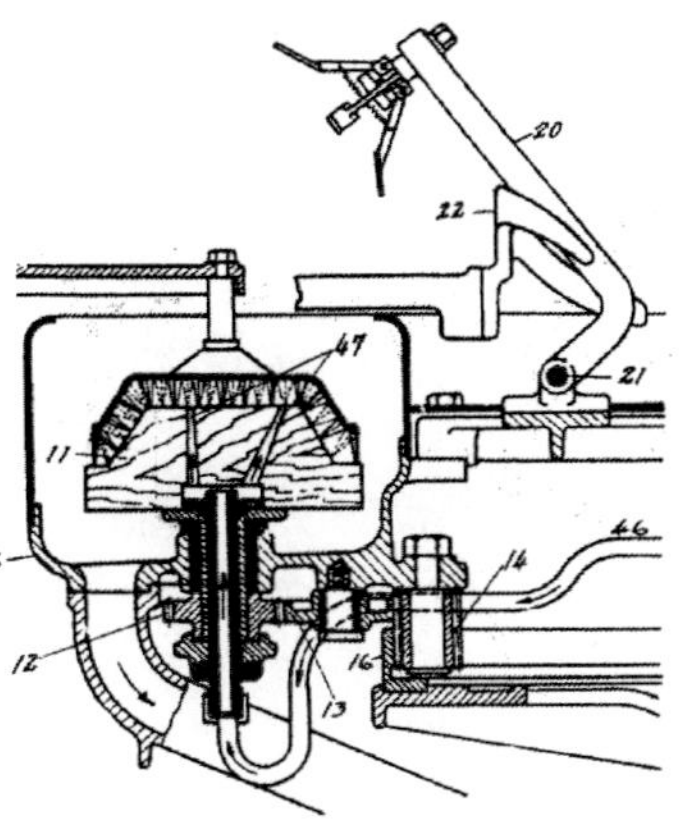

発明のポイント

電動機で円盤を回転させ、その外周にブラシを輪状に取り付ける。ブラシは歯車装置で円盤の回転と共に自転する。ブラシの上に食器を伏せ、その上に自動保持装置のあるブラシを逆転させる円滑逆転装置を設置する。洗浄後の食器は金網に落下する。洗い終わった水は円盤の底に溜まり、管を通り下水道に流れる。

（昭和十一年十一月十六日特許局發行）

特許第一一八〇一八號

〔昭和十一年公告第二四九一號〕

出願 昭和十一年二月十四日
公告 昭和十一年六月二十二日
特許 昭和十一年十月二十八日

第四十三類 二二、刷子及掃除具雜

東京市大森區大森四丁目二千五百六番地
發明者 布川正
東京市京橋區銀座西七丁目五番地十二
特許權者 萩工業貿易株式會社
代理人 辨理士 阪本安房
外一名

明細書

自動皿洗機

發明ノ性質及目的ノ要領

本發明ハ洗淨函枠ノ一側外方ニ延長シテ設ケタル軌道板部ニ皿載枠ヲ移送セシムヘキ押片ヲ有スル遊動枠ヲ左右動自在ニ設置シタル自動皿洗機ニ於テ該遊動枠ト洗淨函枠ニ設ケタル遊動枠トノ連結部ニ之等ヲ左右ニ往復運動セシムヘキ擺動縦杆ノ上端ヲ臨マシメ該擺動縦杆ニ之ヲ擺動セシムヘキ聯杆ヲ支軸ノ下方ニ軸着シ擺動縦杆ノ下端ニ聯杆ノ軸ヲ擺動縦杆ノ支軸部ニ接近又ハ隔離セシムヘキ螺杆ヲ裝備セシメタル自動皿洗機ニ係リ其ノ目的トスル所ハ皿載枠ニ收容セル皿ノ汚レ程度ニヨリ遊動枠ノ左右運動速度ヲ容易ニ變更セシメ得ヘキ自動皿洗機ヲ得ントスルニ在リ

圖面ノ略解

圖ハ本發明ノ一例ヲ示スモノニシテ第一圖ハ本裝置ノ正面圖第二圖ハ同上平面圖第三圖ハ皿送リ機構ノ一部ノ擴大背面圖第四圖ハ縱斷側面圖第五圖ハ皿載枠ノ一部ヲ切缺ケル平面圖ナリ

発明の目的

皿の汚れの程度により遊動枠の左右運動速度を変更できる。

発明のポイント

遊動枠（５）を左右運動自在に設置する。

第一圖

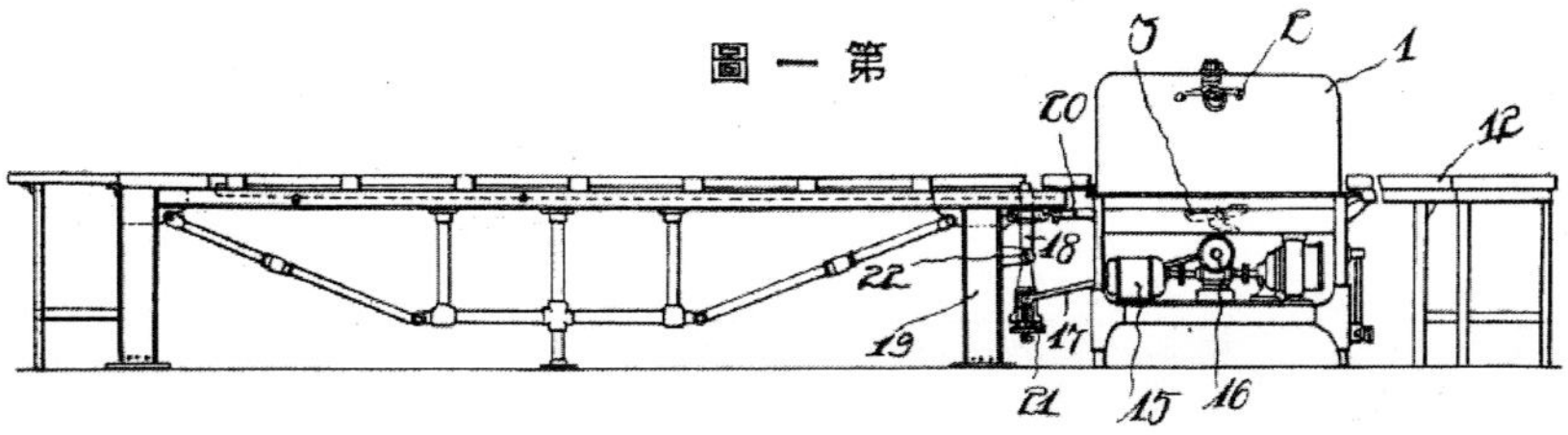

第二圖

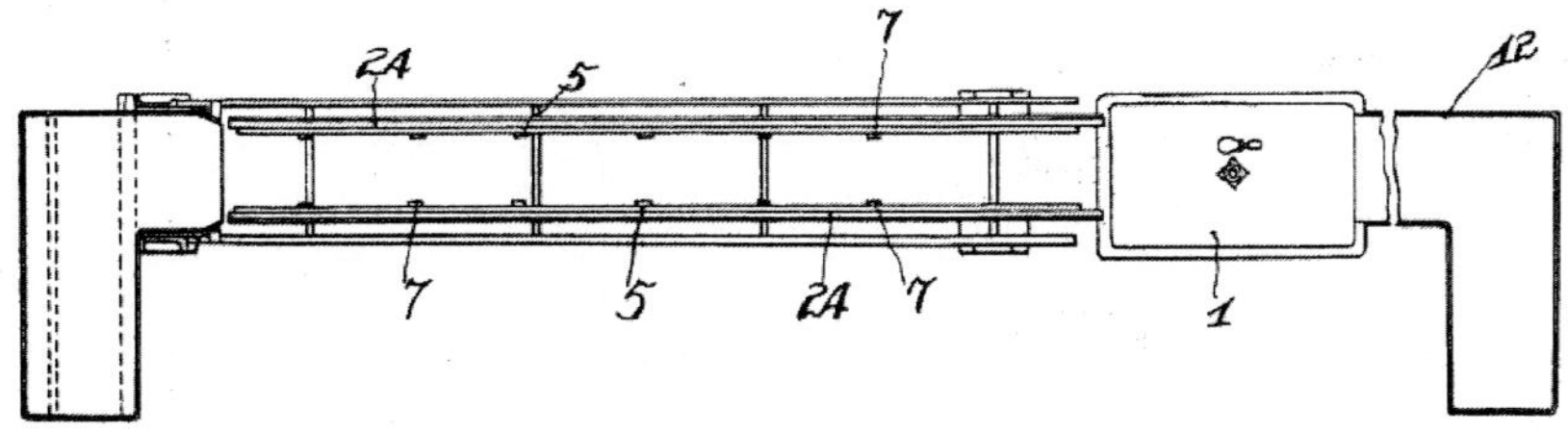

第三圖

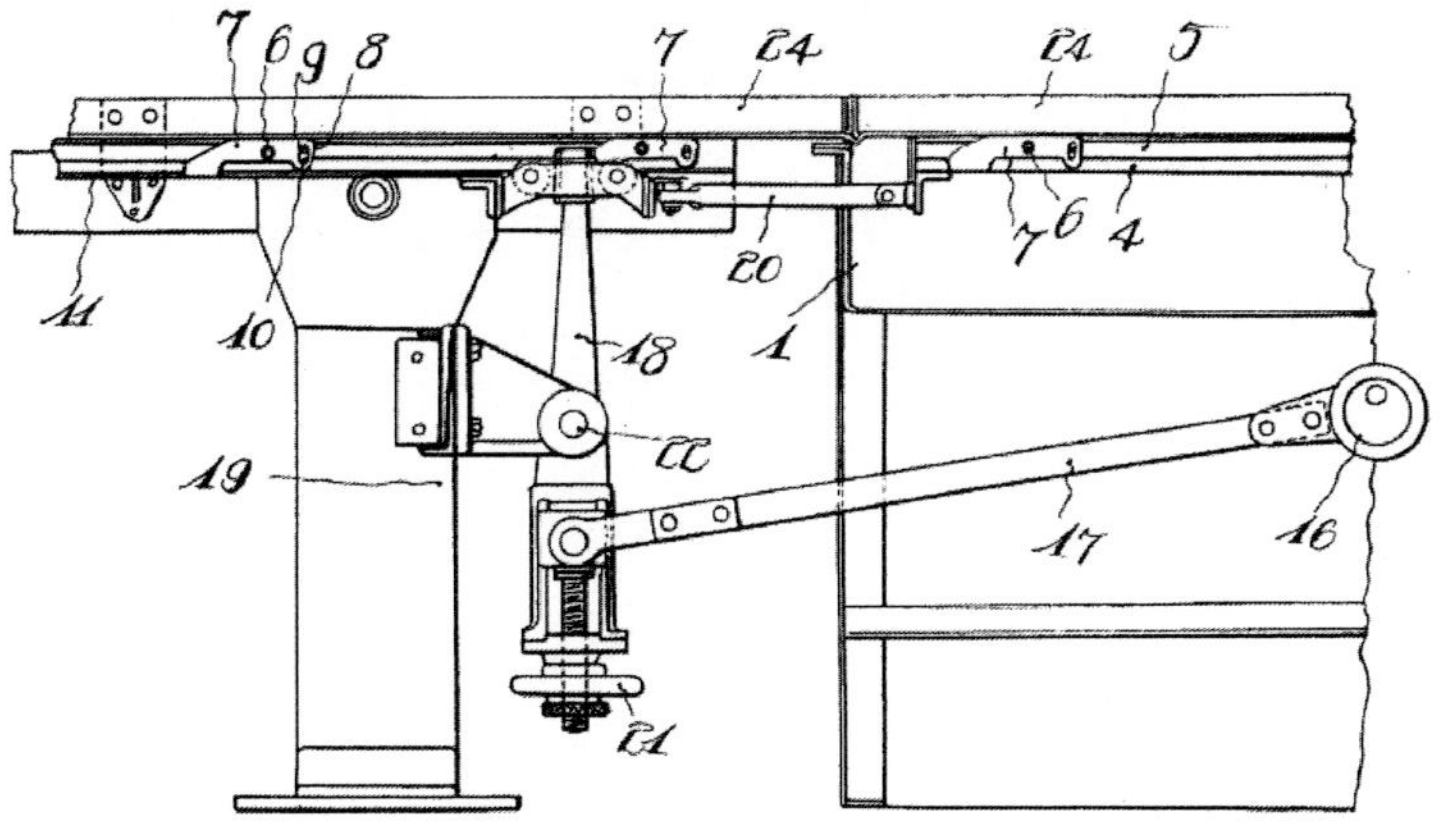

第四圖

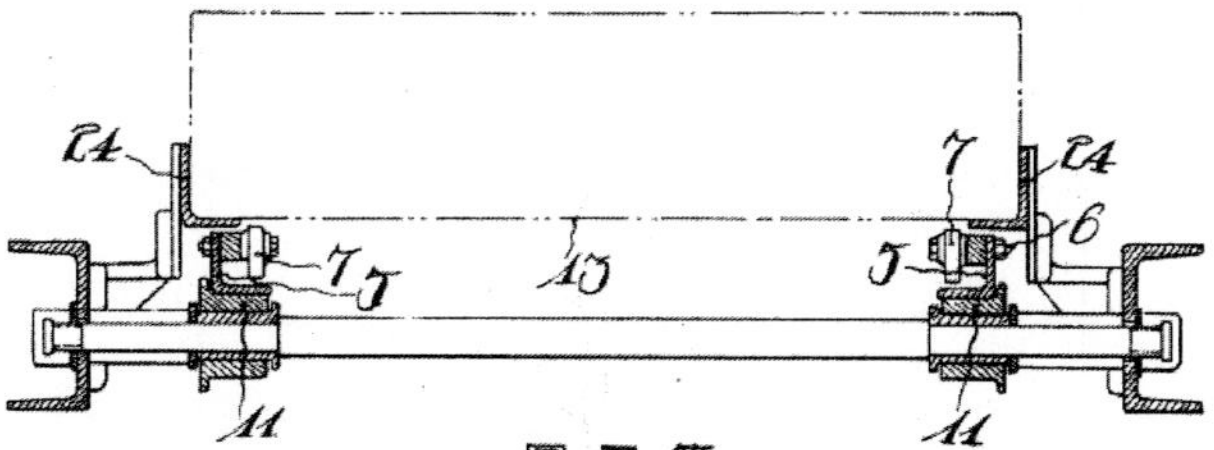

第五圖

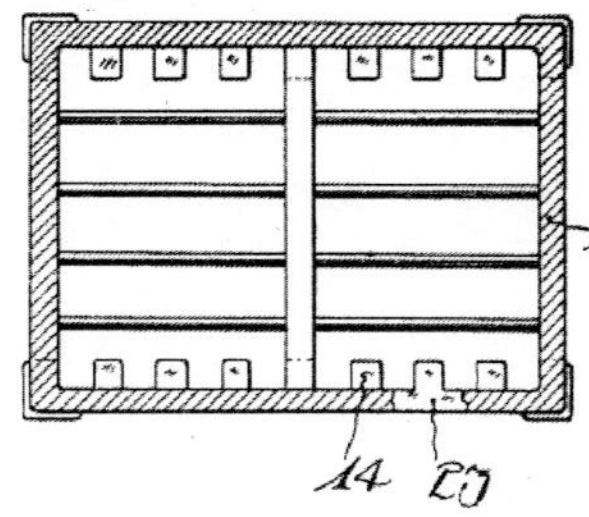

参考情報

使用した特許情報

本書では、日本で特許制度が制定された明治18（１８８５）年から第二次世界大戦が始まる前の昭和14（１９３９）年の約五十余年の間に発行された特許および特許明細書を使用しました。特許情報の検索に当たっては、左記の国際特許分類（ＩＰＣ）※を用いました。特許情報の収集は、特許庁の特許情報プラットフォームを用いて行いました。調査総件数は６５０件でした。本書に掲載している特許情報は58件です。

章	項目	特許分類	内容
1	石けん	C11D	洗浄性組成物;単一物質の洗浄剤としての使用;石けんまたは石けん製造;樹脂石けん;グリセリンの回収
		・1/00	密閉式ストーブ
		・1/00	本質的に表面活性化合物を基とする洗浄剤組成物;その化合物の洗浄剤としての用途
		・3/00	1/00 に包含される洗浄性組成物の他の配合成分
		・7/00	本質的に非表面活性化合物を基とする洗浄剤組成物
		・9/00	本質的に石けんを基とする洗浄剤組成物
		・10/00	メイングループC11D1/00-C11D9/00 のいずれの単一のメイングループにも分類されない洗浄剤組成物
		・11/00	洗浄剤の混合物を含有する組成物を製造する特殊な方法
		・13/00	石けんまたは石けん溶液の製造一般;そのための装置（樹脂石けんC11D15/00）
		・15/00	樹脂石けんまたはナフテン酸から誘導された石けん類の製造;組成物
		・17/00	形状または物理的性質に特徴がある洗浄性物質または石けん（石けんの成形C11D13/14）
		・19/00	けん化液からのグリセリンの回収
2	洗濯板	D06F	布帛製品の洗たく,乾燥,アイロンかけ,プレスまたは折り畳み（帽子の形どり,押しつけ,蒸気あてまたは伸ばしに関する装置A42C;液体,気体または蒸気による繊維材料の処理D06B;化学的事項は,D06L,D06M を参照）
		・3/02	摩擦板
3	手洗器	E03D	水洗便所または洗浄装置を備えた小便所;そのための洗浄弁
		・9/00	手洗所用の衛生器具またはその他の付属品（便器清掃用手道具A47K11/10;便所の便座または便蓋A47K13/00;便所の便座以外の身体の支持装置A47K17/02;飲料水管の汚濁防止装置E03C1/10
		A61L	材料またはものを殺菌するための方法または装置一般;空気の消毒,殺菌または脱臭;包帯,被覆用品,吸収 性パッド,または手術用物品の化学的事項;包帯,被覆用品,吸収性パッド,または手術用物品のための材料 （死体の保存,使用する薬剤によって特徴づけられた消毒A01N;食品または食料品の保存,例.殺菌,A23;医療用,歯科用または化粧用製剤A61K）
		・2/00	食料品またはコンタクトレンズ以外の材料またはものを消毒または殺菌するための方法または装置;その付属品（消毒剤の噴霧器A61M;包装に関連する包装体または包装される内容物の殺菌B65B55/00;水,廃水,下水または汚泥の処理C02F;消毒紙D21H21/36;水洗便所の消毒装置E03D;消毒設備をもつ物品は,そ れらの物品に関連するサブクラス,例.H04R1/12,を参照）

章	項目	特許分類	内容
4	垢すり	A47K	他に分類されない衛生設備（給水または排水管と連結しているもの, 流しE03C; 便所E03D）；化粧室付属品（化粧用具A45D）
		・7/00	身体の洗浄または清浄用具（特に治療または保健を目的とした入浴装置A61H33/00; 身体の特殊な部分のための浴槽A61H35/00）
		A45D	理美容またはひげそり器具; マニキュアまたは他の化粧（かつら, 入れ毛, またはその類似物A41G3/00 ,A41G5/00; 理髪用の椅子A47C1/04;散髪用具, かみそりB26B）
		・19/00	髪または頭皮を洗う用具; 髪を染める同様な用具
5	食洗機	A47L	家庭の洗浄または清浄（ブラシA46B; 一種類の多量のびんまたはその他の中空容器の清浄B08B9/00; 洗濯D06F）；吸引掃除機一般（清掃一般B08）
		・15/00	瀬戸物または食卓用器具の洗浄またはすすぎ機械

※国際特許分類（ＩＰＣ）とは、国際的に統一されて用いられている、特許文献の技術内容による分類のことです。世界知的所有権機関（ＷＩＰＯ）が管理する国際特許分類に関するストラスブール協定に基づいて作成されています。

ＩＰＣは、全技術分野を８個のセクションに分けています。

Ａセクション：生活必需品

Ｂセクション：処理操作、運輸

Ｃセクション：化学、冶金

Ｄセクション：繊維、紙

Ｅセクション：固定構造物Ｆセクション：機械工学、照明、加熱、武器、爆破

Ｇセクション：物理学

Ｈセクション：電気

掲載特許一覧表

本書で掲載した特許情報58件の一覧を左記に示します。

特許番号	発明の名称	出願日	特許日	特許権者	特許権者 （発明者）	発明者	名前のみ
特許第191号	袋石鹸	明治19年3月16日	明治19年5月12日	瀬尾正次郎			
特許第575号	垢擦	明治21年3月13日	明治21年12月11日	正木亀次郎 阿部喜兵衛			
特許第1053号	洗髪具	明治23年7月28日	明治24年1月19日	吉川才次郎			
特許第1329号	垢擦	明治23年7月23日	明治24年9月24日	宮川県司 三戸部清吉 依田藤太郎 水谷伊三郎			
特許第1416号	垢擦	明治24年4月10日	明治25年1月7日	林好一郎 永久保健造 岩崎申吉			
特許第2207号	石鹸	明治27年2月27日	明治27.年5月5日	寺沢孝吉			
特許第3059号	除垢器	明治30年6月30日	明治31年2月28日			大沢虎蔵	
特許第3125号	檜入石鹸製造法	明治30年8月28日	明治31年5月20日			本林平三郎	
特許第4608号	沐浴洗体器	明治34年2月6日	明治34年3月26日				国府種徳
特許第5022号	垢摺袋	明治34年5月26日	明治34年12月12日				桑門サツ
特許第5063号	洗垢器	明治34年7月31日	明治34年12月23日				酒井大三郎
特許第6973号	からだ洗	明治36年8月3日	明治36年12月24日				竹村文七 魚住吉太郎
特許第9092号	ウロトロピン石鹸	明治38年5月30日	明治38年7月15日				村田亀太郎 松野恵藏
特許第9195号	消毒手洗器	明治38年6月26日	明治38年8月10日				絹川宗平
特許第10991号	斑紋石鹸製造法	明治39年4月17日	明治39年9月21日				春元重助
特許第11298号	粉末石鹸製造法	明治39年10月10日	明治39年11月30日				亀田正五郎
特許第12020号	簡便衛生手洗器	明治40年3月1日	明治40年4月24日				東宮保佐次
特許第12053号	室内用軽便衛生手洗器	明治40年2月19日	明治40年4月30日				黒部和三郎
特許第13430号	紙石鹸製造法	明治40年4月21日	明治40年12月18日				水田吉之助
特許第13448号	清浄洗水器	明治40年11月4日	明治40年12月21日				正岡房太郎
特許第14218号	兼燈手洗器	明治41年1月29日	明治41年5月9日				前田春風 音羽耕造
特許第16641号	垢摩機	明治42年5月18日	明治42年7月5日				井上捆之助
特許第19066号	垢擦機	明治43年7月6日	明治43年12月27日		真野鷹一 中村鶴吉		
特許第20179号	装弁迸出液槽	明治43年12月28日	明治44年6月20日		フーゴー、ハルト マン		
特許第20760号	絹練煉石鹸製造法	明治44年2月3日	明治44年10月5日		村田春齢		
特許第20995号	鹹水用石鹸ノ製造法	明治44年6月24日	明治44年11月14日		小川良知		
特許第21191号	菜種油鹸化法	明治44年4月5日	明治44年12月8日		武藤朝之助		
特許第21217号	石鹸製造法	明治44年4月4日	明治44年12月11日		福地道三郎	早川克次郎	
特許第25045号	海水及硬水用石鹸	大正1年12月18日	大正2年12月3日		時友仙治郎		
特許第27472号	洗身用凍蒟蒻製造法	大正4年1月9日	大正4年3月30日		石塚喜作		
特許第30382号	急速加熱温水手洗器	大正5年3月31日	大正5年11月24日		富次素兵		
特許第31100号	洗皿機	大正5年10月17日	大正6年5月19日	キッチェン、 サーヴィス、コ ムパニー		ウィリアム、 エー、カーソン	
特許第31828号	石鹸製造機械	大正6年9月26日	大正6年12月3日	北森治良	五百簱頭常次郎		
特許第31908号	硫黄石鹸	大正6年8月1日	大正6年12月19日		田中友一郎		
特許第32449号	便器類改良洗浄装置	大正5年11月26日	大正7年3月29日		チャーレス、ホッ ジェス ヘンリー、ジャクソ ン		
特許第35920号	蛹油石鹸ノ漂白法	大正8年7月20日	大正9年3月4日		高野喜作		
特許第38360号	絹精錬ノ廃液ヨリ石鹸ヲ製造 スル方法	大正9年3月23日	大正10年4月5日		岡本金一郎 下坂禾苗		
特許第38811号	食器洗掃器	大正9年6月25日	大正10年6月4日		ウィリアム、ジョ ン、ニクソン、マン		
特許第39273号	懐中石鹸製造法	大正10年5月16日	大正10年7月14日	高橋竜司	田中一郎		
特許第41791号	魚油又ハ蛹油石鹸脱臭法	大正10年11月3日	大正11年2月18日		永松道夫		
特許第44424号	粉末石鹸製造法	大正11年5月10日	大正11年8月9日	合名会社鈴木 商店		二階堂行徳	
特許第45024号	洗滌機	大正11年8月5日	大正12年3月24日	ヘルバート、エ ドウィンマーセ ルス		ヘンリ、レイモ ンド、マーセル ス	
特許第61467号	「クリーム」状石鹸ノ製造法	大正12年4月27日	大正13年6月11日	日東石鹸株式 会社	小西泰之助		
特許第69661号	自働皿洗機	大正14年10月6日	大正15年10月6日		広瀬松五郎		
特許第72114号	皿洗滌機ノ改良	大正13年3月1日	昭和2年6月1日		ジユール、ルイ、 ブレトン		
特許第77983号	自動操擦洗背機	昭和2年4月9日	昭和3年9月1日		吉田直吉		
特許第85466号	食器洗滌装置	昭和4年4月23日	昭和5年2月17日		内村達次郎		
特許第85556号	皿洗器	昭和3年5月1日	昭和5年2月22日		ヘルマン、エフ、 ヴオーシヤルト		
特許第85987号	自働食器洗滌装置	昭和4年4月23日	昭和5年3月24日	秋上湊一		奥山増次郎	
特許第88553号	皿洗器	昭和4年11月29日	昭和5年10月1日		田村徳次郎		
特許第90712号	食器洗浄器	昭和5年2月13日	昭和6年3月20日	株式会社北辰 商会		田中善助	
特許第103789号	食器洗浄機	昭和7年10月26日	昭和8年11月21日	株式会社芝浦 製作所		カール、エム、 スナイダー	
特許第103790号	皿洗浄装置	昭和7年11月18日	昭和8年11月21日	株式会社芝浦 製作所		ウィルバー、エ ル、メリル	
特許第104435号	「ヴァイブレーター」付浄洗機 ノ改良	昭和7年9月18日	昭和9年1月12日		高宮一士 高倍千		
特許第106980号	皿洗浄装置	昭和8年1月9日	昭和9年7月16日	株式会社芝浦 製作所		カール、エム、 スナイダー ジエスセ、エッ チ、クラーク	
特許第109397号	浴場用流シ機	昭和6年1月31日	昭和10年1月29日		加藤幸平		
特許第115966号	自動食器洗滌機	昭和10年9月18日	昭和11年5月29日	陸軍大臣		陶山吉喬	
特許第118018号	自動皿洗機	昭和11年2月14日	昭和11年10月28日	萩工業貿易株 式会社		布川正	

詳しく調べるために

さらに詳しく調べるためには、特許情報プラットフォームを用いると便利です。
特許庁「特許情報プラットフォーム」のURL
https://www.j-platpat.inpit.go.jp/web/all/top/BTmTopPage

参考文献

本書を編集するにあたり、左記の書籍を参考文献として用いました。

『工業所有権制度百年史（上巻）』昭和59年3月30日　発明協会
『日本文化総合年表』平成2年3月8日　岩波書店
『明治・大正家庭史年表』平成12年3月21日　河出書房新社

おわりに

古い発明の文献にあたるのは、一筋縄ではいきませんでしたが大変面白い作業でした。読めない旧字と句読点のない明細書の文章、そして技術がどう成り立っているのかを示した独特の説明文を目の前に、まるで見たことのない景色に迷い込むようでした。何が書いてあるのだろうという好奇心と、わからない不安感が入り混じるような感覚です。読み進めていくと、心に触れてくる人の感触にも気づくようになり、古い発明の明細書は、なぜだかいつまでも歩いていたくなる景色のようです。徐々に、旧字体の文章にも慣れてきました。名称や図面を見てどんな発明か想像しながら読んでいくのがコツのようですのでお試しください。

旧字について少し調べてみますと、当時は印刷字体と手書きの字体は異なっていたようです。発明の明細書は印刷物ですので旧字体だったわけです。昭和9年に日本の国語政策を検討するために国語審議会が設立されて、漢字の字体や仮名遣いの議論が重ねられ、戦前に標準漢字表が発表されましたが、実行性はもたず、戦後になって見直されて昭和21年に当用漢字体表として発表された後に、旧字体から新字体へと切り替わっていったようです。

時代の変化は曖昧模糊としており、はっきりと変化が見えるわけではありません。しかし、発明と発明のつなぎ目に見えてくる景色に魅力を感じてなりません。これからも、さまざまな切り口で日本の生活文化を見ていきます。発明を通して当時の人々の息づかいを感じることが楽しみです。どうぞご期待ください。

平成29年9月

編集　橋本小百合
　　　庵雅美
編集協力　中島隆
　　　広瀬徹
　　　関由紀子
　　　篠原紘一

発明に見る日本の生活文化史
日常シリーズ　第3巻 洗う

発　行：２０１７年9月
定　価：本体価格３０，０００円＋税

発行：株式会社ネオテクノロジー
〒101-0062東京都千代田区神田駿河台2-3-13鈴木ビル2F
TEL.03-3219-0899　FAX.03-3219-7066
URL　http://www.neotechnology.co.jp

ISBN978-4-86573-751-6

Printed in Japan